Wormser Fundstücke
Ein literarisches Lesebuch

Herausgegeben, eingeleitet und kommentiert
von Hermann Schlösser

WORMSER FUNDSTÜCKE

Ein literarisches Lesebuch

Herausgegeben, eingeleitet
und kommentiert von
Hermann Schlösser

Impressum

Hermann Schlösser (Hrsg.)
Wormser Fundstücke
Ein literarisches Lesebuch

HERSTELLUNG UND GESTALTUNG
Schäfer & Bonk, Worms

UMSCHLAGBILD
Jean Grüner
Worms vom Domthurme aus gesehen, 1883
Stadtarchiv Worms, Abt. 217 L 6 Nr. 41-2

ISBN 978-3-944380-16-2

1. Auflage Dezember 2014

Alle Rechte vorbehalten.
© Worms Verlag 2014
Kultur und Veranstaltungs GmbH Worms
Von-Steuben-Straße 5 · 67549 Worms
www.worms-verlag.de

BIBLIOGRAFISCHE INFORMATION DER
DEUTSCHEN NATIONALBIBLIOTHEK
Die Deutsche Nationalbibliothek verzeichnet
diese Publikation in der Deutschen National-
bibliografie; detaillierte bibliografische Daten
sind im Internet unter http://dnb.dnb.de abrufbar.

INHALT

Vom Suchen und Finden
VORWORT DES HERAUSGEBERS
11

ERSTER TEIL
AUF DER DURCHREISE

THOMAS CORYAT
Meine Beobachtungen in Worms
19

WOLFGANG AMADEUS MOZART
»Da waren wir lustig«
22

NIKOLAJ MICHAILOWITSCH KARAMSIN
»In Worms ist das alte Rathaus merkwürdig ...«
26

JOHANNA SCHOPENHAUER
»Keine Spur von der Kaiserpracht mehr«
29

VICTOR HUGO
Im Schatten des Sonnenuntergangs
33

RUDOLF BORCHARDT
Worms – Ein Tagebuchblatt
66

STEFAN GEORGE
Worms
78

ERNST BLOCH
St.-Paulus-Kirche in Worms (1933)
80

KASIMIR EDSCHMID
Das magische Zeichen des Domes
85

ROBERT GERNHARDT
Zwei Gedichte
92

ANDREA TRAXLER
Durch Worms wehende Schrottgestalten
95

MANFRED MOSER
Worms ist schön
99

ZWEITER TEIL

KRIEMHILD, SIEGFRIED, MARTIN LUTHER

DAS NIBELUNGENLIED
1. Aventiure
118

FRIEDRICH LUDWIG WEIDIG
Siegfrieds Schwert
124

JACOB BURCKHARDT
Vor dem Dom zu Worms
128

CHRISTIAN FRANZ GOTTL. STANG
Luther betet
131

HEINRICH HEINE
Ein Bier für Martin Luther
134

EMANUEL GEIBEL
Volkers Nachtlied
137

MONIKA BÖSS
Ich, Kriemhild
140

DRITTER TEIL

WARMAISA – WORMS

JUSPA SCHAMMES
Geschichten aus Warmaisa
149

MAX BEERMANN
Raschis Leben und Wirken
156

MARTIN BUBER
»Der Dom ist, wie er ist. Der Friedhof ist, wie er ist.«
160

VIERTER TEIL
WORMSER GEDICHTE, WORMSER BERICHTE

JOHANN NIKOLAUS GÖTZ
Zwei Gedichte
165

RUDOLF HEILGERS
Drei Gedichte
169

RICHARD KIRN
Worms, eine Erinnerung
178

FRIEDRICH M. ILLERT
Worms am Rhein
185

ANNE MARX
Zwei Gedichte
190

WILLI RUPPERT
Die Hölle jenes Tages
197

HANS-JÖRG NEUSCHÄFER
Ich un die Ameriganer
209

GEORG K. GLASER
Die Leute von Worms
219

ILSE BINDSEIL
Mir Wormser
224

PETRA GERSTER
Ein Spielplatz für Königinnen
227

HERMANN SCHLÖSSER
Heimatstädtische Besonderheiten
239

VOLKER GALLÉ
Fliehkräfte und Blütenträume
249

ROR WOLF
Ein Fall größerer Zufriedenheit
260

Anstelle eines Nachworts
RICHARD KIRN
Die Spur an der Hauswand
261

Zu den Abbildungen
262

Dank
263

VOM SUCHEN UND FINDEN

VORWORT DES HERAUSGEBERS

»Angekommen, Kapitän?«
»Ja, angekommen!«
»Wo?«
»Aber in Worms!«
(Victor Hugo, 1838)

Am Anfang stand eine Frage. Sie wurde vom Wormser Unternehmer Klaus Reitz gestellt und hieß: Kann es wirklich sein, dass über die alte und vielfältig berühmte Stadt Worms keine anderen literarischen Texte existieren als das Nibelungenlied, der große Bericht von Victor Hugo, die nachdenkliche Betrachtung von Martin Buber auf dem jüdischen Friedhof und eventuell noch das huldvolle Goethe-Wort: »Wie könnte ich Worms und seine lieben Bewohner je vergessen«? Es muss doch mehr Worms-Literatur geben als diese? Der so Befragte war ich, einstmals Schulfreund von Klaus Reitz, heute Journalist und Literaturwissenschaftler in Wien. Ich antwortete: Ganz bestimmt gibt es die. Man muss nur danach suchen.

So begann die Arbeit, und zwar mit dem Ziel, ein Worms-Lesebuch zusammenzustellen. Es war von Anfang an beschlossen, dass kein historisches Sachbuch entstehen sollte, sondern eine literarische Anthologie. Es gibt eine Fülle kompetenter geschichtswissenschaftlicher Arbeiten zur Stadtgeschichte von Worms. Damit will dieses Lesebuch nicht konkurrieren, sondern eine Ergänzung dazu aus subjektivem Blickwinkel geben. Es wird also nicht gefragt, welche historische Bedeutung Worms im Lauf der Jahrhunderte hatte. Stattdessen geht es darum zu zeigen, wie die Stadt wahrgenommen und erlebt wurde, und zwar von Einwohnern wie von Besuchern. Im Kreuzpunkt der Blicke von Einheimischen und Fremden entsteht ein buntes, vielgestaltiges Bild der Stadt. Da hier nicht nur zeitgenössische Texte gesammelt sind, sondern sogar vor allem ältere, lässt sich der Wandel der Stadt Worms (und der Arten, sie anzuschauen) nachvollziehen.

Vollständigkeit kann bei einem solchen Unternehmen weder erreicht noch angestrebt werden. Auf der Suche nach Worms-Literatur habe ich sicherlich manches übersehen, und einiges, was ich fand, habe ich nicht genommen. Einer der ersten Texte, der mir in die Hände fiel, stammte aus einer Anthologie namens *Öde Orte* und beschrieb Worms als die Heimat der exquisiten Ödnis. Dieser Text war nichts für uns, denn es soll hier darum gehen, die Qualitäten der Stadt deutlicher wahrzunehmen als ihre Mängel (die deshalb ja nicht verschwiegen werden müssen). Also suchte ich weiter. Die Stadt und ihre – mit Goethe zu sprechen – »lieben Bewohner« tauchten wohl hier und da auf, aber leider oft sehr beiläufig. So wird im Reisetagebuch von Jean Paul, der eigentlich ein wortgewaltiger Dichter gewesen ist, zum Thema Worms nur vermerkt: »Reise mit Therese nach Worms – Essen bei ihrem Manne«. Und der englische Weltreisende Patrick Leigh Fermor, der 1933 zu Fuß von Hoek van Holland nach Istanbul wanderte, geriet am Oberrhein in einen so dichten Nebel, dass er in der Erinnerung die einzelnen Ortschaften nicht mehr recht unterscheiden konnte. Deshalb steht in seinem sehr lesenswerten Erinnerungsbuch *Die Zeit der Gaben* nur der einzige einschlägige Satz: »Ein Lutherdenkmal taucht auf [in der Erinnerung, H. S.], und kann nur nach Worms gehören.«

Weiter: Klaus Mann, Thomas Manns ältester Sohn, veröffentlichte 1939 den Roman *Der Vulkan*, in dem er die prekäre Existenz der deutschen Emigranten und Hitler-Gegner anhand einzelner Lebensläufe veranschaulichte. Von einem der Emigranten, dem jüdischen Professor Benjamin Abel, wird berichtet, dass er in Worms geboren ist. Klaus Mann hat gewiss auf die Bedeutung des jüdischen Worms hinweisen wollen, indem er einen – überdies sehr sympathischen – Akteur seines Romans von dort stammen ließ. Aber die Stadt selbst wird nicht beschrieben.

Ebenso wenig erscheint das wirkliche Worms in dem 2013 erschienenen Roman *Jage zwei Tiger*, obwohl ein Kapitel dieser Jugendszenen-Story angeblich dort spielt. Helene Hegemann, die 1992 geborene Verfasserin des Buchs, lässt ihre Romanfigur Cecile eine Zeit lang in einer »Stadt, die sich Worms nannte« wohnen. Allerdings wird von dieser Stadt nur berichtet, dass sich die Bahnhofshalle unter der Erde befindet (was nicht stimmt) und dass man von McDonald's aus das Rathaus betrachten kann (was ebenfalls nicht wahr ist).

Ich musste also bemerken, dass sich die Worms-Bezüge in der Literatur nicht auf Anhieb erschließen. Auch die zwei großen Nibelungendichtungen des 19. Jahrhunderts – also Friedrich Hebbels Dramen-Trilogie *Die Nibelungen* und Richard Wagners Opern-Tetralogie *Der Ring des Nibelungen* – beschäftigen sich sehr viel weniger mit Worms, als ich angenommen hatte. Hebbel nennt die Stadt zwar in der ersten Regieanweisung als Schauplatz, aber in den Dramen spielt das lokale Kolorit keine Rolle. Und bei Wagner taucht der Name »Worms« nicht auf. Die *Götterdämmerung* spielt in der »Halle der Gibichungen am Rhein« – also in einem mythischen Überall oder Nirgendwo.

Was den Tragödien recht ist, ist den Komödien billig. Albert Lortzings Komische Oper *Der Waffenschmied von Worms* führt die Stadt sogar im Titel, aber für den Handlungsverlauf ist das vollkommen gleichgültig. Einzig die Jungfer Irmentraut, die dem Rollenklischee der komischen Alten entspricht, möchte dem schwäbischen Ritter Adelhof die Schönheiten der Stadt erläutern: »Wir haben 6000 Einwohner, die Gegend ist etwas sumpfig, aber fruchtbar. Hier in der Nähe der Liebfrauenkirche, der edle Wein, Liebfrauenmilch genannt, ...« aber der Gast hört der geschwätzigen Dame gar nicht zu, weshalb sie dann lieber ihre bekannte Arie »Welt, du kannst mir nicht gefallen« anstimmt.

Apropos Liebfrauenmilch. Von Wilhelm Steifensand, dem Direktor der altberühmten Weinhandlung Valckenberg, erfuhr Klaus Reitz, dass Charles Dickens nicht nur ein Liebhaber des edlen Weines war, sondern auch ein Bekannter des Weingutsbesitzers Joseph Valckenberg. Es gibt ein Handschreiben des englischen Romanciers an den Wormser Geschäftsmann. Darin bedankt er sich artig für einen Brief Valckenbergs und stellt in Aussicht, dass er gerne einmal in Worms vorbeischauen wird, wenn es seine Zeit erlaubt. Es ist unbedingt wissenswert, dass Charles Dickens eine Beziehung zu Worms hatte – aber zur besten Prosa des großen Erzählers gehört sein kurzes, in den Konventionen bürgerlicher Höflichkeit gehaltenes Briefchen doch nicht. Deshalb begnügen wir uns hier mit der interessanten Information.

So begegnete ich auf meiner Suche manchem, was letztlich *nicht* in dieses Lesebuch aufgenommen wurde. Was ich aber brauchen konnte, findet sich auf den folgenden Seiten: 35 »Wormser Fundstücke«, über die im Vorwort nicht viel gesagt werden muss. Nach jedem Text gibt ein kleiner Anhang Auskunft über den Verfasser und über den jeweils besonderen Worms-Bezug. Die Texte wurden zum Teil von Einheimischen geschrieben, zum Teil von Besuchern; sie beschreiben die Stadt und ihre Bewohner, manche sprechen im Dialekt, manche in Versen, viele setzen sich in irgendeiner Form mit den Traditionen der Stadt auseinander. Und, was mich als Herausgeber besonders freut: Das Buch enthält sieben bisher unpublizierte Texte. Die Erzählung »Ich, Kriemhild« von Monika Böss erscheint hier erstmals im Druck, sechs weitere Beiträge wurden eigens für dieses Buch geschrieben – von Petra Gerster, Andrea Traxler, Volker Gallé, Manfred Moser, Hansjörg Neuschäfer und mir selbst. Insgesamt präsentiert das Buch Reiseberichte, Gedichte, Erzählungen, Essays aus fünf Jahrhunderten. Meist wurden die ursprünglichen Titel beibehalten. Da aber mehrere Texte im Original einfach nur »Worms« heißen bzw. gar keinen Titel tragen, habe ich mir erlaubt, einige Überschriften zu ergänzen. Sie werden durch *Kursivschrift* als Herausgebereingriff kenntlich gemacht.

Die »Wormser Fundstücke« werden in genauem Wortlaut und ohne redigierende Bearbeitungen präsentiert. Dennoch ist das Buch keine philologisch penible Edition, sondern eine unterhaltsame Anthologie, die sich an ein interessiertes Laienpublikum richtet. Trotz einiger Bedenken und Zweifel haben sich

Herausgeber und Verlag deshalb entschlossen, die älteren Texte behutsam an die neue Rechtschreibung anzupassen, damit das Schriftbild nicht zu uneinheitlich wird. Allerdings wurde diese Regel nicht ganz konsequent angewandt: Wenn ein Autor – etwa Rudolf Borchardt – eine sehr eigenwillige Orthografie verwendet, wurden ihm die bewussten Verstöße nicht wegredigiert. Und einige sehr alte Texte werden zur Abwechslung doch in der originalen Rechtschreibung vorgestellt. Dadurch könnte eine Erinnerung an Zeiten geweckt werden, in denen man eben noch »Wormbs« oder »Niebelungen« schrieb.

Das Buch ist in vier Abschnitte gegliedert, wobei die Grenzen zwischen den Einteilungen durchlässig sind. Im ersten Teil werden die Blicke gesammelt, die Worms-Reisende von außen auf die Stadt geworfen haben. Der zweite Teil beschäftigt sich mit den Nibelungen und mit Martin Luther, also den beiden großen historischen Erbstücken (zuweilen auch Erblasten), die für das städtische Selbstverständnis von Bedeutung sind. Das jüdische Worms, auf Hebräisch »Warmaisa« genannt, wird im dritten Teil vorgestellt. Die »Elegie für die Opfer der Judendeportation in Worms« von Anne Marx, der amerikanischen Dichterin mit Wormser Wurzeln, ist aber in voller Absicht nicht in dieses Kapitel eingeordnet worden. Das Gedicht handelt nicht nur vom jüdischen Leiden, sondern auch von Schuld und Scham derer, die am Holocaust beteiligt waren oder ihn zumindest nicht verhindert haben. Deshalb ist es im letzten Teil des Buches am richtigen Platz: Hier berichten Wormserinnen und Wormser von ihren Erfahrungen und bedichten ihre Erlebnisse. Da kommen lustige Dinge zur Sprache, aber auch bitter ernste: die Ermordung und Vertreibung der jüdischen Wormser und die Bombardierung der Stadt im Jahr 1945.

Am Anfang stand eine Frage, am Ende steht ein Buch. Nicht alle Fragen finden eine solch angenehme Antwort. Dass es dazu kam, ist vor allem Klaus Reitz zu verdanken: Er hat nämlich nicht nur die Anfangsfrage gestellt, sondern auch die Entstehung des Buchs in vielfältiger Weise gefördert.

ERSTER TEIL

AUF DER DURCHREISE

THOMAS CORYAT

❋

MEINE BEOBACHTUNGEN IN WORMS

SONST CIVITAS VANGIONUM, ABER MEISTENS WORMES GENANNT

Die Lage dieser berühmten Stadt entzückte mich wie nur irgend eine von allen, die ich in Deutschland sah; denn sie liegt in einer gar anmutigen Ebene, die in üppiger Fülle eine Menge Annehmlichkeiten aller Art zum Vergnügen wie auch zum Vorteil hervorbringt; denn ich sah reiche Vorräte an Korn, besonders Weizen wuchs in den fruchtbaren und ausgedehnten Feldern bei der Stadt. Sie haben auch eine große Menge schöner Weingärten, ja eine solche Überfülle an allen Dingen im ganzen Umkreise der Stadt, daß ich glaube, es fehlt ihnen nichts, was des Menschen Herz begehren kann. Überdies ist Worms sehr günstig gelegen, weil der edle Rheinfluß in der Nähe vorbeifließt, aber nicht so nah, daß er seine Mauern bespült wie in Mainz, sondern er ist so weit von der Stadt entfernt wie von der Stadt Speyer, d. h. etwa eine Achtel Meile. Ich hörte in dieser Stadt sagen, was mich nicht wenig wunderte, daß das Gebiet ringsherum so außerordentlich bevölkert ist, daß nicht weniger als 200 verschiedene Städte und Dörfer innerhalb eines Raumes von vier deutschen Meilen um die Stadt herumliegen, d. h. von 16 englischen Meilen. Man fügte noch hinzu, daß man oft beobachtet habe, wie Leute aus jeder dieser 200 Städte und Dörfer in die Stadt auf den Markt kamen und noch in derselben Nacht in ihre eigenen Häuser zurückkehrten, was mir so seltsam vorkam, daß ich Derartiges von einem so kleinen Gebiet noch nie gelesen oder beobachtet habe.

Man hält die Stadt für sehr alt; denn einige Schriftsteller behaupten, sie sei eine Kolonie der Treverer gewesen, und daß man begonnen habe sie zu bauen wenige Jahre, nachdem die Stadt Trier an der Mosel von jenem babylonischen Prinzen Trebeta, dem Sohn des Königs Ninus, gegründet worden war. Die Leute, die sie zuerst bewohnten, wurden Vangiones genannt, ein Name, der sich nicht nur auf die Bewohner der Stadt bezog, sondern auch auf alle die, welche an verschiedenen Stellen des Landes ein ziemliches Stück von der Stadt weg wohnten. Von diesen Vangiones nahm die Stadt ihren Namen Civitas Vangionum an, den sie bis auf den heutigen Tag behalten hat. In früheren Zeiten wurde sie auch Berberomagum genannt, wie der gelahrte Peucer schreibt; er behauptet, dieser Name werde von Ptolmäus in seiner Geographie erwähnt. Von diesem Worte schreibt sich der heutige Name Wormatia her; denn heute hat sie zwei Namen, nämlich Civitas Vangionum und Wormatia, nämlich nach ihrer Etymologie kommt Wormatia aus Bormatia. Was das heutige deutsche Wormes angeht, so ist es durch Kontraktion der Buchstaben aus dem lateinischen Worte Wormatia entstanden.

Die Gebäude dieser Stadt sind sehr schön, sowohl die kirchlichen wie die bürgerlichen, und viele ihrer Straßen bieten einen schönen Anblick wegen ihrer Länge, ihrer Breite und der stattlichen Häuser auf beiden Seiten. Ihre Mauern sind stark und alt. Sie sind geschmückt mit schönen Torhäusern. Auch ihre Kirchen bieten wegen der Lage der Stadt in einer Ebene einen höchst erfreulichen und prächtigen Anblick denen, die sich aus irgendeiner Richtung von Westen, Norden oder Süden nähern. Besonders ihre Domkirche, die dem hl. Peter geweiht ist, die mit vier hochragenden Türmen von gar prächtiger Bauart geschmückt ist, bietet den Augen des Betrachters gleichsam das Bild einer Wiege.

THOMAS CORYAT (1577-1617) war ein englischer Gentleman, der sich als Reiseschriftsteller und als exzentrisches Original schon zu Lebzeiten einen Namen machte. Im Jahr 1608 reiste er fünf Monate lang durch Frankreich, Italien, die Schweiz, Deutschland und die Niederlande, und der literarische Ertrag dieser großen Tour waren *Coryat's Crudities* (»Coryats unreife Früchte«), die 1611 als Buch erschienen. Dieses umfangreiche Reisebuch, das eine Fülle landeskundlicher Informationen enthält, beschreibt auch ausführlich die Stadt Worms und ihre Umgebung. Der Anfang des Worms-Kapitels ist hier abgedruckt. Er zeigt, dass sich Coryat wie viele Reisende seiner Zeit, nicht mit der bloßen Anschauung begnügte, sondern dass er auch gelehrte Bücher konsultierte, um sich (und in der Folge auch seine Leserschaft) über die Vergangenheit und die Etymologie der Ortsnamen zu informieren.

Diese Beschreibung eines frühen englischen Reisenden ist in Worms lange Zeit unbekannt geblieben. Erst 1936 veröffentlicht Dr. J. Giesen in der Zeitschrift *Der Wormsgau* eine kommentierte Übersetzung dieses interessanten Dokuments.

Text aus | Dr. J. Giesen: Thomas Coryats Eindrücke von Worms im Jahre 1608. In: Der Wormsgau. Zeitschrift des Altertumsvereins und der städtischen Kulturinstitute für die Kreise Worms, Alzey, Oppenheim und das Ried. 2. Band, Mai 1936, Heft 2, S. 41–48.

WOLFGANG AMADEUS MOZART

»DA WAREN WIR LUSTIG«

BRIEFE AUS WORMS AN MUTTER UND VATER

1. AN DIE MUTTER IN MANNHEIM

[Worms, den 31. Januar 1778]

Madame Mutter!
Ich esse gerne Butter.
Wir sind Gottlob und Dank
Gesund und gar nicht krank.
Wir fahren durch die Welt,
Haben aber nit viel Geld;
Doch sind wir aufgeräumt
Und keins von uns verschleimt.
Ich bin bei Leuten auch
die tragen den Dreck im Bauch,
doch lassen sie ihn auch hinaus
So wohl vor, als nach dem Schmaus.
Gefurzt wird allzeit auf die Nacht
Und immer so, daß es brav kracht.
Doch gestern war der fürze König,
deßen Fürze riechen wie Hönig,
Nicht gar zu wohl in der Stimme,
Er war auch selbsten voller Grimme.
Wir sind ietzt über 8 Täge weck
Und haben schon geschißen vielen Dreck.
Herr Wendling wird wohl böse seyn,

Daß ich kaum nichts geschrieben fein,
Doch wenn ich komm' über d' Rheinbrücke
So kom ich ganz gewiß zurücke
Und schreib die 4 Quartetti ganz
Damit er mich nicht heißt ein Schwantz.

Und das Concert spar ich mir nach Paris,
Dort schmier ichs her gleich auf den ersten Schiß.
Die Wahrheit zu gestehen, so möcht ich mit den Leuten
Viel lieber in die Welt hinaus und in die große Weiten,
Als mit der Tac=gesellschaft, die ich vor meiner seh,
So oft ich drauf gedenke, so thut mir der Bauch weh;
Doch muß es noch geschehen, wir müssen noch zusamm –
Der Arsch vom Weber ist mehr werth als der Kopf vom Ramm
Und auch von diesem Arsch ein Pfifferling
Ist mir lieber als der Mons: Wendling.
Wir beleidigen doch nicht Gott mit unserem Scheißen
Auch noch weniger, wenn wir in dreck nein beißen.
Wir sind ehrliche Leute die zusammen taugen,
Wir haben summa summarum 8 Augen
Ohne dem wo wir drauf sitzen.
Nun will ich mich nit mehr erhitzen
Mit meiner Poesie; nur will ich Ihnen sagen
Daß ich Montag die Ehre hab, ohne viel zu fragen,
Sie zu embrassiren und dero Händ zu küssen,
Doch werd' ich schon vorhero haben in die Hosen geschißen.
à dieu Mamma

Worms den 1778ten Jenner
Anno 31   Dero getreues Kind
                            ich hab' den Grind
                                Trazom.

2. AN DEN VATER IN SALZBURG (AUSZUG)

[Mannheim, den 4. Februar 1778]

Monsieur
Mon trés cher Pére!

hernach sind wir 5 täge zu wormbs geblieben. dort hat der weber einen schwager, nämlich der dechant von stift. NB: der fürcht des H: webers spizige feder. da waren wir lustig. haben alle tage Mittags und Nachts beym H. Dechant gespeist. das kann ich sagen, diese kleine Reise war ein rechts Exercitium für mich auf dem Clavier. der H: Dechant ist ein rechter braver vernünftiger Mann.

WOLFGANG AMADEUS MOZART (1756–1791), der sich selbst immer »Amadé« nannte, verbrachte im Januar und Februar 1778 fünf Tage in Worms. Seine Mitteilung an den Vater: »da waren wir lustig« wird in Wormser Reiseprospekten und -führern zuweilen zitiert. Sucht man in Mozarts Briefen nach näheren Informationen über dieses Wormser Lustigsein, findet man leider wenig Sachdienliches. Denn der Wormser Brief des Zweiundzwanzigjährigen an seine Mutter Anna Maria, die in Mannheim auf ihn wartete, ist zwar unbestreitbar lustig, aber wenig informativ. Der derbe und zugleich merkwürdig läppische Humor des Komponisten steht in scharfem Kontrast zur Finesse und Eleganz seiner Musik. Aber er hatte eben solche albernen Launen, in denen er selbst seinen Namen auf den Kopf stellte und sich »Trazom« nannte. Wie uns die Kulturhistoriker versichern, waren Anspielungen auf die Vorgänge der Verdauung in Salzburg damals auch in besten Familien üblich, sodass der Komponist seine Mutter bedenkenlos mit diesem Zeugnis zweifelhaften Geschmacks beglücken konnte.

Allerdings sind in dem scheinbar sinnlosen Sermon doch ein paar beiläufig hingeworfene Sätze versteckt, die den Konflikt ahnen lassen, der in der Familie Mozart gerade schwelte. Seit dem 23. September 1777 war Mozart in Begleitung seiner Mutter in Deutschland unterwegs, um an einem Fürstenhof eine Anstellung zu finden. Der strenge Vater Leopold, der sonst den Sohn immer begleitet hatte, musste dieses Mal in Salzburg bleiben, weil ihm sein Fürst keinen Urlaub gewährt hatte. Große Hoffnungen der Familie richteten sich auf die musikliebende Residenz Mannheim, wo Mutter und Sohn am 30. Oktober 1777 eintrafen. Mozart gab Konzerte und lernte eine Reihe von vortrefflichen Musikern kennen. Aber am 10. Dezember musste er dem Vater mitteilen, dass an eine Anstellung als Mannheimer Kapellmeister nicht zu denken sei. Die Familie fasste daraufhin den Plan, dass Mutter und Sohn nach Paris weiterreisen sollten, um ihr Glück dort zu versuchen.

Doch gab es etwas, was den jungen Mozart in Mannheim hielt: Er hatte die Musikerfamilie Weber kennengelernt, in deren Gesellschaft er sich wohlfühlte – dies vor allem, weil es die hochmusikalische Tochter Aloisia gab, die eine Laufbahn als Sängerin anstrebte. Mozart war von der jungen Frau bezaubert, aber er mochte auch die übrige Familie gern. Zwischen dem 27. Januar und dem 2. Februar machten Aloisia, ihr Vater Fridolin und Mozart eine kleine Reise, die Wolfgang Amadé wohl zum größten Teil bezahlte, wie er dem Vater brieflich gestand. Aloisia und er konzertierten in Kirchheimbolanden bei der Prinzessin Caroline von Nassau-Weilburg. Und danach folgten die lustigen »täge zu wormbs«, die bei Dagobert Stamm, einem Schwager Fridolin Webers und Dechanten des Andreasstifts, verbracht wurden.

In dieser Zeit spielte Mozart mit dem Gedanken, die Parisreise abzusagen und mit der Familie Weber auf musikalische Tournee zu gehen. In dem Gedicht an die Mutter klingt das an, vor allem in der ordinären Abwertung jenes Herrn Wendling, der die Mozarts auf der Parisreise begleiten sollte. Ausführlich und in vernünftigen Worten erklärt Mozart seine Ideen dann dem Vater in jenem langen Brief vom 4. Februar 1778, in dem sich auch der oben zitierte Hinweis auf den Wormser Aufenthalt findet.

Der Vater war von diesem Plan entsetzt und befahl dem Sohn, Mannheim zu verlassen und nach Paris zu fahren. Was im März 1778 auch geschah. Wie es weiterging, steht in jeder Mozart-Biografie: Der Musiker fand auch in Paris nicht die ersehnte Anstellung, aber die Mutter starb dort am 3. Juli, und Leopold Mozart machte seinen Sohn für diesen Tod verantwortlich. Die Familie Weber spielte auch weiterhin eine Rolle im Leben des Komponisten, 1782 heiratete er zwar nicht Aloisia, wohl aber deren jüngere Schwester Constanze – sehr zum Ärger des strengen Vaters. Nach Worms ist Mozart nie mehr gekommen; aber er hat immerhin einmal eine lustige Zeit hier verbracht, und das sogar während einer Reise, die für sein Leben von erheblicher Bedeutung gewesen ist.

| Text aus | Wolfgang Amadeus Mozart: Briefe und Aufzeichnungen. Gesamtausgabe. Herausgegeben von der Internationalen Stiftung Mozarteum Salzburg. Gesammelt und erläutert von Wilhelm A. Bauer und Otto Erich Deutsch, auf Grund deren Vorarbeiten erläutert von Joseph Heinz Eibl. Erweiterte Ausgabe mit einer Einführung und Ergänzungen herausgegeben von Ulrich Konrad. Band II, 1777–1779. Kassel / München 2005, S. 245–247, bzw. S. 254.

| Literatur | Hildigund Kröplin: Wolfgang Amadeus Mozart 1756–1791. Eine Chronik. Wiesbaden / Leipzig 1990.

NIKOLAJ MICHAILOWITSCH KARAMSIN

»IN WORMS IST DAS ALTE RATHAUS MERKWÜRDIG...«

Mannheim, 3. August [1789]

Heute ganz früh verließen wir Mainz. Wir fuhren längs der linken Ufer des Rheins über Oppenheim und Worms und kamen um 7 Uhr des Abends in Mannheim an. Diesen Teil des oberen Deutschland kann man mit Recht ein irdisches Paradies nennen. Der Weg ist glatt wie ein Tisch – überall herrliche Dörfer, reiche Weinberge und Bäume, die von Früchten strotzen. Äpfel, Birnen und Walnüsse wachsen am Weg – ein Schauspiel, das den Bewohner des Nordens, der nur traurige Fichten und umzäunte Gärten zu sehen gewohnt ist, wo Argusse, mit Knütteln bewaffnet, Wache halten, in Begeisterung setzen muss. Und in diesen reichen Ebenen strömt der ehrwürdige, weinbekränzte Rhein, der auf seinem wogenden Rücken die das menschliche Herz erfreuenden Produkte seiner gesegneten Ufer in ferne Länder trägt, die nicht so reichlich von der Natur begabt sind.

Doch wo sind die vom Weib Geborenen wohl ganz vom Elend frei? Wo bezieht sich der Himmel nicht dann und wann mit trüben Wolken? Wo erschallt nicht manchmal der Donner des Himmels in die Ohren der Sterblichen? Wo werden nicht Tränen des Kummers vergossen? – Auch hier fließen sie, und ich habe sie gesehen; ich habe die Seufzer des armen Landmanns gehört. – Der Rhein und der Neckar waren von den vielen Regengüssen sehr angeschwollen, und ihre verheerenden Wellen strömten über Gärten, Felder und Dörfer. Hier schwamm ein Stück eines zertrümmerten Hauses, in dem sonst Zufriedenheit und Ruhe wohnten. Dort riss die stürmische Woge den Vorrat des sorgenden – ach! vergeblich sorgenden – Landmanns mit sich fort. Dort wurde ein armes blökendes Schaf von den Wellen getragen! – Wir mussten an einigen Stellen durchs Wasser fahren, das manchmal bis in den Wagen drang. Doch verursachte diese Überschwemmung eine prächtige Ansicht, die sich unseren Augen darstellte, als der Wagen in eine lange Allee einkehrte, die etwa drei Werst vor Mannheim anfängt. Diese ganze Allee war auf beiden Seiten mit Wasser umgeben und schien, da das Wasser hier still war, eine ungeheure Brücke zu sein.

In Oppenheim, einem pfälzischen Städtchen, nahmen wir das Frühstück und tranken da von dem berühmten Niersteiner, der mir aber nicht so gut schmeckte wie der Hochheimer. – Oppenheim gegenüber, auf der anderen Seite des Rheins, steht eine hohe Pyramide, auf deren Spitze ein Löwe ein Schwert in der Klaue hält. Dies Denkmal errichtete im Jahr 1631 der König von Schweden, Gustav Adolf, als er nach der Niederlage der Spanier und der Einnahme Oppenheims über den Rhein ging.

In Worms ist das alte Rathaus merkwürdig, auf dem Luther vom Kaiser Karl V. und von den Fürsten des Reichs auf dem Reichstag von 1521 gerichtet wurde. Von dieser Zeit an zeigt man hier eine Bank, auf der ein Glas mit Gift zersprang, das für Luther bestimmt war. Mehrere Reisende pflegen einen Splitter von dieser Bank abzuschneiden, und schon ist das Brett fast ganz zerschnitten!

Mannheim ist eine schöne Stadt. Die Straßen sind vollkommen regelmäßig angelegt und durchschneiden einander in rechten Winkeln, was – wenigstens auf den ersten Anblick – sehr angenehm für das Auge ist. Das Rheintor, das Neckartor und das Heidelberger Tor sind mit schönen Basreliefs geziert. Auch findet man verschiedene freie Plätze in der Stadt, die von prächtigen Häusern umgeben sind. Der Palast des Kurfürsten steht am Zusammenfluss des Rheins und des Neckars. Hätte ich mich nicht so sehr nach der Schweiz gesehnt, so wäre ich hier gewiss einige Wochen geblieben. So sehr hat mir Mannheim gefallen.

NIKOLAJ MICHAILOWITSCH KARAMSIN (1766–1826), ein russischer Schriftsteller und Historiker, bereiste in den Jahren 1789 und 1790 wesentliche Teile Deutschlands, der Schweiz, Frankreichs und Englands. Er begegnete maßgeblichen Denkern und Politikern, erlebte in Paris den Beginn der Französischen Revolution mit, fühlte sich jedoch sehr viel wohler im bürgerlich aufstrebenden London. Unter dem Titel *Briefe eines reisenden Russen* hat Karamsin die Eindrücke seiner Westeuropareise als Buch veröffentlicht – erstmals 1791/92, und in einer ausführlicheren Fassung dann in den Jahren 1799 bis 1801. In diesen Briefen verfolgte Karamsin die Absicht, seine russischen Landsleute mit der westeuropäischen Kultur vertraut zu machen. Das Buch fand nicht nur in Russland Beachtung. Schon zu Lebzeiten Karamsins wurde es von Johann Richter ins Deutsche übersetzt, und der Autor, der selbst perfekt Deutsch sprach, hat diese Übersetzung ausdrücklich gutgeheißen.

Karamsins Stil ist nicht wissenschaftlich trocken, sondern »empfindsam«, wie es dem Geist der Zeit entsprach. Damit ist er als Begründer des russischen »Sentimentalismus« in die Literaturgeschichte eingegangen. Aus seinem Reisebericht spricht eine reflexive, melancholische Nachdenklichkeit, die sich in dem kurzen Ausschnitt hier etwa an den folgenden Sätzen zeigt: »Doch wo sind die vom Weib Geborenen wohl ganz vom Elend frei? Wo bezieht sich der Himmel nicht dann und wann mit trüben Wolken?«

Wie so viele Reisende vor und nach ihm hat Karamsin Worms nur für eine kurze Pause auf dem Weg von Mainz nach Mannheim genutzt. Die Stadt scheint auf ihn keinen sehr großen Eindruck gemacht zu haben. Im Unterschied zu den meisten anderen Reisenden verschwendet der aufgeklärte Russe keinen Blick auf den Dom. Dafür wird die Lutherbank im Rathaus, die er stattdessen besichtigt, von anderen Reisenden nicht erwähnt. Wer weiß, was dem reisenden Russen da gezeigt worden ist?

Text aus   Nikolaj Michailowitsch Karamsin: *Briefe eines reisenden Russen.* Aus dem Russischen von Johann Richter. München 1966, S. 132–133.

Literatur   Pis'ma Russkogo Putešestvennika (Briefe eines reisenden Russen). In: Kindlers Literatur Lexikon. München 1986, Band 9, S. 7542f.

JOHANNA SCHOPENHAUER

»KEINE SPUR VON DER KAISERPRACHT MEHR«

19. September 1816

Auch durch Mannheim flog ich diesmal nur hindurch, über die lange schwankende Schiffsbrücke hin, die dicht hinter der Stadt über den sehr breiten Rhein führt. Bald gelangten wir an das artige Städtchen Frankenthal, dem Kanal vorbei, der diesen Ort mit dem Rhein verbindet. Der allmählich in Verfall gerathene Handel und das mit ihm sinkende Fabrikwesen dieser Stadt hat auch die Vernachlässigung dieses Kanals nach sich gezogen. Doch sieht Frankenthal mit seinen breiten Straßen und den schönen, ziemlich gleichförmig erbauten Häusern noch immer recht heiter und einladend aus. Es hat das Ansehen einer Koloniestadt und war es auch einst, als Zufluchtsort der aus Frankreich und Brabant vertriebenen Hugenotten. Diese brachten mancherlei Manufakturen, und durch diese Thätigkeit Reichthum in den Ort, der jetzt nur noch mit Ueberresten seines ehemaligen Glanzes prangt. Zu Mittage langten wir in Worms ein, ohne daß bis dahin die durchaus flache Gegend uns sonderliche Freude gewährt hätte. Einen großen Theil der Felder fanden wir ebenfalls noch unter Wasser, wie bei Mannheim, und alles hatte ein trauriges zerstörtes Ansehen.

Von außen sieht Worms mit seinen epheubewachsnen Thürmen, seinen zackigen alten Mauern recht ehrwürdig-alterthümlich aus, von innen öde und menschenleer. Keine Spur von der Kaiserpracht mehr, die vor grauen Jahrhunderten hier geherrscht haben mag; noch weniger eine von dem im Niebelungenlied besungenen Rosengarten, außer dem Namen, welchen noch eine Insel im Rheine führt. Wir wollten wenigstens die berühmte Domkirche sehen, in der wir noch Ueberbleibsel alter Kunst zu finden hofften, aber nur mit Mühe trafen wir in den menschenleeren Straßen jemanden, der uns den Weg zu ihr bezeichnete. Zuletzt erhielten wir von der Frau Küsterin einen Knaben, der uns die Thür des feierlich-schönen Gebäudes zwar aufschloß, aber uns weiter über nichts Auskunft zu geben wußte, so, daß wir in unserm Gasthof wieder ankamen, ohne von diesem Besuch sonderlich erbaut zu seyn, und nun so schnell als möglich vorwärts eilten, um Mainz zu erreichen.

Bis Oppenheim verfolgte uns der traurige Anblick der Ueberschwemmungen und die durch sie verdorbene Luft längs den hier flachen, öden Ufern des Rheins. Ich dachte daran, daß ich nun wirklich in der Rheinebene sey, deren Anblick mich von der Bergstraße und Heidelbergs Felsen aus oft entzückt hatte, und war auf gutem Wege, über die glänzende Täuschung der Ferne allerhand erbauliche Betrachtungen anzustellen, aber in der Nähe von Oppenheim war ich anderes Sinnes, denn hier gewinnt alles eine freundlichere Gestalt. Die Ufer des Rheins erheben sich zu reizenden Rebenhügeln, dazwischen liegen hübsche wohlhäbige Dorfschaften, und alles gedeiht und blüht in üppigem Wachsthum und regem Leben. Die alte Stadt Oppenheim selbst mit ihren grauen Thürmen und Mauern nimmt sich auf ihrer Anhöhe recht malerisch aus. Wir fuhren indessen nicht hinein, sondern wechselten nur die Pferde am Posthause unten vor der Stadt.

Bis hierher waren wir auf dem klassischen Boden des Niebelungenliedes gereiset, jetzt betraten wir einen klassischen Boden anderer Art, den der Weintrinker. Zuerst kamen wir nach Nierenstein, einem hübschen Dorfe, dessen weiße, mit Rebenlaub umsponnene Häuser sich in einer langen Reihe längs dem Ufer des Rheins hinziehen. Die hinter ihnen sich erhebenden Berge sind von oben bis unten mit Reben bedeckt, überall wächst Wein, wo nur ein dazu schickliches Plätzchen sich findet, aber bei all dem begreife ich doch nicht, woher all der Nierensteiner kommen kann, der in der ganzen Welt getrunken wird. An Nierenstein gränzt Bodenheim, an dieses Laubenheim, lauter berühmte Namen der dem freudebringenden Gott geweihten Orte, von denen einer aussieht, wie der andere. Das reinliche nette Ansehen dieser aus lauter weißen Häusern bestehenden Dörfer, gegen welche das frische Grün gar anmuthig absticht, und die über und über Reben bepflanzten, sanft sich erhebenden Hügel, die hier den breit hinwogenden Rhein umkränzen, gewähren der Gegend ländlichen Reiz und Anmuth.

Mainz erreichten wir mit dem Anbruch der Nacht, und konnten daher erst am andern Morgen anfangen, uns in dieser berühmten Stadt etwas umzusehen und unsre Bekannte aufzusuchen.

| JOHANNA SCHOPENHAUER | (1766–1838) ist der Nachwelt vor allem als Mutter des Philosophen Arthur Schopenhauer im Gedächtnis geblieben. Zu ihren Lebzeiten war das anders: Während sich der Sohn nur langsam einen Namen machen konnte, lebte die Mutter das glanzvolle Leben einer Gesellschaftsdame und Schriftstellerin.

Johanna Trosiener, wie sie mit ihrem Geburtsnamen hieß, stammte aus Danzig, wo sie in einer wohlhabenden Kaufmannsfamilie aufgewachsen war. 1785 heiratete die Neunzehnjährige den ebenfalls sehr gut gestellten Danziger Kaufmann Johann Floris Schopenhauer, der zwanzig Jahre älter war als sie. Zwei Kinder kamen zur Welt: Arthur 1788, seine Schwester Adele 1797.

1805 schied Johann Schopenhauer nach einigen wirtschaftlichen Rückschlägen freiwillig aus dem Leben, und die Witwe begann ihr zweites Leben. Mit der Tochter zusammen lebte sie in Weimar, und in ihrem Salon verkehrten Goethe und andere illustre Gäste.

Ebenso wichtig war jedoch die literarische Tätigkeit Johanna Schopenhauers. Sie war eine der ersten Frauen in Deutschland, die als freie Schriftstellerin leben konnte, ihre Bücher waren zeitweise so beliebt, dass die Verlage Brockhaus und Sauerländer schon zu Lebzeiten der Autorin eine Gesamtausgabe in 24 Bänden herausgaben. Diese Edition war zwar nicht so erfolgreich, wie die Verleger und die Autorin gehofft hatten, aber sie zeigt doch, dass Johanna Schopenhauer als Autorin von Gewicht galt.

Neben sogenannten »Entsagungsromanen«, in denen rührend-tragische Frauenschicksale ausgebreitet wurden, schrieb Johanna Schopenhauer vor allem Reisebücher. Schon mit ihrem Mann, und nach dessen Tod dann meist in Begleitung ihrer Tochter war sie in großen Teilen Europas unterwegs. Über die Bücher, die sie über ihre Reisen schrieb, meint Carola Stern, die Biografin

Johanna Schopenhauers: »Während adlige Damen wie Elisa von der Recke in ihren veröffentlichten Tagebüchern fast ausschließlich von Menschen berichteten, die sie an Adelshöfen getroffen, mit denen sie geplaudert hatten, über Freundinnen, die sie lieb gewonnen, und über Männer, die sie beeindruckt hatten, beobachtete die neugierige und wissbegierige Bürgerin Schopenhauer die Lebensumstände der Menschen, ihre Geschäfte, Vorlieben und Sitten, den Verkehr und vieles andere mehr ...«

Der Auszug aus Johanna Schopenhauers Buch über ihre Reise an den Hochwasser führenden Rhein im Jahre 1816 beweist aber vor allem, dass auch diese neugierige Reisende für Worms kein allzu großes Interesse aufbrachte. Wie so viele Besucher vor und nach ihr hielt sie sich nur kurz in der Stadt auf, und das wenige, das sie im Inneren sah, enttäuschte nur die Erwartung, die der altehrwürdige Anblick der Stadt von außen geweckt hatte.

| Text aus | Johanna Schopenhauer: Ausflucht an den Rhein und dessen nächste Umgebungen im Sommer des ersten friedlichen Jahres. Sämtliche Schriften. Leipzig / Frankfurt 1830, 3. Band, S. 193–197.

| Literatur | Carola Stern: Alles, was ich in der Welt verlange. Das Leben der Johanna Schopenhauer. Reinbek 2005, Zitat S. 242.

VICTOR HUGO

※

IM SCHATTEN DES SONNENUNTERGANGS

WORMS IM JAHRE 1838

*1957 übersetzt, kommentiert und
mit einem Nachwort versehen von Karl Schlösser*

Die Nacht sank hernieder. Jene so unbestimmte Schwermut, die beim Scheiden des Tages die Seele ergreift, ergoss sich über die Landschaft rings um uns her. Wer ist traurig um diese Stunde, die Natur oder wir selbst? Ein weißer Schleier stieg aus den Tiefen des weiten Vogesentales[1] auf, das Schilf am Fluss rauschte unheimlich, und das Dampfschiff kämpfte sich durchs Wasser wie ein dicker, müder Hund. Träge oder ermüdet, waren alle Reisenden hinuntergestiegen in die Kabine, die mit Paketen, Reisesäcken, unordentlich stehenden Tischen und eingeschlafenen Menschen vollgestopft war. Das Deck war verödet. Drei deutsche Studenten waren hier allein geblieben, regungslos und schweigsam, ohne eine Bewegung und ohne ein Wort mit dem Rauchen ihrer bemalten Tonpfeifen beschäftigt, drei Statuen, ich aber war die vierte und blickte ziellos ins Weite. Ich sagte mir: »Am Horizont bemerke ich nichts, wir werden erst bei völliger Dunkelheit in Worms sein. Das ist mir sonderbar; ich hatte nicht gedacht, dass Worms so weit von Mainz entfernt sei.« Plötzlich hielt das Dampfschiff. »Jetzt wird's gut«, sagte ich mir weiter, »das Wasser ist hier in der Ebene sehr niedrig, das

Bett des Rheines von Sandbänken verstopft, und so sitzen wir hier nun fest.«

Der Schiffsherr kam aus seiner Kabine heraus. »Nun, Kapitän«, sagte ich zu ihm, weil man doch heutzutage, wie Sie ja wissen, jedem Ding einen klangvollen Namen gibt; jeder Komödiant nennt sich Künstler, jeder Sänger sich Virtuose, und ein Schiffer nennt sich Kapitän. »Nun, Kapitän, das ist eine schöne Bescherung, dadurch werden wir nicht vor Mitternacht ankommen.« Der Schiffer betrachtete mich mit den weit offenen, blauen Augen des verblüfften Teutonen und sagte: »Sie sind angekommen!« Ich betrachtete ihn nun meinerseits nicht weniger verblüfft als er. Unsere beiden Gesichter mussten in diesem Augenblick bewundernswert zum Ausdruck bringen, wie sich französisches und wie sich deutsches Erstaunen zeigt.

»Angekommen, Kapitän?«

»Ja, angekommen!«

»Wo?«

»Aber in Worms!«

Ich stieß einen kurzen Schrei aus und ließ meine Augen rings umhergehen. – In Worms? Träumte ich wachen Sinnes? War ich das Spielzeug einer Dämmerungsvision? Verspottete der Schiffer den Reisenden? Nötigte das Verhalten des Deutschen den Pariser zur Vorsicht? Machte sich der Germane über den Gallier lustig? In Worms! Aber wo war denn jener hohe, prächtige von viereckigen Türmen flankierte Mauergürtel, der bis zum Ufer des Flusses kam, um stolz den Rhein als Graben zu benutzen? Ich sah nichts als eine weite Ebene, deren Hintergrund mir dichte Nebel verbargen, fahle Pappelvorhänge, eine kaum erkennbare, im dichten Schilf fast verschwindende Uferböschung und auf dem Ufer selbst, ganz nahe bei uns, einen schönen, grünen Rasen, wo einige Frauen ihre Wäsche ausbreiteten, um sie im Tau bleichen zu lassen.

Mit ausgestrecktem Arm zum Vorderteil des Schiffes hin zeigte mir indessen der Schiffer ein neues, gipsverputztes Haus mit grünen Fensterläden, das, sehr hässlich, wie ein dicker, geweißter Pflasterstein aussah, und das ich zuvor nicht bemerkt hatte.

»Monsieur, dort ist Worms.«

»Worms!« entgegnete ich, »Worms, das dort! Dieses weiße Haus! Aber das ist doch allerhöchstens ein Gasthof!«

»Das ist tatsächlich ein Gasthof. Sie werden dort vortrefflich untergebracht sein.«[2]

»Aber die Stadt?«

»Ach! Die Stadt! Sie suchen die Stadt?«

»Aber selbstverständlich!«

»Sehr gut! Die werden sie dort unten in der Ebene finden, aber man muss ein gutes Stück Wegs marschieren. Ach! Monsieur kommt der Stadt wegen? Im Allgemeinen hält man hier sehr selten, und die Herren Reisenden begnügen sich dann mit dem Gasthof. Dort ist es sehr gut. Ach! Monsieur hält die Stadt für sehenswert! Das ist eben unterschiedlich. Was mich betrifft, ich komme hier immer ziemlich spät abends oder bei sehr guter Zeit morgens vorbei, und ich habe sie noch nie gesehen.«

Du also bist Kaiserstadt gewesen! Du bist die Stadt, die Gaugrafen, souveräne Erzbischöfe, Fürstbischöfe, eine Pfalz, vier Festungswerke, drei Brücken über den Rhein, drei Stifte mit Glockentürmen, vierzehn Kirchen, dreißigtausend Einwohner gehabt hat! Du warst eines der vier Häupter in dem mächtigen Bund der hundert Städte! Da bist Du nun dem Verehrer sagenhafter Überlieferungen wie dem Erforscher und Kritiker geschichtlicher Tatsachen ein so seltsamer, poetischer und berühmter Ort, wie es kein anderer Fleck Europas ist! Da hast Du nun in Deiner wunderbaren Vergangenheit alles, was die Vergangenheit enthalten kann, die Sage und die Geschichte, jene beiden Bäume, die sich mehr gleichen als man denkt, und deren Wurzeln und Zweige manchmal so unlösbar miteinander im Gedächtnis der Menschen verflochten sind! Da bist Du nun die Stadt, die Caesar siegen, Attila vorüberziehen, Brunhilde träumen und Karl den Großen heiraten sah. Da bist Du nun die Stadt, die im Rosengarten den Kampf des hörnernen Siegfried mit dem Drachen erlebte, vor der Front des Domes den Streit Kriemhildes, aus dem ein Heldenlied entsprang, und vor dem Reichstag den Streit Luthers, aus dem eine Religion hervorging. Da bist Du nun das Wormatia der Vangionen, das Bormitomagus[3] des Drusus, der Wonnegau der Dichter, der Hauptsitz der Helden in den Nibelungen, die Hauptstadt der fränkischen Könige, der Gerichtshof der Kaiser! Da bist Du nun mit einem Wort Worms, und musst Dir von einem durch Tabak benommenen Flegel, der selbst nicht mehr weiß, ob er Vangione oder Nemeter[4] ist, sagen lassen:»Ach! Worms! diese Stadt ist dort unten irgendwo! Ich habe sie noch nie gesehen.«

Ja, mein Freund, Worms ist alles dies. Eine glänzende Stadt, wie Sie sehen, kaiserliche und königliche Residenz, dreißigtausend Einwohner, vierzehn Kirchen, deren Namen aber heute vollständig vergessen sind. Deshalb verzeichne ich sie hier:

Das Münster.
St. Caecilia.
St. Vesvin.
St. Andreas.
St. Mang.
St. Johann.
Liebfrauen.
St. Paul.
St. Ruprecht.
Predicatores.
St. Lamprecht.
St. Sixt.
St. Martin.
St. Amandus.[5]

Inzwischen hatte ich mich an Land absetzen lassen, zur großen Überraschung meiner Reisegefährten, die nichts zu verstehen schienen von dem, was meine Fantasie bewegte. Das Dampfschiff hatte seinen Kurs nach Mannheim wieder aufgenommen und mich allein mit meinem Gepäck in einem schmalen Kahn, den der von den Schaufelrädern aufgewühlte Strom heftig schüttelte, zurückgelassen. Beim Anlegen am Landeplatz achtete ich nicht allzu sehr auf zwei Männer, die sich dort aufgestellt hatten, während der Nachen herankam und der Dampfer davonfuhr. Der eine dieser beiden Männer, der wie ein pausbäckiger Herkules mit aufgekrempelten Ärmeln aussah und das unverschämteste Gesicht hatte, das einem begegnen kann, stützte sich, eine Pfeife rauchend, mit dem Ellbogen auf einen ziemlich großen Handwagen. Der magere und schmächtige andere hielt sich ohne Pfeife und ohne Unverschämtheit neben einem kleinen Schubkarren, dem bescheidensten und erbärmlichsten der Welt. Das war eines jener farblosen und welken Gesichter, die kein Alter haben, und die den Verstand zögern lassen zu entscheiden, ob es sich hier um einen späten Jüngling oder einen frühen Greis handelt.

Da ich eben erst Boden unter die Füße bekam, und während ich noch den armen Teufel mit dem Schubkarren betrachtete, hatte ich gar nicht bemerkt, dass mein Reisesack, den der Nachenruderer mir zu Füßen ins Gras gelegt hatte, plötzlich weg war. Währenddessen veranlasste mich ein Geräusch rollender Räder, den Kopf zu wenden. Mein Reisesack verschwand dort auf dem Handwagen, den der Mann mit der Pfeife unbekümmert davonschob. Der andere betrachtete mich traurig, ohne einen Schritt zu tun, ohne eine Bewegung zu wagen und ohne ein Wort zu sagen, mit der Miene des Unterdrückten, der auf etwas verzichtete, von dem ich überhaupt nichts begriff. Ich lief hinter meinem Reisesack her.

»He, Freund«, rief ich dem Manne nach, »wo gehen Sie denn hin?« Der Lärm seines Wagens, die Beschäftigung mit seiner Pfeife und vielleicht auch das Bewusstsein seiner Wichtigkeit hinderten ihn, mich zu hören. Atemlos kam ich zu ihm heran und wiederholte meine Frage.

»Wohin wir gehen?«, sagte er auf Französisch und ohne anzuhalten.

»Ja!«, antwortete ich.

»Mein Gott«, brummte er, »dorthin!«

Und mit einer Kopfbewegung zeigte er auf das weiße Haus, das nur einen Steinwurf von uns entfernt war.

»Ach! Was ist das denn?«, sagte ich zu ihm.

»Na, das Hotel!«

»Aber da gehe ich doch gar nicht hin.«

Er hielt kurz an. Er betrachtete mich wie der Schiffer mit dem verblüfftesten Gesicht; überheblich wie jene Gastwirte, die sich in einer öden Gegend allein wissen und die sich den Luxus erlauben,

Worms von der Rheinseite, Reproduktion eines Stiches von Ludwig Lange, 1832; Stadtarchiv Worms, M06221. Künstlerbiographie S. 262.

unverschämt zu sein, weil sie sich für unentbehrlich halten, setzte er aber nach einem Augenblick des Schweigens hinzu:
»Monsieur schläft in den Feldern?«
Ich glaubte, mich nicht erregen zu sollen.
»Nein«, sagte ich zu ihm, »ich gehe in die Stadt.«
»Wo ist das, die Stadt?«
»In Worms!«
»Wie, in Worms?«
»In Worms!«
»In Worms?«
»In Worms.«
»Ah!«, erwiderte der Mann.
Was kann aber nicht alles in einem »Ah!« liegen! Ich werde dieses da niemals vergessen. Darin war Wut, Verachtung, Unwille, Spott, Ironie, Mitleid, ein tiefes und berechtigtes Bedauern wegen meiner Taler und Silbergroschen und, alles in allem eine gewisse Tönung von Hass. Dieses »Ah!« wollte sagen: Was ist das für ein Mensch? An welchem Reisesack habe ich mich denn da vergriffen? So etwas geht nach Worms. Was wird denn der in Worms machen wollen? Irgendein Intrigant! Irgendein Bankrotteur, der sich verbirgt! Da macht man sich nun die Mühe, am Rheinufer einen Gasthof zu bauen für derartige Reisende! Dieser Mensch bringt mich um alles. Nach Worms zu gehen ist doch dumm! Er hätte bei mir mindestens zehn echte Franken ausgegeben; die ist er mir auch schuldig! Das ist ein Dieb! Hat er wirklich das Recht, anderswo hinzugehen? Aber das ist ja abscheulich! Und da habe ich mich auch noch dazu hergegeben, seine Sachen zu tragen! Ein übler Reisesack! Das ist mir ein schöner Reisender, der nichts als einen Reisesack hat! Welcher Plunder wird da wohl drin sein? Hat er nur ein Hemd? Tatsächlich, man sieht doch, dass dieser Franzose keinen Sou hat. Er wird deshalb möglicherweise verschwinden, ohne zu zahlen. Welchen Abenteurern kann man doch begegnen! An was ist man nicht alles ausgeliefert! Vielleicht sollte ich diesen Kerl der Gendarmerie übergeben? Ach was, man muss ja noch Mitleid dabei haben. Gehe er, wohin er wolle, nach Worms, zum Teufel! Ich

werde nur guttun, ihn samt seiner Reisetasche hier mitten auf der Landstraße abzusetzen.

O, mein Freund, haben Sie schon bemerkt, dass es lange Reden gibt, die leer, hingegen Einsilber, die voll Gehalt sind? Alles das war in diesem »Ah!« gesagt. Er packte meine Reisetasche und warf sie auf die Erde. Dann entfernte er sich majestätisch mit seinem Wagen. Ich glaubte, ihm einige Vorhaltungen machen zu sollen.

»Das ist gut«, sagte ich zu ihm, »Sie machen sich einfach davon? Sie lassen mich hier mit meinem Reisesack stehen? Zum Teufel! Nehmen Sie sich doch wenigstens die Mühe, ihn dorthin zurückzutragen, wo Sie ihn weggenommen haben!«

Er entfernte sich unbeirrt weiter.

»He, Flegel!«, rief ich. Er verstand kein Französisch mehr, er setzte schweigend seinen Weg fort.

Für mich ergab sich daraus, einen Entschluss zu fassen. Ich hätte hinter ihm herlaufen, mich ärgern und mich hinreißen lassen können, aber was soll man mit einem Flegel machen, wenn man ihn nicht wenigstens verprügelt? Und um es nur zu sagen, indem ich mich mit diesem Menschen verglich, zweifelte ich, ob von uns beiden wirklich er der Verprügelte sein würde. Die Natur, die keine Gleichheit will, hatte sie auch zwischen diesem Teutonen und mir nicht gewollt. Hier, in der Dämmerung, im Freien, mitten auf der Landstraße war ich offensichtlich der Unterlegene, er aber der Überlegene.

O, souveränes Faustrecht, vor Dir sind alle völlig ungleich! *Dura lex sed lex.*

Ich verzichtete also.

Ich hob meinen Reisesack auf und nahm ihn unter den Arm. Dann orientierte ich mich. Es war völlige Nacht geworden, der Horizont war schwarz, und rings um mich her erkannte ich nichts als die weißliche, verschwommene Masse des Hauses, dem ich eben noch den Rücken gekehrt hatte. Ich hörte nur das unbestimmte, leise Rauschen des Rheines im Schilf.

»Sie werden Worms dort unten finden«, hatte der Kapitän des Schiffes zu mir gesagt und dabei auf den Hintergrund der Ebene gezeigt. »Dort unten«, weiter nichts. Wohin nun mit diesem »dort unten«? Galt das für zwei Schritte, galt das für zwei Meilen? Worms, die Stadt der Legenden, die zu suchen ich von so weit hergekommen war, begann auf mich den Eindruck einer jener verzauberten Städte zu machen, die in dem Maße zurückweichen, wie der Reisende vorwärts kommt.

Und jene schrecklichen und ironischen Worte des Mannes mit dem Handwagen kamen mir wieder in den Sinn: »Monsieur will in den Feldern schlafen?« Mir war, als hörte ich, wie sie von den vertrauten Geistern des Rheines, den Irrwischen und den Gnomen mit spöttischem Gelächter an meinem Ohr wiederholt wurden. Es war just die Stunde, da sie im Kunterbunt mit dem Luftgeistern, Larven, Hexen und Gespenstern hervorkommen und zu ihren geheimnisvollen Tänzen gehen, die tiefe, kreisrunde Spuren in dem niedergetretenen Gras zurücklassen, Spuren, die die Kühe am anderen Morgen träumend betrachten.

Der Mond begann aufzugehen.

Was tun? Diesen Tänzen beiwohnen? Das wäre sehenswert. Aber in den Feldern schlafen! Das ist hart. Umkehren also? In jener Herberge, die ich verschmäht hatte, doch die Gastfreundschaft erbitten? Einem neuen »Ah!« des Flegels mit dem Handwagen die Stirn bieten? Aber wer weiß, das löste vielleicht aus, dass mir die Türe vor der Nase zugeschlagen würde und dass ich hinter mir und rings um mich her vernehmen müsste, wie sich im Schilf, in den Büschen und im bewegten Laub der Zitterpappeln das Gelächter der karfunkeläugigen Gnome und der grüngesichtigen Irrwische verdoppelte.

Vor den Feen so sich demütigen lassen, das milde, leuchtende Gesicht der Titania zu einem Lächeln voll spöttischen Mitleids bringen, nein! Niemals! Dann lieber unter freiem Himmel schlafen! Lieber die ganze Nacht marschieren!

Nachdem ich so mit mir selbst zu Rate gegangen war, entschloss ich mich, zum Landeplatz zurückzukehren. Dort würde ich ohne Zweifel irgendeinen Pfad finden, der mich nach Worms führen würde.

Der Mond war jetzt ganz aufgegangen.

In mir richtete ich an ihn einen feierlichen Anruf, zu dem ich eine abscheuliche Mischung aller jener Dichter vornahm, die von Virgil bis zu Lemierre etwas über den Mond gesagt haben. Ich nannte ihn »bleichen Kurier« und »König der Nächte«, und ich bat ihn, mir ein wenig zu leuchten, wobei ich ihm keck erklärte, ich fühlte, dass Diana Apollos Schwester sei, und nachdem ich ihn mir so dem klassischen Ritus entsprechend geneigt gemacht hatte, begann ich, wacker zu marschieren, meine Reisetasche unterm Arm in Richtung zum Rhein.

Kaum hatte ich, in tiefes Träumen versunken, einige Schritte gemacht, da schreckte mich ein leises Geräusch auf. Ich hob den Kopf. Es ist richtig, die Göttinnen anzurufen; denn nun erlaubte mir der Mond zu sehen. Dank einem waagerechten Strahl, der die Spitzen des wilden Hafers zu versilbern begann, unterschied ich deutlich einige Schritte vor mir neben einer alten Weide, deren riesiger Stamm eine furchtbare Grimasse zog, unterschied ich, sage ich, ein fahles, graues Gesicht, ein Gespenst, das mich mit bestürzter Miene betrachtete. Dieses Gespenst drückte einen Schubkarren.

Eine Erscheinung, meinte ich zuerst.

Dann fiel mein Blick auf den Schubkarren, und eine zweite Reaktion folgte der ersten:

Ein Gepäckträger ist's!

Es war aber weder ein Phantom noch ein Gepäckträger. Ich erkannte den zweiten Zeugen meiner Landung auf diesem bisher so ungastlichen Ufer, den Mann mit dem farblosen Gesicht. Er selbst war, als er mich bemerkt hatte, einen Schritt zurückgetreten und wirkte nun halbwegs zuversichtlich. Ich gab den Anstoß zu einem Gespräch.

»Mein Freund«, sagte ich zu ihm, »unsere Begegnung war offenbar von aller Ewigkeit her vorgesehen. Ich habe einen Reisesack, den ich in diesem Augenblick viel zu voll finde, Sie haben einen völlig leeren Schubkarren. Wenn ich meinen Sack auf Ihren Karren legte? Na! Was sagen Sie dazu?«

Auf diesem linken Rheinufer spricht und versteht alles Französisch, die Phantome inbegriffen. Also antwortete auch diese Erscheinung:

»Wohin geht Monsieur?«
»Ich gehe nach Worms!«
»Nach Worms?«
»Nach Worms!«
Möchte Monsieur wohl im ›Fasan‹ absteigen?«
»Warum nicht?«
»Wie, Monsieur geht nach Worms?«
»Nach Worms.«
»Oh!«, machte der Mann mit dem Schubkarren.

Ich möchte hier gerne einen Parallelismus vermeiden, der ganz das Aussehen einer symmetrischen Kombination hat, aber ich bin nur ein historischer Chronist und kann nicht umhin festzustellen, dass dieses »Oh!« genau das Gegenstück und das Gegenteil zu dem »Ah!« des Mannes mit dem Handwagen war. Dieses »Oh!« drückte das mit Freude durchsetzte Erstaunen aus, den befriedigten Stolz, die Ekstase, die Zärtlichkeit, die Liebe, die echte Bewunderung für meine Person und die ernsthafte Begeisterung für meine Pfennige und Kreuzer.

Dieses »Oh!« wollte sagen: »Oh! Was ist das für ein bewundernswerter Reisender und was für ein großartiger Passant! Dieser Monsieur geht nach Worms! Er wird im Fasan absteigen. Wie man daran doch den Franzosen erkennt! Dieser Edelmann wird mindestens drei Taler in meinem Gasthof ausgeben. Er wird mir ein gutes Trinkgeld lassen. Das ist ein großzügiger Herr und mit Sicherheit ein besonders intelligenter. Er geht nach Worms! Er hier, er ist so klug, dass er nach Worms geht! Welch ein Glück! Warum sind derart kluge Reisende nur so selten? Ja, leider! Es ist eine interessante und doch traurige Sache, Hotelier in dieser Stadt Worms zu sein, wo drei Gasthöfe Tag für Tag dafür geöffnet sind, dass alle drei Jahre einmal ein Reisender kommt. Seien Sie dieser willkommene Gast, erlauchter Fremdling, geistvoller Franzose, liebenswürdiger Monsieur! Wie schön! Sie kommen nach Worms! Er kommt nach Worms, nobel und einfach, die Mütze auf

dem Kopf, seinen Reisesack unter dem Arm, ohne Pomp, ohne
Getöse, ohne Effekte haschen zu wollen, wie jemand, der bei sich
zu Hause ist. Das ist schön! Welche große Nation, dieses französische Nation. *Vive l'empereur Napoléon!*

Nach diesem schönen Monolog in einer Silbe nahm er meinen
Reisesack und legte ihn auf seinen Schubkarren, wobei er mich
mit liebenswürdiger Miene betrachtete und mit einem nicht
wiederzugebenden Lächeln, das sagen wollte: Ein Reisesack!
Nichts als ein Reisesack! Wie nobel und wie elegant ist das, nichts
als einen Reisesack zu haben! Man sieht, dass dieser hochacht-
bare Herr seinen eigenen Wert fühlt, dass er sich mit Recht, so
wie er ist, glänzend genug findet, und dass er nicht sucht, den
armen Gastwirt mit dem Schein des Überflusses außer sich zu
bringen, mit Stapeln von Paketen, mit Anhäufungen von Koffern, Mantelsäcken, Hutschachteln, Schirmbehältern und mit
trügerischen dicken Schrankkoffern, die man in den Gasthöfen
zurücklässt, um die Ausgaben zu begleichen, und die meistens
nichts enthalten als Hobelspäne und Pflastersteine, Heu und alte
Nummern des *Constitutionnel*! Nichts als ein Reisesack, das ist
irgendein Fürst!

Nach dieser feierlichen Ansprache in einem Lächeln hob er
fröhlich die Deichseln seines endlich beladenen Schubkarrens
auf, während er zu mir mit dem Ton einer sanften und zärtlichen
Stimme sagte:»Monsieur, hierher!«

Auf dem Wege sprach er mit mir. Das Glück hatte ihn redselig
gemacht. Der arme Teufel kommt jeden Tag zum Landeplatz, um
auf Reisende zu warten. Meistens fährt das Schiff vorüber, ohne
anzuhalten. Kaum findet sich ein Passagier außerhalb des Zwi-
schendecks, um die melancholische Silhouette zu betrachten, die
die vier Glockentürme und die zwei Gastwirte von Worms vor
dem Hintergrund des leuchtenden Sonnenuntergangs abgeben.
Manchmal hält indessen auch das Schiff, Signal wird gegeben,
der Bootsmann des Landeplatzes legt ab, rudert zum Dampfschiff
und kommt mit einem, zwei oder drei Reisenden von dort zurück.
Man hat ihrer sogar schon bis zu sechs auf einmal gesehen! O,
diese wunderbare Überraschung! Die Neuankommenden landen

mit jenem Ausdruck von Aufnahmebereitschaft, Erstaunen und Unkenntnis im Gesicht, an denen die Gastwirte ihre Freude haben, aber leider, der Ufergasthof schnappt und verschlingt sie sofort. Wer geht nach Worms? Wer denkt überhaupt daran, dass Worms noch existiert? Es ist so, dass mein armer Mann den großen Wagen des Uferhotels wankend und ächzend unter dem Gewicht von Koffern und Handgepäck in den Bäumen verschwinden sieht, während er selbst, ein nachdenklicher Philosoph, mit leeren Schubkarren im Licht der Sterne wieder heimkehrt. Derartige Aufregungen haben ihn abmagern lassen. Aber er lässt sich dadurch nicht abhalten, jeden Tag mit dem Bewusstsein erfüllter Pflicht dorthin zu kommen, an diesen ironischen Landeplatz, an diese spöttische Station, um zu sehen, wie der Rhein fließt, Reisende vorüberfahren und die benachbarte Herberge sich füllt. Er kämpft nicht, er zürnt nicht, er macht keinerlei Krieg, er spricht kein Wort. Er schiebt seinen Schubkarren und er protestiert so, wie eben ein kleiner Schubkarren gegen einen großen Wagen protestieren kann. Er hat in sich jenes Gefühl von Stärke und Größe, das Zähigkeit in der Entsagung dem Schwachen und Kleinen verleiht, und trägt es in seinem Gesichtsausdruck, den erlittene Demütigungen und Fehlschläge unbeweglich gemacht haben. Neben dem hochmütigen, breitspurigen und siegessicheren Gastwirt des Flussufers, der nicht einmal zu bemerken geruht, dass es ihn gibt, hat er, der beharrliche, geduldige und zähe Unterdrückte die unbestimmbare, aber ernstzunehmende Haltung des Eunuchen vor dem Pascha, des Anglers in Gegenwart des Fischers.

Mittlerweile durchquerten wir ebenes Gelände, Gras und Luzerne. Mit Hilfe einer unförmigen Ansammlung von alten Balken und Pfählen, die mit einem schwankenden Belag aus Bohlen, zwischen denen man durchblicken konnte, versehen waren, hatten wir den kleinen Arm des Rheines überschritten, auf dem man noch vor zwei Jahrhunderten die schöne, gedeckte Holzbrücke sah, die zu dem großen und stolzen Turm führte, der, viereckig und mit Ziertürmchen geschmückt, von Maximilian erbaut worden war.[6] Der Mond hatte alle Nebel fortgenommen, als weiße Wölkchen verschwanden sie im Zenit. Der Hintergrund der Landschaft war frei geworden, und das großartige Profil des Domes von Worms mit all seinen Türmen, seinen Giebeln, seinen Längs- und Querschiffen erschien, eine gewaltige, dunkle Masse, die sich aus dem Himmel voller Sternbilder unheimlich heraushob, und die einem Schiff der Nacht glich, das inmitten der Sterne vor Anker gegangen war.

Nach dem kleinen Rheinarm hatten wir noch den großen zu überschreiten. Wir gingen links ab, und ich schloss daraus, dass die schöne Steinbrücke, die einmal zu dem festen Tor bei den Frauenbrüdern[7] führte, nicht mehr da war. Nachdem wir einige Minuten durch entzückende Grünflächen marschiert waren, gelangten wir an eine alte, verfallene Brücke, die möglicherweise einmal als Ersatz für die ehemalige Holzbrücke beim Tor von St. Magnus[8] gebaut worden war. Als wir diese Brücke überschritten hatten, sah ich plötzlich die prachtvolle Mauer von Worms in voller Entfaltung, jene Umgürtung der Stadt, die einmal allein auf der dem Rheine zugewandten Seite achtzehn viereckige Türme trug. Aber ach, was blieb davon! Einige altersschwache und von Fenstern durchbrochene Mauerstücke, einige alte Turmstümpfe, die von Efeu angegriffen oder umgewandelt waren zu bürgerlichen Wohnungen, mit Fensterkreuzen, weißen Vorhängen und Weinlauben, anstelle von Schießscharten und vorspringenden Wurfständen. Der unförmige Rest eines runden Turmes, der sich am östlichsten Punkt des Gemäuers abzeichnete, schien mir der Turm Nideck zu sein. Doch wie sehr mein Blick auch suchte, ich fand neben diesem armen Turm Nideck weder die schlanke Turmspitze des Münsters,[9] noch den hübschen, niedrigen Glockenturm von St. Caecilia. Und dann der Frauenturm, jener nächste, viereckige Nachbar des Turmes Nideck, er hat, wie mir schien, einem Gemüsegarten weichen müssen. Ansonsten war das alte Worms schon eingeschlafen, hier war alles verstummt, überall Schweigen, nirgends ein Licht hinter den Scheiben. Dicht bei unserem Pfad durch Rüben- und Tabaksfelder, die rings die Stadt umgeben, suchte, tief in die Büsche gebückt, eine alte Frau im Mondlicht nach Kräutern.

Wir betraten die Stadt. Keine Kette rasselte, keine Zugbrücke fiel, kein Fallgitter hob sich. Wir betraten den alten feudalen und militärischen Mittelpunkt der Gaugrafen und Fürstbischöfe durch eine Einbuchtung, die einmal ein befestigtes Tor gewesen, nun aber nichts mehr war als eine Bresche. Rechts waren zwei Pappeln, links ein Misthaufen. Es gibt Bauernhöfe in ehemaligen Schlössern, die solche Eingänge haben.

Dann wandten wir uns nach rechts, mein Begleiter pfeifend und heiter seinen Schubkarren schiebend, ich aber nachdenklich. Wir folgten eine Zeitlang der alten Mauer innen, dann verloren wir uns in einem Gewirr verödeter Gässchen. Die Stadt bot immer den gleichen Anblick, eher ein Grab als eine Stadt, keine Kerze in den Fenstern, kein Passant in den Straßen.

Es war gegen acht Uhr abends.

Wir kamen jetzt auf einen ziemlich breiten Platz, in den eine, wie mir beim Mondlicht schien, recht große Straße einmündete. Die eine Seite des Platzes wurde von der Ruine oder besser gesagt von dem Schreckbild einer alten Kirche eingenommen.

»Welche Kirche ist das?«, sagte ich zu meinem Führer, der angehalten hatte, um Atem zu schöpfen. Er antwortete mir mit dem so ausdrucksvollen Zucken der Schultern, das bedeutet: Ich weiß es nicht.

Im Gegensatz zur Stadt war die Kirche weder verlassen noch schweigsam, Lärm drang aus ihr heraus, und durch die Tür fiel Licht. Ich ging zu dieser Tür, aber was war das für eine! Stellen Sie sich einige Bohlen vor, die eine neben der anderen durch unförmige, mit dicken Nägeln bespickte Querbänder grob zusammengehalten werden, die unten ungleiche, oben ausgebrochene Zwischenräume lassen und die mit der Unverschämtheit eines Stallknechts, der es bei einem Edelmann zum Herrn gebracht hat, ein großartiges, königliches Portal des 14. Jahrhunderts versperren.

Ich blickte durch die Lücken hindurch und sah verwirrt das Innere der Kirche. Strenge Bogengesimse aus der Zeit Karls IV. hoben sich in peinlicher Weise aus der Finsternis inmitten eines nicht wiederzugebenden Durcheinanders von leeren Fässern aller Art. Im Hintergrund beim Schein eines Talglichtes, das auf einer steinernen Erhöhung stand, die einmal der Hochaltar gewesen sein musste, arbeitete ein Küfer mit aufgekrempelten Ärmeln und lederner Schürze an einem großen Fass. Die Dauben dröhnten unter seinem Schlegel und gaben jenen Laut, der hohlem Holz entspringt und der dem so unheimlich ist, der je den Hammer der Totengräber auf einem Sarge aufklingen hörte.

Was für eine Kirche war das? Über dem Portal erhob sich ein mächtiger viereckiger Turm, der einmal eine hohe Spitze getragen haben musste. Wir hatten soeben die vier Glockentürme des Domes links ein wenig rückwärts gelassen. In einiger Entfernung vor uns gegen Südwesten bemerkte ich eine Apsis, das musste die Predigerkirche sein. Nun fand ich freilich den zwischen zwei niedrige Türme eingespannten Glockenturm von St. Paul zu meiner Linken nicht, aber wir waren noch nicht weit genug in der Stadt vorgedrungen und auch der Martinspforte noch nicht nahe genug, als dass dies da vorn hätte St. Lamprecht sein können; übrigens sah ich ja weder die kleine Spitze von St. Sixtus, die dann rechts, noch die höhere Spitze von St. Martin, die dann links hätte sein müssen. Daraus schloss ich aber nun, dass diese Kirche hier St. Ruprecht sein musste.[10]

Als einmal diese Vermutungen feststanden und diese Entdeckung gemacht war, ging ich erneut daran, das erbärmliche Innere dieses ehrwürdigen Gebäudes zu betrachten, diese Kerze in dieser Dunkelheit, die einmal von kaiserlichen Krönungslampen wie von Sternen erhellt worden war, diese Lederschürze, die sich breit machte, wo einmal Purpur gerauscht hatte, diesen Küfer, der, allein noch wach in der zusammengesunkenen, eingeschlafenen Stadt, auf einem Hochaltar an einem Fass herumklopfte! Und mir erschien die ganze Vergangenheit der hochberühmten Kirche. In meinem Geist drängten sich die Vorstellungen. Ach, dieses selbe Schiff von St. Ruprecht hat in festlichem Prunk Päpste und Kaiser über die große Straße von Worms feierlich bei sich einziehen sehen, Päpste und Kaiser und manchmal beide zugleich unter demselben Baldachin, rechts der Papst auf seinem weißen Maultier, links der Kaiser auf seinem pechschwarzen Ross, Fanfaren und Zinken an der Spitze, Feldzeichen und Banner im Winde und alle Fürsten und alle Kardinäle zu Pferd dem Papst und dem Kaiser voraus, der Markgraf von Montferrat mit dem Schwert, der Herzog von

Urbino mit dem Szepter, der Pfalzgraf mit dem Reichsapfel und der Herzog von Savoyen mit der Krone.

Ach, wie doch vergeht, was vergeht.

Eine Viertelstunde später war ich im Gasthof zum Fasan[11] untergebracht, der, ich muss es sagen, den besten Anblick der Welt bot. Das ausgezeichnete Abendessen nahm ich in einem Raum ein, der mit einem langen Tisch und zwei mit ihren Pfeifen beschäftigten Männern ausgestattet war. Unglücklicherweise war der Speisesaal nur wenig erleuchtet, das machte mich traurig. Wenn man hier eintrat, bemerkte man nur eine Kerze in einer Rauchwolke. Diese beiden Männer stießen mehr Rauch aus als zehn Halbgötter.

Als ich zu essen begann, trat ein dritter Gast ein. Der rauchte nicht, er redete. Er sprach Französisch mit dem Akzent eines Abenteurers. Wenn man ihm zuhörte, konnte man nicht unterscheiden, ob er Deutscher, Italiener oder Engländer war oder ob er aus der Auvergne kam. Vielleicht war er alles dies in einem. Ansonsten besaß er große Sicherheit des Auftretens bei kleinem Verstand und, wie es mir schien, etwas von der Anmaßung eines Gecken, zu viel Krawatte, zu viel Hemdkragen, mit verstohlenen, zärtlichen Blicken für Dienstmädchen. Es war ein Mann von achtundfünfzig Jahren, der sich nicht gut gehalten hatte. Er begann ein Zwiegespräch und führte es fort mit sich ganz allein; denn niemand antwortete ihm. Die beiden Deutschen rauchten, ich aß.

»Monsieur kommt aus Frankreich? Ein schönes Land, ein nobles Land! Der klassische Boden, das Land des Geschmacks, das Vaterland Racines! Ihren Bonaparte liebe ich ja nicht. Der Kaiser verleidet mir den General! Ich bin Republikaner, Monsieur. Ich sage es ganz laut, Ihr Napoleon ist ein falscher Großer; man wird noch darauf kommen. Aber wie schön die Tragödien von Racine, *très belles*! (Er sprach *»pelles«*.) Da liegt der wahrhafte Ruhm Frankreichs. Man schätzt Racine in Deutschland nicht; es ist ein barbarisches Land. Hier liebt man Napoleon fast so sehr wie in Frankreich. Diese guten Deutschen nennt man mit Recht die einfältigen Deutschen. Es ist zum Erbarmen, meinen Sie nicht auch, Monsieur?«

Da das Ende meines Rebhühnchens mit dem Ende seines Satzes zusammenfiel, antwortete ich, indem ich mich dem Kellner zuwandte: »Einen anderen Teller bitte!« Diese Antwort schien ihm zu einer Konversation zu genügen, und er fuhr fort:

»Monsieur hat Recht, nach Worms zu kommen, man tut Unrecht, Worms zu verachten. Wissen Sie, Monsieur, dass Worms die viertgrößte Stadt des Großherzogtums Hessen und dass es Kreisstadt ist, dass Worms eine ständige Garnison besitzt, Monsieur, und ein Gymnasium, Monsieur? Man macht hier Tabak, Bleizucker, man gewinnt hier Wein, Getreide, Öl.[12] In der lutherischen Kirche gibt es ein schönes Fresko von Seekatz, ein Werk aus der guten alten Zeit, 1710 oder 1712![13] Sehen Sie es sich an, Monsieur! Worms hat auch schöne, gut gebahnte Straßen, so die neue Straße, die Gaustraße, die über Heßloch nach Mainz führt, und die Donnersbergstraße durchs Zellertal. Der alte römische Weg entlang des Rheins ist nur noch eine Kuriosität. Und was mich betrifft, Monsieur, – sind Sie wie ich? – ich liebe Kuriositäten nicht. Antiquitäten, Lächerlichkeiten! Seit ich in Worms bin, habe ich mir ihren berühmten Rosengarten noch nicht angesehen, wo, wie sie sagen, ihr Siegfried ihren Drachen getötet hat. Welch bittere Dummheit! Wer glaubt nach Voltaire noch an diese Märchen alter Weiber! Erfindung der Priesterclique! O traurige Menschheit, wie lange wirst Du Dich noch von Dummheiten leiten lassen? Hat Siegfried überhaupt existiert? Hat der Drache existiert? Haben Sie mit eigenen Augen je einen Drachen gesehen, *mon cher Monsieur*? Cuvier, der gelehrte Cuvier, hat er Drachen gesehen? Übrigens, ist das überhaupt möglich? Kann ein Tier – sehen und sprechen wir doch ernsthaft – kann ein Tier aus Nase und Rachen Feuer speien? Feuer zerstört doch alles! Es würde das unglückliche Tier in Asche verwandeln. Meinen Sie nicht auch, dass das grobe Irrtümer sind? Der Geist wird nicht von Dingen angeregt, die er nicht glaubt. Das ist von Boileau, beachten Sie wohl, *du Boileau*! (Er sprach das *»tu Poilu«* aus.) Es ist das wie mit ihrem Lutherbaum, ich habe nicht viel mehr Respekt vor ihrem Lutherbaum,[14] den man sieht, wenn man über die Pfälzer Straße, die ehemalige Route Palatine, nach Alzey geht. Luther! Was kümmert mich

Luther! Ein Voltairianer hat Mitleid mit einem Lutheraner. Und was vor dem Mainzer Tor die Liebfrauenkirche mit ihrem Portal von den fünf klugen und den fünf törichten Jungfrauen betrifft, sie bedeutet mir nur etwas wegen ihres Weinberges, der den Wein Liebfraumilch hervorbringt. Trinken Sie davon, Monsieur, es gibt davon ausgezeichneten in diesem Gasthof. Oh, Ihr Franzosen, Ihr seid ja Lebenskünstler! Aber glauben Sie mir, und kosten Sie auch von den Weinen Katterloch und Luginsland. Meiner Treu, für nichts als für drei Gläser dieser drei Weine käme ich nach Worms.«

Er hielt zum Atemholen inne, und der eine der Raucher benutzte die Pause, um zu seinem Nachbarn zu sagen: »Mein sehr verehrter Herr, ich schließe meine Jahresbilanz nie anders als mindestens siebenstellig ab.«

Das war ohne Zweifel die Antwort auf eine Frage, die der andere Raucher vor meiner Ankunft gestellt hatte. Aber zwei Raucher und noch dazu zwei deutsche Raucher haben es mit ihrer Zwiesprache nie eilig, sie sind von ihren Pfeifen so sehr in Anspruch genommen, dass die Unterhaltung nur schleppend vorwärts kommt und im Ungewissen bleibt, im Rauche.

Dieser Rauch kam mir zustatten. Mein Abendessen war beendet, dank dem Nebel aus den Pfeifen konnte ich unbemerkt verschwinden, indem ich es dem Schwätzer überließ, mit den beiden Rauchern zurechtzukommen; mochten Wortschwall und Rauchschwaden das Zwiegespräch fortsetzen.

Man hatte mich in einem recht hübschen, deutschen Zimmer untergebracht, das sauber geputzt und kalt war. Weiße Vorhänge waren an den Fenstern, weiße Handtücher im Bett. Sie wissen, warum ich von Handtüchern spreche. Große Betttücher wie bei uns kennt man an den Ufern des Rheines nicht. Dabei sind hier die Betten sehr groß. Was sich daraus ergibt, ist die wunderlichste Sache der Welt. Die die Matratzen machten, haben offenbar an Riesen, die die Bettwäsche zuschnitten, aber an Zwerge gedacht. Hier liegt ein Problem für die Philosophie. Der müde Durchschnittsreisende freilich nimmt das Wetter, wie Gott es ihm gibt, und das Bett, wie es ihm die Dienstmagd bereitet.

Ansonsten war mein Zimmer etwas zufällig möbliert, wie es im Allgemeinen die Zimmer von Gasthöfen sind. Es gibt gewisse Reisende, die etwas mitgehen, und andere Reisende, die etwas liegen lassen. Das bewirkt jene unbestimmbare Ebbe und Flut, denen das Mobiliar der Gastzimmer ausgesetzt ist. So war das Kanapee zwischen den beiden Fenstern ersetzt durch zwei Kissen auf einem dicken Holzkoffer, der hier offenbar von einem Reisenden zurückgelassen worden war. Auf der einen Seite neben dem Kamin hing an einem Nagel ein kleines transportables Barometer aus Bronze, aber auf der anderen Seite war nichts geblieben als ein Nagel, an dem sich einst das natürliche Gegenstück gezeigt haben musste, irgendein transportables und bequemes Thermometer, das möglicherweise von einem skrupellosen Reisenden mitgenommen worden ist. Auf demselben Kamin stand zwischen zwei Sträußen aus künstlichen Blumen unter Glas, wie man sie in der Rue de Saint-Denis macht, eine echte antike Vase aus grobem Ton, die man zweifellos in irgendeiner Ausgrabungsstelle der Umgebung gefunden hat, eine Art dickbauchigen römischen Kruges, wie man sie in der Sologne an den Ufern der Sauldre[15] findet. Es war übrigens eine kostbare Vase, obwohl sie weder den Schmelz der Vasen von Nola noch die Form der Vasen von Bari hatte.[16]

Am Kopfende des Bettes hing in einem Rahmen aus schwarzem Holz einer jener Troubadour-Stiche im Empire-Stil, mit denen vor vierzig Jahren unsere Rue Saint-Jacques ganz Europa überschwemmte. Unten auf dem Bild stand diese Inschrift, deren Orthografie ich sogar bewahrt habe: *Bianca et son amant fuyant vers Florence à travers les Apenins. La crinte detre poursuivis leur a fait choisir un chemin peu fréquenté où ils segarent plusieurs jours. La jeune Bianca, ayant les pieds déchirés par les ronses et les pierres, s'est fait une chaussure avec des plantes.* (Bianca und ihr Liebhaber auf der Flucht nach Florenz quer über die Apenninen. Die Angst, verfolgt zu werden, hat sie einen wenig begangenen Weg wählen lassen, wo sie mehrere Tage umherirrten. Die junge Bianca, die sich die Füße an Gestrüpp und Steinen wundgerissen hat, hat sich Schuhe aus Pflanzen gemacht.)

Am anderen Morgen ging ich in die Stadt spazieren.

Ihr anderen Pariser, Ihr habt Euch so sehr an den Anblick einer Stadt in ständigem Wachstum gewöhnt, dass Ihr schließlich überhaupt nicht mehr darauf achtet. Das Geschehen um Euch herum ist wie eine fortwährende Vegetation von Balkenwerk und Stein. Die Stadt wächst wie ein Wald. Fast möchte man sagen, dass die Fundamente Eurer Häuser gar keine Fundamente sind, sondern Wurzeln, lebendige Wurzeln, durch die Saft strömt. Das kleine Haus wird zum großen auf scheinbar ebenso natürliche Weise, wie die junge Eiche zum großen Baum wird. Nahezu bei Nacht und Tag hört Ihr Hämmer und Sägen, Kräne, die aufgebaut, Leitern, die geschleppt, Gerüste, die aufgestellt werden, Rollen und Winden, Trossen, die aufkreischen, Steine, die steigen, den Lärm von Straßen, die gepflastert, den Lärm von Gebäuden, die aufgeführt werden. Jede Woche ist ein neuer Versuch: Behauener Sandstein, Basalt von Volvic,[17] Macadam-Belag,[18] Asphaltdecke, Holzpflaster. Seid Ihr zwei Monate abwesend, findet Ihr bei Eurer Rückkehr alles verändert. Vor Eurer Tür war ein Garten, jetzt ist da eine Straße, eine ganz neue, aber vollständige Straße, mit achtstöckigen Häusern, Läden im Erdgeschoss und Bewohnern von oben bis unten, mit Frauen auf den Balkonen, dichtem Verkehr auf der Fahrbahn und einer Menschenmenge auf den Gehsteigen. Ihr reibt Euch nicht die Augen, Ihr schreit nicht auf vor dem Wunder, Ihr glaubt nicht, völlig wach zu träumen. Nein, Ihr findet das alles ganz einfach. Nanu, was ist denn das? Eine neue Straße, weiter nichts. Lediglich eine Sache findet Ihr staunenswert. Der Mieter des Gartens hatte einen Pachtvertrag, wie ist das geregelt worden? Ein Nachbar erklärt es Euch: Der Mieter hatte fünfzehnhundert Francs Pachtzins zu zahlen, man hat ihm hunderttausend gegeben, damit er fortgeht, und er ist gegangen. Das ging alles ganz einfach. Wo wird dieses Wachsen von Paris aufhören? Wer kann das sagen? Paris hat schon fünf Festungsgürtel überstiegen, man spricht davon, ihm einen sechsten umzulegen. Noch ehe ein halbes Jahrhundert vergangen ist, wird es ihn ausgefüllt haben und dann wieder darüber hinausgehen. Jedes Jahr, jeden Tag, jede Stunde ergießt sich die Stadt in einer Art langsamer aber unwiderstehlicher Infiltration in die Vororte hinaus, die Vororte werden

Städte und werden schließlich die Stadt. Und, ich wiederhole es, das wundert Euch nicht, Euch Pariser. Mein Gott, die Bevölkerung vermehrt sich, also muss auch die Stadt anwachsen. Was kümmert Euch das, Ihr seid mit Euren Angelegenheiten beschäftigt, und mit was für Angelegenheiten! Es sind die der Welt! Vorgestern eine Revolution, gestern eine Meuterei, heute die große heilige Arbeit der Zivilisation, des Friedens und des Geistes. Was kümmern Euch die Bewegungen der Steine innerhalb Eurer Bannmeile, Euch, die Pariser, die in Europa und in der ganzen Welt die Bewegungen der Geister verursachen. Die Bienen betrachten den Bienenkorb nicht, sie betrachten die Blumen, Ihr betrachtet Eure Stadt nicht, Ihr betrachtet die Ideen.

Und mitten in diesem mächtigen und lebendigen Paris, das eine große Stadt war und eine Riesenstadt wird, denkt Ihr nicht einmal daran, dass es Städte gibt, die verkümmern und die sterben. Worms ist eine von diesen Städten. Ach, Rom war die erste von allen, Rom, das Dir so gleicht, Rom, das Dir voranging, Rom, das Paris der heidnischen Welt.

Eine Stadt, die stirbt! Eine traurige und feierliche Sache! Die Straßen zerfallen. Wo Häuserreihen standen, steht nur noch Mauerwerk. Wo Mauerwerk war, ist nichts mehr. Gras ersetzt das Pflaster. Das Leben zieht sich zur Stadtmitte zurück, zum Herzen hin, wie in einem Menschen beim Todeskampf. Es sind die Extremitäten, die zuerst absterben, die Gliedmaßen beim Menschen, die Vororte bei den Städten. Die verlassenen Gegenden verlieren die Häuser, die noch bewohnten Gegenden die Stockwerke. Die Kirchen sinken in sich zusammen, verlieren ihre Gestalt und vergehen zu Staub, nicht aus Mangel an Gläubigkeit wie in den Ameisenhaufen unserer Industriestädte, sondern aus Mangel an Gläubigen. Ganze Stadtviertel kommen außer Gebrauch. Fast fremdartig mutet es einen an, hier durchzugehen. Halbwilde nisten sich hier ein. Das hier ist nicht mehr die Stadt, die sich in das Land ergießt. Es ist das Land, das in die Stadt zurückkehrt. Straßen werden urbar gemacht, Kreuzwege bebaut, und über die Schwellen der Häuser geht der Pflug. Mistwagen graben tiefe Spuren in ehemaligen Fließenbelag und brechen ihn um. Regengüsse lassen vor den Türen Wasserlachen entstehen, misstönendes Gegacker aus den Hühnerhöfen ersetzt das Stimmengewirr einer Menschenmenge. Einen Platz, der kaiserlichen Festlichkeiten vorbehalten war, macht man zum Lattichbeet. Die Kirche wird zur Scheune, der Palast zum Bauernhof, der Turm zum Taubenschlag, das Haus zur Baracke, der Laden zum Schuppen, das Wasserbecken zum Tümpel, der Städter zum Bauern; die Stadt ist tot. Überall Verlassenheit, Eintönigkeit, Staub, Zerfall, Vergessen. Es ist, als sehe das geistige Auge überall, auf den verödeten Plätzen, auf den verhüllten, düsteren Gestalten und den traurigen Gesichtern der Vorübergehenden, auf den Resten geborstener Mauern und auf den seltenen, geduckt und stumm stehenden Häusern die langen, wehmutsvollen Schatten eines Sonnenunterganges.

Trotz alledem, vielleicht gerade deswegen ist Worms, dieses vom doppelten Horizont der Vogesen und des Taunus[19] eingerahmte, von seinem schönen Strom umflossene, mitten unter die unzähligen Rheininseln gesetzte Worms mit seiner Umgürtung aus altersschwachen Mauern und frischem Grün eine schöne, sehenswerte und interessante Stadt. Vergeblich suchte ich den Teil der Stadt, der sich einmal außerhalb jener Linie von Mauern und viereckigen Türmen befand, die von der Martinspforte her im rechten Winkel den Rhein anschnitt. Diese Vorstadt besteht nicht mehr. Vom Neuturm, der mit seiner Spitze und seinen acht Türmchen dort einmal den östlichsten Außenpunkt bildete, habe ich keine Spur mehr gefunden. Kein Stein blieb auf dem anderen von jenem herrlichen Mainzer Tor, das dem Neuturm benachbart war, und das mit seinen zwei hohen Wachtürmen vom Rhein her inmitten der Glockentürme wie eine Kirche, von der Ebene her unter den Wehrtürmen wie eine Festung aussah. Das kleine Schiff von St. Amandus ist verschwunden. Und was die einst von Häusern und Dächern so eng umschlossene Liebfrauenkirche betrifft, sie steht heute mitten in Feldern. Vor ihrem Portal mit den klugen und törichten Jungfrauen breiten junge Mädchen, schön wie die klugen, heiter wie die törichten, ihre im Rhein gewaschene Wäsche auf den Wiesen aus. Zwischen den äußeren Strebepfeilern des Kirchenschiffes sitzen Greise auf Steintrümmern und wärmen sich in der Sonne. *Aprici senes*, sagt Persius, *solibus apti*, sagt Horaz.

Wie ich so durch die Straßen irrte, verblüffte mich plötzlich ein Elegant des Landes, der einige Schritte vor mir vorüberging. Dieser wackere junge Mann trug heroisch einen kleinen, oben ausgeweiteten, niedrigen, langbehaarten Hut und eine weite Hose ohne Stege, die nur bis zu den Knöcheln reichte. Zum Ausgleich ging der gerade, steife Kragen seines Hemdes bis zur Mitte der Ohren hinauf, und der breite, schwere, mit Steifleinwand gefütterte Kragen seiner Jacke stieg bis zum Hinterkopf. Wenn ich nach diesem Probestück urteile, ergeben sich aufschlussreiche Hinweise auf den Stand der Wormser Eleganz. Sie tritt auf wie ein echter, sonntäglich aufgeputzter Maurer, jedoch mit weniger geistvollem und zufriedenem Blick und weniger echter und naiver Freude. Mir fiel ein, dass das hier der lächerliche Aufputz der Elegants aus der Zeit der Restauration war. Sie wissen, dass ich keine Einzelheit gering achte, und dass für mich alles das, was den Menschen berührt, auch den Menschen enthüllt. Ich prüfe die Kleidung, wie ich Gebäude studiere. Der Anzug ist die erste Bekleidung des Menschen, das Haus die zweite. Der Elegant von Worms, ein lebender Anachronismus, hat mir den ganzen Fortschritt vor Augen geführt, den die Mode seit zwanzig Jahren in Frankreich und als Folge davon in Europa, dank den Frauen, den Künstlern und Poeten gemacht hat. Die so lächerlich hässliche Kleidung der Frauen unter dem Empire ist außerordentlich reizvoll geworden. Die Kleidung der Männer hat sich verbessert. Der Hut hat höhere Form und breiteren Rand angenommen. Der Rock hat wieder langen Schoß und kurzen Kragen, was den wohlgestalten Männern zugutekommt, da es die Hüften unterstreicht und die Schultern hervorhebt, jedoch auch den weniger gut aussehenden Männern, da es die Magerkeit und Schmächtigkeit der Glieder verbirgt. Man hat die Weste geöffnet und niedriger gemacht. Man hat den Hemdkragen umgeschlagen, und man hat durch Stege der Hose, diesem scheußlichen Ding, eine Form gegeben. Alles das ist gut und könnte noch besser sein. Wir sind, was Anmut und Einfallsreichtum bei der Kleidung anbelangt, weit entfernt von der erlesenen Eleganz eines Franz I., eines Ludwig XIII. und selbst eines Ludwig XV. Es bleibt uns noch mancher Schritt zum Schönen und zur Kunst hin zu tun, zu denen auch die Kleidung gehört. Das ist umso mehr von Zufall abhängig, als die Mode, die gedankenlose Fantasie, gleichgültig vorwärts oder rückwärts geht. Um alles zu verderben, genügt ein reicher, junger, frisch aus London gekommener Hohlkopf. Nichts bürgt uns dafür, dass wir die kleinen, behaarten Hüte, die großen, geraden Kragen, die Ärmel wie Hammelkeulen, die Schwalbenschwänze, die hohen Krawatten, die kurzen Westen und die Hosen bis zum Knöchel nicht wiedererscheinen sehen werden, und dass mein grotesker Elegant von Worms nicht doch wieder ein Elegant von Paris werden wird. *Di, talem avertite vestem!*

Die Kathedrale von Worms gehört wie die Dome von Bonn, Mainz und Speyer zur romanischen Familie der Kathedralen mit doppelter Apsis, herrliche Blüten der ersten Architektur des Mittelalters, die in ganz Europa selten sind, und die sich anscheinend vorzugsweise am Ufer des Rheines entfaltet haben. Diese doppelte Apsis bringt notwendigerweise vier Glockentürme hervor, verdrängt die Frontportale und lässt nur Seitenportale bestehen. Das Gleichnis von den klugen und törichten Jungfrauen, das in Worms schon auf einem der Giebelfelder der Liebfrauenkirche ausgehauen ist, wird am Südportal des Domes noch einmal wiedergegeben. Es ist dies ein reizvolles und tiefinnerliches Motiv, das von den Bildhauern der naiven Epoche, die allesamt Dichter waren, oft gewählt wurde.

Wenn man ins Innere der Kirche vordringt, ist der Eindruck wechselnd und stark zugleich. Die byzantinischen Fresken, die flämischen Malereien, die Basreliefs des 13. Jahrhunderts, die erlesenen Kapellen der blühenden Gotik, die neuheidnischen Grabmäler der Renaissance, die köstlichen Konsolen, die am Ansatz der vorspringenden Bogen ausgehauen sind, die farbigen und vergoldeten Wappen, die von Statuetten und Figurinen bevölkerten Säulenräume, sie alle bilden zusammen jenes außergewöhnliche Ganze, in dem alle Stilarten, alle Epochen, alle Fantasien, alle Modeströmungen und alle Künste zugleich erscheinen.

Das übertriebene, etwas aufdringliche Muschelwerk der letzten Fürstbischöfe, die zugleich Erzbischöfe von Mainz waren, treibt in den Ecken eine gigantische Koketterie. Dann und wann stimmen Mauerflächen, die ehemals bemalt und verziert waren, jetzt aber nackt sind, den Beschauer fast traurig. Diese nackten Mauern sind der Fortschritt des Geschmacks. Das nennt sich Einfachheit, Nüchternheit oder was weiß ich. O welch schlechten Geschmack hat der »Geschmack«! Glücklicherweise war der Wald von Arabesken und Ornamenten, der den Wormser Dom füllte, zu dicht belaubt, als dass ihn der Geschmack vollständig hätte zerstören können. Man findet auf Schritt und Tritt noch herrliche Reste. In einer großen, niedrigen Kapelle, die, glaube ich, als Sakristei dient, habe ich mehrere Prachtstücke aus dem 15. Jahrhundert bewundert: ein Taufbecken, eine riesengroße Urne, auf dessen Umrundung Jesus umgeben von seinen Aposteln dargestellt ist, die Apostel klein wie Kinder, Jesus groß wie ein Riese; dann einige plastisch dargestellte Seiten der beiden Testamente, mächtige Dichtungen aus Stein, eher noch als Gemälde denn als Basreliefs angeordnet; schließlich einen Christus am Kreuz in fast natürlicher Größe, ein Werk, das einen aufschreien und träumen lässt, so sehr verbindet sich die seltsame und vollkommene Zartheit der Details mit dem erhabenen Stolz des Ausdrucks, ohne ihn zu beunruhigen.

Auf einem engen, recht finsteren, sehr häßlichen Platz, einige Schritte entfernt vom Dom zu Worms, neben diesem wunderbaren Bauwerk, das sich erlaubt, Höhe, Tiefe, Geheimnis, Farbe und Form zu haben, das mit dem großartigen Aufwand von Bildern und granitenen Metaphern einen unzerstörbaren, ewigen Gedanken verkörpert, dicht daneben sage ich – wie die Kritik neben der Poesie – steht eine armselige, kleine, lutherische Kirche, bedeckt mit einem dürftigen römischen Dach, ausstaffiert mit einem schlechten griechischen Giebel, weiß, viereckig, winkelig, nackt, kalt, traurig, mürrisch, langweilig, niedrig, neidisch – und protestiert.[20]

Ich las noch einmal diese Zeilen, die ich soeben niederschrieb, und ich wäre nun fast versucht, sie auszustreichen. Missverstehen Sie mich nicht, mein Freund, und sehen Sie in ihnen nichts, was ich nicht hineinlegen wollte. Es ist die Meinung eines Künstlers über zwei Kunstwerke, nichts weiter. Hüten Sie sich, darin ein Urteil über zwei Religionen zu erblicken. Jede Religion ist mir ehrwürdig. Der Katholizismus ist nötig für die Gesellschaft, der Protestantismus nützlich für die Zivilisation. Und Luther in Worms beschimpfen, das wäre eine doppelte Entweihung. Vor allem in Worms ist dieser große Mann groß gewesen. Nein, niemals wird Ironie über meine Lippen kommen in Gegenwart dieser Denker und dieser Weisen, die für das, was sie als das Gute und Wahre ansahen, gelitten haben, und die, diese um den göttlichen Glauben, jene um die menschliche Vernunft wachsen zu lassen, ihr Genie großzügig verausgabt haben. Ihr Werk ist heilig für die ganze Welt und geheiligt für mich. Glücklich und gesegnet seien die, die lieben und glauben, ob sie nun wie die Katholiken aus jeder Philosophie eine Religion, oder wie die Protestanten aus jeder Religion eine Philosophie machen.

Mannheim liegt nur einige Meilen von Worms entfernt auf dem anderen Rheinufer. Mannheim hat in meinen Augen kaum ein anderes Verdienst als das, im gleichen Jahr wie Corneille, 1606, geboren zu sein. Zweihundert Jahre für eine Stadt, das ist noch die Zeit der Jugend, deshalb ist Mannheim auch so völlig neu. Alle die braven Bürger, die das Regelmäßige für das Schöne und das Eintönige für das Harmonische halten, und die von ganzem Herzen die französische Tragödie und die steinerne Flucht der Rue de Rivoli bewundern, werden das auch mit Mannheim tun. Das ist unerträglich langweilig. Es gibt dort dreißig Straßen und doch nur eine, es gibt dort tausend Häuser und doch nur eines. Alle Fassaden gleichen sich übereinstimmend, alle Straßen schneiden sich im rechten Winkel. Ansonsten Sauberkeit, Einfachheit, helles Weiß und schnurgerade Linienführung. Es ist jene Schönheit des Damebretts, von der ich irgendwo schon gesprochen habe.

Sie wissen, dass der liebe Gott für mich der große Schöpfer von Gegensätzen ist. Davon hat er einen und sogar einen der vollständigsten dadurch geschaffen, dass er Mannheim neben Worms setzte. Hier die Stadt, die stirbt, dort die Stadt, die gerade geboren wird. Hier das Mittelalter mit seiner so harmonischen und so tiefen Einheit, dort der Geschmack der Klassik mit all seiner Langweiligkeit. Mannheim ist im Kommen, Worms ist im Gehen. In Worms ist die Vergangenheit, in Mannheim die Zukunft. (Hier öffne ich eine Klammer: Glauben Sie nun trotzdem nicht, dass die Zukunft dem Geschmack der Klassik gehöre.) Worms hat noch die Reste einer römischen Landstraße, Mannheim hat bereits eine Schiffsbrücke und eine Eisenbahn. Es ist unnütz, Ihnen noch zu sagen, wem ich den Vorzug gebe, Sie wissen es. Wenn es um Städte geht, liebe ich die alten.

Ich bewundere dabei nicht weniger die reiche Ebene, in der Mannheim liegt, und die eine Breite von zehn Meilen hat, zwischen den Neckarbergen und den Hügeln der Isenach. Man bewältigt die ersten fünf von Heidelberg bis Mannheim mit der Eisenbahn, die anderen fünf von Mannheim bis Dürkheim mit der Kutsche. Hier geben sich Vergangenheit und Zukunft noch einmal die Hand.

Ansonsten habe ich in Mannheim nicht viel mehr bemerkt als herrliche Bäume im Schlosspark, ein hervorragendes Hotel, die »Pfalz«, einen hübschen Rokokospringbrunnen aus Bronze auf dem Marktplatz und diese Inschrift in goldenen Lettern auf dem Schaufenster eines Friseurs: »Cabinet, wo wie Haare nach der Art des Monsieur Chirard aus Paris geschnitten werden«.

Nachwort

Victor Hugo besuchte Worms Anfang Oktober 1838. Er befand sich damals auf einer Rheinreise, zu der er im Juli jenes Jahres von Paris aus aufgebrochen war. Mit der Kutsche durchquerte er das nordöstliche Frankreich und das südliche Belgien, um Anfang August 1838 nach Aachen zu gelangen. In Köln beendete er die Landreise. Nicht ohne Bedauern verließ er diese Stadt schon nach achtundvierzig Stunden, weil er das endlich einsetzende gute Wetter für die Schiffsreise rheinaufwärts ausnutzen wollte; denn der Rhein vor allem hatte ihn gelockt, und ihn wollte er kennenlernen. Größtenteils zu Schiff, gelegentlich aber auch zu Fuß bewältigte er die Rheinstrecke. Er verweilte in Andernach, St. Goar, Bacharach, Lorch, Bingen und Mainz, und er machte von hier aus auch einen Abstecher nach Frankfurt. In Worms scheint er zwei Tage geblieben zu sein. Weit weniger Zeit verwendete er für Mannheim, von wo aus er einen Besuch in Speyer unternahm und daran anschließend gleich über Mannheim weiter nach Heidelberg fuhr. Hier schloss er im November 1838 die Reise ab, um nach Paris zurückzukehren.

Eine zweite Reise zum Rhein folgte im Spätsommer 1839. Ihr erstes Ziel war Straßburg, wo Victor Hugo sich Anfang September aufhielt. Den Aufenthalt benutzte er zu einem Besuch in Freiburg. Stromaufwärts reiste er dann nach Basel, besuchte unter anderem auch Zürich, ließ sich den Rheinfall bei Schaffhausen nicht entgehen und schloss dann mit einer Rundreise durch die Schweiz das ganze Unternehmen ab.

Victor Hugo verstand etwas Deutsch, doch hatte er Schwierigkeiten damit und bediente sich deshalb auf diesen Reisen meist des Französischen. Er war damals schon ein bekannter und berühmter Dichter, vor allem seit 1830 sein großer Roman *Notre-Dame de Paris* erschienen war. Dieser Roman lag seit 1831 auch bereits in deutscher Übersetzung vor, 1835/1836 kam er zweites Mal deutsch heraus und wurde danach fast alle zehn bis zwanzig Jahre wieder neu übersetzt. Ganz im Sinne dieser großen romantischen Darstellung zeichnete Hugo auch die Eindrücke seiner Rheinreise auf, Eindrücke, die ihn zu der Überzeugung brachten, dass das von ihm so verehrte abendländische Mittelalter am unverfälschtesten in der Landschaft des Rheines erhalten geblieben sei. Damit leistete auch er einen Beitrag zu jener Verherrlichung des sagenumwobenen Rheines, der sich die deutsche Romantik mit so viel Begeisterung hingab.

Schon Ende 1839 ließ Victor Hugo seinen Reisebericht erstmals unter dem Titel *Le Rhin* erscheinen. Diese erste Fassung schloss mit dem Besuch in Mainz, ließ den Oberrhein unberücksichtigt und enthielt auch noch nicht die Eindrücke seiner zweiten Rheinreise von 1839. Eine erste deutsche Übersetzung davon erschien 1842.

Der vollständige Bericht über beide Rheinreisen wurde erst in einer Neubearbeitung 1845 veröffentlicht, wiederum unter dem Titel *Le Rhin*. In ihm war mit der Schilderung des Oberrheins und der Schweiz nun auch Worms enthalten. Dieser vollständige Reisebericht lag 1860 ebenfalls wieder in deutscher Sprache vor. Auszüge sind seitdem noch verschiedentlich, auch in jüngster Zeit, ins Deutsche übertragen worden, doch wurde die gesamte Abhandlung nicht mehr übersetzt.

Victor Hugo hat seine Reiseeindrücke in der Form von Briefen an einen Freund wiedergegeben. Im Brief XXVI behandelt er Worms. Er hat anderen Städten, z. B. Köln, Mainz und Heidelberg mehr Raum gewidmet, hat jedoch wie kein anderer seiner Zeitgenossen Worms mit liebevollem Verständnis und tiefer Sympathie erlebt und das Bild dieser damals so tief gesunkenen Stadt großartig aufzuzeichnen verstanden. Unmittelbares Geschehen, historische Betrachtungen und legendäre Überlieferungen bilden den Stoff, aus dem der Bericht über die Rheinreisen gestaltet wurde. Die Komposition und die Flüssigkeit des Stils leiden mehr als einmal unter langatmigen, allzu breiten Abschweifungen, immer wieder zeigen sich aber auch Darstellungen von erlesener Schönheit und tiefer Ausdruckskraft, die die Meisterhand ihres Schöpfers verraten und dieses Buch trotz allem auch heute noch lesenswert machen.

1) Gemeint ist das Oberrheintal, in dessen westlicher Begrenzung die Berge der Haardt damals noch den Vogesen zugerechnet wurden.

2) Die Landestelle befand sich schon seit Jahrhunderten beim alten Rheinkran, dem heutigen Hagendenkmal. Der Ufergasthof ist das heutige Rheincafé.

3) Der älteste Name für Worms ist *Borbetomagus* oder *Borbitomagus*. Er ist keltischen Ursprungs. *Wormatia* ist eine latinisierte Abwandlung, die vom 6. Jahrhundert ab in Urkunden auftritt. Die älteste deutsche Bezeichnung lautet *Wormze* oder *Wormez*.

4) Wie die Vangionen waren auch die Nemeter ein germanischer Stamm. Beide waren als Hilfsvölker des römischen Imperiums am Rheine angesiedelt worden, die Vangionen mit dem Mittelpunkt Worms *(Civitas Vangionum)*, die Nemeter im Gebiet um Speyer *(Augusta Nemetum)*.

5) Hugo hatte von Worms eine Vorstellung, die er mit ziemlicher Sicherheit aus dem Studium alter Stadtansichten, vor allem der in Bruin und Hogenbergs Städtebuch von 1572 gewonnen hatte. Diese Abbildung hatte den älteren Holzschnitt von Sebastian Münster (um 1550) zur Vorlage, besaß im Vergleich zu diesem aber einige veränderte Namensbezeichnungen. Hugo verwendet durchweg die Bruin'schen und Hogenberg'schen Namen für die Wormser Kirchen, bringt sie auch fast in der gleichen, dort angegebenen Reihenfolge von links nach rechts, doch setzt Hugo anstelle des Domes die Bezeichnung *Notre Dame*, erwähnt aber später die Liebfrauenkirche nicht noch einmal. Mit dem Dom oder an seiner Stelle mit der Liebfrauenkirche zeigt der Bruin und Hogenberg'sche Holzschnitt nicht 14, sondern 15 Kirchen.

Hugo spricht vorher [s. o. S. 35 f.] von 14 Kirchen und drei Stiften mit Glockentürmen. Wenn er diesen das Liebfrauenstift zugerechnet haben sollte, dann gehörten dazu auch das Karmeliter- und das Augustinerstift, insgesamt also 17 Kirchen mit Türmen. Tatsächlich besaß das mittelalterliche Worms aber sehr viel mehr Kirchen, Kapellen und Klöster, und zwar 6 Stiftskirchen: Dom, St. Andreas, St. Paul, St. Martin, Liebfrauen, Maria Münster, dazu 6 Pfarrkirchen: St. Johann, St. Magnus, St. Ruprecht, St. Lamprecht, St. Amandus, St. Caecilia, ferner weitere 19 kleinere Kirchen und Kapellen und 10 Klöster.

St. Vesvin ist vermutlich die von Hugo irrtümlich wiedergegebene Bezeichnung für St. Veltin, die sich ebenfalls bei Bruin und Hogenberg für die Valentinskirche findet. An diese Bezeichnung erinnert noch heute in Worms die Valentinsgasse zwischen Woll- und Schönauerstraße, nahe der Pfauenpforte.

6) Vom Strom her mussten bis in die letzten Jahrzehnte des 19. Jahrhunderts die beiden Rheinarme, der Gießen und der Woog, auf dem Weg zur Stadt überschritten werden. An sie erinnern heute noch die Gaststätte »Zur Giessenbrücke« und die Woogstraße.

7) Es handelt sich um das Rheintor, dessen Name bei Bruin und Hogenberg fehlt, über das aber die Bezeichnung für das Stift der Karmeliter, Frauenbruder, befindet. Eine Brücke, die direkt zur heutigen Rheinstraße führte, bestand noch bis Ende des 19. Jahrhunderts, sie scheint aber von Hugo nicht benutzt worden zu sein.

8) Auch hier wählte Hugo für das Tor den Namen der dahinter eingezeichneten Magnuskirche. Tatsächlich handelt es sich um das Fischerpförtchen am heutigen

Torturmplatz. Bis gegen Ende des 19. Jahrhunderts war etwa an der gleichen Stelle, in die heutige Hagenstraße einmündend, ein Übergang über den Woog, den Hugo wahrscheinlich benutzt hat.

9) Das Nonnenkloster Maria Münster ist bei Sebastian Münster mit »Nonnenmünster«, bei Bruin und Hogenberg nur mit »Münster« bezeichnet. Dieser Name ist auch von Hugo übernommen worden.

10) Hugo befand sich tatsächlich vor der Pauluskirche, in der sich damals auch nach anderen Zeugnissen eine Küferwerkstatt befand. Die viel kleinere Ruprechtskirche, an die noch die St.-Rupertsgasse nahe der Paulusstraße erinnert, existierte zwar noch bis 1843, doch hätte er von ihr aus auf jeden Fall die viel größere Pauluskirche sehen müssen. In seinen Ortsbestimmungen war Hugo, der erstmals nach Worms kam, verschiedentlich im Irrtum. Er kann, wenn er vorher den Dom links rückwärts gelassen hatte, nicht nach Südwesten, sondern nur nach Nordwesten geblickt haben, um die vermeintliche Predigerkirche zu sehen. Von ihr stand damals noch ein Stück des Chores, möglicherweise aber hat Hugo die erst 1746 fertiggestellte reformierte Friedrichskirche als Predigerkirche angesehen. An diese erinnert noch die Predigergasse, die von der Pfalzgrafenstraße zur Paulusstraße führt.

11) Ein Wormser Gasthof »Zum Fasan« ist nicht zu ermitteln, keiner von Rang und Ansehen hat je diesen Namen gehabt. Die Vermutung, dass es sich um das erst im Zweiten Weltkrieg verschwundene Weinhaus »Zum Haselhuhn« handeln könnte, wird dadurch widerlegt, dass dieses Weinhaus einer viel jüngeren Zeit entstammte, außerdem wäre dann unklar, warum man von der Schmiedgasse über den Paulusplatz ging, um in die Petersstraße zum »Haselhuhn« zu gelangen. Näher liegt die Möglichkeit, dass Victor Hugo mit seinen mangelhaften Deutschkenntnissen den Namen falsch wiedergibt. Wenn, dann könnte er hier den Namen »Schwan« missverstanden haben. Einen sehr guten Gasthof »Zum Schwanen« gab es in der Kämmererstraße, er lässt als Ziel einen Weg vom Paulusplatz über Paulus-

straße – Schlossergasse oder Lambertistraße – Dominikanerplatz – Römischer Kaiser auch denkbar erscheinen. Für diese Vermutung gibt es allerdings keinen sicheren Anhaltspunkt.

12) Diese Schilderung trifft insofern zu, als Worms bis zur Mitte des 19. Jahrhunderts in erster Linie von Landwirtschaft, Wein-, Öl- und Tabakbau lebte. Eine Bleizuckerfabrik gehörte zu den wichtigsten Industriebetrieben. Die Lederindustrie trat erst in den Vierzigerjahren des 19. Jahrhunderts stärker in Erscheinung.

13) In der Dreifaltigkeitskirche am Marktplatz waren bis zu ihrer Zerstörung durch den Luftangriff vom 21. 2. 1945 die Fresken von Seekatz, Vater und Söhnen, aus der Zeit um 1725 erhalten. Es handelte sich um die Malerfamilie Seekatz, von der ein Mitglied Goethes Elternhaus in Frankfurt ausmalte.

14) Der Sage nach soll der Wormser Lutherbaum einem in die Erde gesteckten verdorrten Lindenreis entsprossen sein als sichtbarer Beweis dafür, dass die Gnade Gottes mit Luther war. Um eine Gegnerin von der Reformation zu überzeugen, soll eine Frau im festen Glauben an dieses Wunder das Reis gepflanzt haben.

15) Sologne, französische Landschaft südlich des großen Loire-Bogens mit berühmten antiken Fundstellen.

16) Bari, Hafenstadt an der Adria, Nola, nahe Neapel.

17) Volvic, Gemeinde in der Auvergne, nahe Riom in der vulkanischen Gebirgslandschaft Puy-de-Dôme, besitzt große Basaltbrüche.

18) Macadam, bis ins 20. Jahrhundert berühmtes Straßenbauverfahren, das im Einwalzen von Schotter besteht. Die Bezeichnung geht auf den Erfinder, den Schotten MacAdam (1757–1836), zurück.

19) Auch hier ist unter Vogesen Haardt zu verstehen, während der Taunus wahrscheinlich irrtümlich für die Bezeichnung der Bergstraße steht.

20) Von den drei protestantischen Kirchen, die Worms damals besaß, kommt die Friedrichskirche wegen ihrer zu großen Entfernung vom Dom hier nicht in Betracht. Von den beiden evangelischen

Gottesshäusern in Domnähe, Dreifaltigkeits- und Magnuskirche, konnte nur die Letztere mit »klein« und »armselig« bezeichnet werden. Freilich ist dann nicht klar, was Hugo unter dem römischen und dem griechischen Giebel verstand. Die Magnuskirche, die ebenfalls eine reiche Vergangenheit besitzt, war Hugo von alten Stadtansichten her bekannt, doch scheint er sie in ihrer damaligen Wirklichkeit nicht erkannt zu haben. Sie war nach der Stadtzerstörung von 1689 um die Mitte des 18. Jahrhunderts wiederhergestellt worden und seitdem auch in Gebrauch, doch wurde ihr Turm erst 1845 wieder instand gesetzt und mit einem Dach versehen. Sie sah wahrscheinlich dürftig aus, weil sie nur unter schweren Opfern überhaupt hatte gehalten werden können. Neben der Stadtkirche von Wittenberg ist die Wormser Magnuskirche wahrscheinlich die älteste protestantische Kirche Deutschlands.

Ein Zusatz im Jahr 2014

VICTOR HUGOS Reisebericht gehört zu den eindrucksvollsten literarischen Zeugnissen, die es über Worms gibt. Deshalb wird er in voller Länge in dieses Lesebuch aufgenommen, obwohl er keineswegs unbekannt ist. Schon 1969 erschien bei Erich Norberg in Worms eine hübsch aufgemachte, zweisprachige Ausgabe des Textes, damals mit der Übersetzung Wilhelm von Bueks aus dem Jahr 1938.

Die Übersetzung, die hier vorgestellt wird, ist 19 Jahre später entstanden, aber bis heute unpubliziert geblieben. Karl Schlösser, Historiker, Romanist und Slawist, der 1956 promoviert hatte und 1957 noch auf der Suche nach einer Anstellung war, hatte diese Übersetzung samt Anmerkungen offensichtlich zur Publikation vorgesehen. Es existiert ein ganz und gar druckfertiges Typoskript, das damals jedoch unveröffentlicht blieb – warum, das lässt sich nicht mehr rekonstruieren.

DR. KARL SCHLÖSSER (1917–2003) war von 1958 bis 1979 Leiter der Wormser Volkshochschule und hat sich mit verschiedenen Aspekten der Stadtgeschichte und der Stadtgegenwart beschäftigt. 1984 wurde ihm für sein Wormser Engagement der Ehrenring der Stadt verliehen. Am bekanntesten wurde das Buch *Keiner blieb verschont*, das er zusammen mit seiner Frau Annelore über die Vernichtung der Wormser jüdischen Gemeinde geschrieben hat. Für dieses Buch wurden die beiden Verfasser im Jahr 2012 von der Stadt Worms geehrt, indem ein kleiner Platz in der Altstadt nach ihnen benannt wurde. Aber Karl Schlössers lokalhistorische Interessen reichten sehr viel weiter, wie auch seine frühe Beschäftigung mit dem Worms-Besuch des französischen Romantikers Victor Hugo (1802–1885) unter Beweis stellt.

Nun sollte man nie versuchen, einen verdienten Lokalhistoriker zu korrigieren (schon gar, wenn er der eigene Vater ist), aber zwei kleine Ergänzungen zu seinem Kommentar von 1957 sind wohl erlaubt: Zum einen ist es gut zu wissen, dass das damalige »Rheincafé« heute »Hagenbräu« heißt. Interessanter ist jedoch der zweite Hinweis: Wie Karl Schlösser richtig vermerkt, gab es in Worms kein Gasthaus »Zum Fasan«, Hugo muss also in einer anderen Unterkunft abgestiegen sein, vermutlich im renommierten Haus »Zum Schwan«. Der Übersetzer hat jedoch nicht bemerkt, dass Victor Hugo selbst an einer Stelle zugegeben hat, dass ihm der Name der Wormser Unterkunft entfallen ist. Am Beginn jenes XXVI. Briefs, der sich mit Worms beschäftigt, gibt Hugo in einer Reihe von Stichworten einen Ausblick auf das, was im kommenden Kapitel behandelt werden wird. Diese kleine Einleitung fehlt in der vorliegenden Übersetzung, aber genau dort steht zu lesen: *« L'auberge du faisan (qui est peut-être l'auberge du cygne, à moins que ce soit l'auberge du paon. Lecteur défiez-vous de l'auteur sur ce point).»* Zu Deutsch: »Die Herberge zum Fasan (die vielleicht die Herberge zum Schwan, wenn nicht sogar die Herberge zum Pfau ist. Leser, misstrauen Sie dem Autor in diesem Punkt).« So signalisiert also ein guter Schriftsteller seinen Lesern, dass Misstrauen durchaus am Platze ist, wenn Reisende von ihren Eindrücken berichten – denn sie kennen sich längst nicht so genau aus, wie sie gerne behaupten!

| Text aus | Victor Hugo: Le Rhin. Lettres à un ami, 2. erweiterte Ausgabe, Paris 1845. Das bisher unveröffentlichte Typoskript dieser Übersetzung des XXVI. Briefs ist Teil von Karl Schlössers Nachlass, der sich im Stadtarchiv Worms befindet.

RUDOLF BORCHARDT

✻

WORMS — EIN TAGEBUCHBLATT

(Heidelberg) 24. VII. 1906

Gestern erst spät zu Bette, zuletzt am Fluß oberhalb der Stadthalle, als das Getümmel dort, Schwatzende und Schlendernde stromauf stromab, zur Ruhe gekommen, und nur noch hier und da ein Weib von der Lände mit einem Schiffer im Flusse oder sonst ein dunkles Paar auf den Bänken sich bei der Gutenacht verspätete. Vorher war die Welt zu nah gewesen, die Musik zu dringend. Lichter überall und überall her gespiegelt, selbst in Staffeln hügelan bis zu den vielen Aussichten, der Mond, rot im niedern Nachtrauche, zu fern, um all das durcheinander gestimmte mit seiner Kraft zu verwandeln. Nun, näher gegen Mitternacht, stieg ein Himmelshaufe, Stern an Stern, über den schwer und rein gewordenen Waldbergen. Überall füllte es sich wie Mulden mit finstrem schattenhaften Silber. Im erstarkenden Mond ward Licht und Klang eines, das Hüben gut, das Drüben gefeit und ganz unnahbar, außer für den Geisterweg der Brücke, die mit zitternden Lampen zwischen Monument und Monument, sieben Mal den Fuß im Gefälle rastend, aus bedeutender Ferne wie durch Traum stromübersetzte.

Heut früh kurz bei N., hernach S. bei mir, begleitete mich, der Beglaubigungen wegen, zum Notar. Brief zu Haus gefunden, zu schreiben versucht, dann Einkäufe hier und da, um abzuschließen und in rechter Weise fortzukommen. Später Sch. und einer seiner Freunde, ein brauner Rheinfranke, schlank wie ein Degen, mit reizenden Augen und einem Bärtchen über der zu kurzen Lippe, an der Wirtshaustafel bei mir, da ich ihnen Stelldichein gegeben, um auszumachen, was ich nach Erledigung allen Geschäftes mir noch von ihnen wollte zeigen lassen. Allerlei Tisch- und Nachtischgespräch, lustig genug überm Pfälzer. Wobei ich mir gleichwol wieder sagen mußte, wie wenig wir noch im Kriegsjahrzehnt Geborenen von dem 80er Jahrgang der jungen Leute eigentlich wissen. In den Jahren, in denen wir uns gegen die Feigheit der Älteren mit so leidenschaftlichen Hoffnungen auflehnten, scheinen sie sich schon wieder eine neue Resignation zurechtgemacht zu haben, deren letzte Spitze sich am Ende nur gegen uns selber richten kann. Will man dann wissen, worin sie im Grunde enttäuscht sind, so haben sie, je nachdem, halbe Sachen oder geschickte Ausflüchte, wie sie denn überhaupt schlüssiger und technischer räsonnieren, als wir mit einundzwanzig für hübsch gehalten hätten. Alles in allem kein großer Wert darauf zu legen. Bis fünfundzwanzig lügt man fast immer, wenn man von sich selber spricht, und nie überzeugender, als wenn man verheimlichen will, wie Grenzenloses man von der Zukunft hofft.

Gleich darauf nach Worms, da mir vor dem frisch aufgeschminkten Speier graute, und irgendwelche Laune die Lust am Neckaraufwärtsgehen verdarb. Die Fahrt bis Mannheim sonst gewiß trist genug. Jetzt stand der regungslos glühende Hochsommertag linker und rechter Hand vom Gleis dunkelblau auf Erntemeilen und für die Häßlichkeit der götterlosen Neustädte, ganz auf Schein gestellt, fuchsfalsch wie der Menschenschlag selbst und mit aller dreisten und massigen Fassade vor dem unsichern Leben nichts ausdrückend als unsägliche Gemeinheit, für all dies giftige »Aufblühen« entschädigte doch dann und wann wie eine gute Blume, noch unterdrückt von hybrider Besiedelung, ein oberdeutsches Haufendorf, in die Kreuz und Quere um seine fröhliche und wackelige Kirche gelagert. Inzwischen, näher und näher gegen den Boden des ältesten und feinsten Deutschland, vielleicht seinem wahren Herzpunkt und Omphalos, bewegte sich uns allen die Seele, das Gespräch zerriß mit jedem neuen Anknüpfen. Dem Blicke verrät der weite grüne Völkerplan gegen den Rhein zu, nun auch von nahen Ernten gesegnet, nichts von seinen ungeheuren Erfahrungen. Aber unter dieser dünnen Decke von

Landschaft gewordener Ernte eines Jahres, wie stehn da Schicht über Schicht und Schicht gelagert die Jahrhunderte an, Brandschicht, Grabschicht, Mauerschicht und Humus und Walstatt und wieder Neustädte und wieder Bein und Gold in Sargstädten! Darüber das Schweigen wie in den parasangenweiten Kulturländern Kleinasiens, die Xenophon mit den Zehntausend durchzog, und das Schweigen der Ernten noch ergreifender wirkend, als das Schweigen der Wüste. Alle Kulte tiefer und gründlicher ausgerottet als irgendwo in der Ile de France oder Italien, alle urältesten Taufkirchen schon seit Jahrhunderten gestürzt und ersetzt, an den von Grund auf neugemauerten Städten nur noch dann und wann ein Name weihevoll, gar der Volksstamm wie in die Fremde verkauft, was nicht jenseits des Po aufgesogen worden, zwischen den Bauernkriegen und der französischen Wüstlegung ausgetilgt, und welch neugemengtes Blut nur in den uralten Lehen wuchernd! Ich sagte aus dem Kummer heraus, man solle Altdeutschland beileibe nicht für deutscher halten als Italien für römisch und die Spottgeburt des Wassilion für griechisch. Die beiden, wie sich's gehörte, erbitterten sich.

Der Bahnhof, Worms, eine greuliche Attrappe aus schönem Sandstein, davon wir in halber Flucht nur soviel sahen wie Billetschalter als romanische Lettner und Abtritte in etwas wie Kapellen gesteckt – romanisches Flechtband vom Steinmetzen, der aus sich selbst heraus ganz frei würde gearbeitet haben, »stilecht« ringsherum gepfuscht, all das einem mächtigen Bahnkörper gegenüber, dem man nichts romanisches hat anhaben können. Diese elende Baudummheit und dies Geldvertun, auch außerhalb des Bahnhofs in neuangelegten Vierteln, denen der beste Deutsche nichts bessers als einen zweiten Mélac wünschen kann – wir eilig und schon geärgert, zur Altstadt, durch eine der wöhnlichen beschränkten Gassen, wo jedes Haus sich durch eigene Miene oder sei es durch einen Schnörkel, auf seiner Eigenheit behauptet, freilich in nichts von dem unterschieden, was man von einer älteren Stadt in diesem Winkel überhaupt erwartet. Plötzlich aber links aufwärts zum Domberg und alles ist verändert. Am Hügel, den man ersteigt, spürt man den heiligen Sinn des weithin kenntlichen Gottesbaus und denkt geheimnisvoll in den ausgestorbenen Gedanken derer hinüber, die ihn dorthin über ihr Land stellten, hoch wie Burgen, um ihn zu verteidigen wie die; den Eingang durch den Rest der Täuferkirche zu gewinnen versucht; eine Werkstätte und Gerüste mit vespernden Arbeitern schrecken uns zurück: also war die Kirchenschändung auch hier wieder in vollem Gange, und ein flüchtiger Blick auf den frischen Bruchstein neuangeleimter Apsen zeigte uns das ganze Elend des Drauflosrestaurierens, für das in diesem Deutschland immer Geld erreichbar scheint, indes es an Brot für viele und Schiffen für alle mangelt. Aber zurück, und nach ein paar Schritten stellt der alte Zauber sich her. Auf halber Höhe ein nicht ganz ebener Grasplatz von unregelmäßiger Umschreibung, durch eine bröckelnde Mauer vorn gegen den Domhof, durch nicht viel mehr als Planken von den Kalkhaufen und Holzstapeln eines neuen Bauhofs abgeschlossen, im Winkel ein Rest alter Mauer links und rechts von einem romanischen Pförtchen mit reicher Lunette über den derben Säulengurten, verschlossen und verlassen, der von verschollenen Füßen ausgehöhlte Trittstein wieder moosig und wild geworden. Auf mittem Platz eine große Basis aus Marmor, durch und durch zerfressen und durchhöhlt, zwischen den Strängen des härtern Gesteins aller Weichkalk ausgewaschen, als blickte man in ein ganz eingefallenes Gesicht; wovon das einsame Steintrumm als einziger Rest geblieben ist, beweist ein mächtiges in seine Platte gemeißeltes Loch, Dübellöcher ringsherum. Vor dem Kreuz, das hineingelassen war, haben Ottonen und Staufer hügelan reitend sich geneigt. – Über der Mauer auf geht der Münster wie Gebirg, die Türme voran, das Antlitz gegen Strom und Stadt. Die Luft war dunkelblau, mit einem kühlen Nachmittagstone darin. Der Umriß der ungeheuren Firste und Zinken stand dagegen wie in den lebenlosen Saphir geschnitten, ohne jede Wahrscheinlichkeit, ein großes Jenseits.

Ein Durchgang bot sich nicht; abwärts und im Bogen durch die Hauptstraße wieder hinauf: welches Glück, diese Ansicht noch vor der Zerstörung genossen zu haben! Wieder steigt von der Straße ein grünes Plätzlein, wild wie eine Wiese, bis zu den

Stufen des Umgangs hinauf, mit altmodischen Ketten umspannt. Von der andern Seite aber gehn fast bis an die Portale die schönen herzlichen Hausgiebel, den Oberstock durchwegs mit Schieferplatten geschuppt, und sonst welche Fülle von reichem Eigensinn in Torbögen und Fensterlaibungen, Fähnlein, Schilderwerk und Gesimsen! dazu die Gassen mit so sonderbarer Windung ins Gelände gepaßt, daß man fast körperlich spürt, wie nahe die erste Mauer den besiedelten und geheiligten Hügel muß umschlossen haben. Aber zum Hauptportal: und es ist geschlossen; rechts um das Lagerhaus herum – und das seitliche Pförtchen ist mit frischen Latten vernagelt wie ein Stall; den ganzen Weg zurück zur großen gemeißelten Pforte im Winkel des Kreuzschiffes; es ist der erste offene Zugang; ein kalter Mörtel- und Mulmgestank schlägt uns entgegen. Da die Platten des Bodenbelags aufgerissen sind, und Bohlen nicht überall liegen, tritt der Fuß zwischen Steinbrocken und Schutt fehl, so daß man anfänglich die Augen nicht zur Wölbung zu erheben wagt. Dann wie man's tut, ist das ungeheure Innre eine einzige geschändete Ode; die Altäre weggeschleppt; von dem, was sonst in die Wände eingelassen war, nur die Spuren herausgebrochener Verklammerungen; die heiligen Bilder fort; ein paar Grabplatten aus der Fuge gelöst und verkehrt gegen die abgeputzten Wände in den losen zollhohen Moder gestellt. Geblieben ist nichts als ein Kruzifix von Erz, aber er ist trostlos und kann nicht trösten. – In den Chor, der verhältnismäßig unversehrt schien. Man hat das schöne, zopfige Chorherrengestühl, altgoldbraun mit alter Vergoldung der Muscheln und Rillen, fürs erste stehen gelassen, aus der ein und andern Nische wirft sich ein rauchgedunkelter Heiliger mit dem leidenden Pathos der Jesuitenskulptur. Sobald man sich klar wird, daß diese Wirkung, ein ganzes etwa der Art wie irgendwelche Jesuitenkirche einer piemontesischen Kleinstadt es bietet, der einzige Fleck im Dom von Worms ist, den man ohne Schmerz ansehen kann, verliert man auch daran die Lust und wendet sich ins Schiff zurück, wie zur Ruine eines Vaterhauses, um zu sehen, ob denn wirklich nicht das mindeste geblieben ist.

Die Antwort wagten wir uns kaum zu geben; was wirklich vernichtet ist, war nicht viel mehr als das Beste. Sie haben sich nicht begnügt, den Verputz von den Pfeilern und Wänden herunterzuschlagen, sie haben das Ganze gereinigt, gründlich, wie ein baufälliges Lagerhaus, nicht wie den kaiserlichen Münster eines Jahrtausends. Sie haben in der Verwitterung der greisen Quadern, auch solcher ohne den mindesten statischen Belang, nur die Untüchtigkeit und nicht die Majestät des Alters gesehen; keine Spur davon ist geblieben; was nicht auf den Kehricht geworfen und durch einen frischen, grell vermörtelten Steinflick ersetzt ist, ist mit Schmirgel geputzt, glatt gefeilt und bis aufs Lebendige geschabt: was dort von Steinen steht und sichtbar ist, ist also nun weder älter noch jünger, als was morgen frisch aus dem Bruche ankommt, um die Bahnhofsmaskerade weiter zu maskieren. Und man fühlt, daß nun erst, da es jeder Farbe seiner Würde entkleidet, grell in den veränderten Tag hineinsteht, das Ganze zur Ruine im eigentlichen Sinne geworden ist, ohne eine andere Verbindung mit uns, als der, die zum mühsam arbeitenden Intellekt geht, nur mittelbar wirksam, jeder gebieterischen Herrschaft über unbefangene und fromme Sinne abscheulich entkleidet; sie malen jetzt, ihre Gerüste stehn da und dort, die große vornehme Gebundenheit im Stil, die Welt aus Flechtband und Tierphantasmen im halbantiken Schlingwerk, die ganze Zierwelt der halborientalischen Apulien und Sizilien äffen sie aus wertloser Seele mit Mätzchen nach, aus kunstgeschichtlichen Bilderbogen schreiben sie durch die Schablone hindurch einen Intreccio mit schreienden chemischen Farben an die Weihewände, verschmieren die Meißelung, tünchen die Gewölbe und heben die Ruhe der Wandflächen durch gepfuschten Schnörkel auf, da sie nicht den Mut haben, sich an die drohende Aufgabe des Fresco zu wagen. Wird das vollendet, so wird zwischen diesem Dom und den Fratzen stilgerechter Bierhäuser im schlimmsten Berlin kein Unterschied mehr sein; man kann einmal das eine niederreißen wie das andere, sobald dem Publikum die Manier nicht mehr behagt und wird damit hier nicht mehr Erbe und Güter vernichtet haben als dort.

Uns allen standen der Zorn und die Entwürdigung im Gesichte, einem mit scharfen Tränen. Zum unersetzlichen Verluste das Gefühl, ihn mitverantworten zu müssen und die Ohnmacht, der Verantwortung ledig zu werden. An Ricci gedacht und den Tag, an dem er mit mir durch sein Ravenna fuhr, gerettet mit einer handvoll Arbeiter und einer handvoll Scudi gegen alle Unbill der Zeit, geschützt durch Mut, Klugheit und Größe des Entschlusses, gegen den durch Restauratoren drohenden Ruin; ich mag in Italien viel Übereiltes gegen die Verwahrlosung des Kunstbesitzes gesagt haben, daß ich es so büßen mußte. Nun will ich bei erster Gelegenheit drucken lassen, daß gegen die nüchterne Verrücktheit der Denkmälerverheerung in Deutschland, gegen diesen in seiner Dummheit noch lehrhaften Zwitter aus schlechtester Architekten-Routine und verirrter Historie im Bunde mit dem allgemeinen Strebertum, das italienische Verfahren von jeher exemplarisch gewesen ist, wenn auch meinthalb nur, weil man dort das Geld nicht gehabt hat, das bei uns Lotterien und Auflagen dem Volk aus der Tasche spielen, zu keinem andern Zwecke als dem, das Alte zu verwüsten und es durch Barbareien zu erniedrigen. Strzygowski hat über Aachen geschrieben, es hat nichts gefruchtet, hier braucht es Menschen, die schreiben können und sich Gehör erzwingen.

Wir waren nur kurz bei der Protestantenkirche und einer andern, an der nichts Sonderliches einlud; das Straßenbild, aus dumpfgewordenem Backsteinrot und dem Spangrün der kupfernen Bedachungen zusammengestimmt, kleinbürgerlich sauber, nicht ohne Reiz. Aber uns zog der mächtige Platz links daneben mehr an, jetzt von niedern Häuslein und einigen beschränkten Amtsgebäuden umstanden, doch für ein gewaltiges Bedürfnis gedacht und fast wie ein gepflastertes Blachfeld, von der Leere und Größe italienischer Piazze, deren Sinn nur das politische Getümmel ist, das sie jeweils zu fassen da sind. Hier schon berührte uns ein Geisterhaftes, und ließ uns weiterhoffen; die Römerstraße dann, wo jede Hofstatt, ein weniges neues abgerechnet, Würde und Wert, ja einen eigenen Formanspruch bewahrt, nahm uns gefangen und entließ uns nur in ein allerschönstes Wunder: Wir standen plötzlich auf einem einsamen Plätzlein, das nichts hatte ahnen lassen, dicht vor einer kleinen frühromanischen Basilika, tief unters neue Pflaster gebettet, mit den halborientalischen Türmchen von Ravenna, Fenster und Tore schmal und steil, der Schmuck spärlich, das Ganze unangerührt und rätselhafter als ich etwas kenne. Im Portal hangen Nachbildungen der Bernwardtüren von Hildesheim und sind da mit dem Erinnerungshauch von Buonanno und der Pisanertür gegen den schiefen Turm, den sie bringen, an der rechten Stelle, so wenig einem sonst die Klitterungen behagen. Aus dem Innern ist ein Museum gemacht, wir hindurch, um in den Kreuzgang zu kommen, wo dann leider die Enttäuschung nicht ausblieb, denn die schönen Bögen sind mit gemeinen Fensterscheiben geschlossen, um die Wandelgänge noch für die Sammlungen nützen zu können, statt daß, wie in Italien, ein freier Hof unter dem hinreichenden Schutze der Hallen die architektonischen und gemeißelten Trümmer aufnähme, die jetzt den Kirchenraum hindurch sich stauen. Gleichviel, kaum wieder im Freien, stellte sich das Geheimnis der Anlage wieder her. Das uralte Werk bewahrt in jedem seiner Glieder untergegangene und schattenhaft gewordene Zwecke, und drückt sie für die Sinne immer dunkel und erregend aus, bei aller fremden Deutlichkeit, die den Geist zur Erklärung nötigt. Diese Zwecke aber hängen ebenso schattenhaft mit einem ganzen untergegangenen Weltwesen zusammen, vom dem nichts geblieben ist als dies und die geheimen Andeutungen, mit denen es Zusammenhänge ausspricht; man fühlt sich in seinem dunkelsten Grunde getroffen; nun ist jeder Winkel, jedes Gebälk seltsam und fremde, jeder Durchgang verbirgt ein Geheimnis, und man trägt wider Willen scheidend ein schönes Grauen, das Gefühl von unberührten Möglichkeiten mit, aus dem Lebendiges wird, wie es vom Lebendigen stammt.

Eine Liebfrauenkirche sollte noch besucht werden, erst beim Gehn und Erfragen fand sich, daß sie vor der Stadt, nämlich auch der ältesten liegt, eine Maria foris portam wie in Lucca. Aber wir hätten ohne diesen Weg das eigentlichste dieses großen Abenteuers nicht erlebt, und Worms verlassen, ohne Worms zu sehen;

die Reste der Metropole, bloße Raum- und Anlagereste wie in Pisa oder Ephesus, liegen im ärmsten Viertel, wo die von dürftigen oder elenden Häusern eingefaßten Straßen weit und öde versiegen wie die Betten wasserloser Ströme. Plätze hier und da, nun voll Bauschutt oder eingezäunt, ehemals die Höfe wer weiß welcher gebrochenen Pfalzen, vollkommenes Schweigen über allem; es ging kein Mensch, die Kinder schienen minder lärmend als anderswo im Abfall zu spielen, durch die wüsten Königsstraßen strich die Schwalbe tief in der abendlichen Luft. Wir vermißten nichts an Trümmerstücken von Palast und Kirche, die in Italien im gleichen Falle eine deutlichere Sprache geredet hätten. Sondern in diesem weitausgebreiteten Riesengeripp, der Ruine eines halbverlassenen und ganz arm gewordenen Stadtwesens, stirbt Worms langsam aus, vornehmer als in den stupiden Straßen des Bahnhofsviertels, die sich erdreisten, tote Majestät zu beleben. Sie können nicht geben, was dies der Seele gibt, eine heilige Wahrheit jenseits von gemeinen Verwirklichungen, die unanrührbare Gottesstadt von Krönungen, Reichstagen, Volkswanderungen, Kaiserfahrten, den Schatten der mythischen Veste des Hof- und Heldengesangs, nie gewesen und eben darum unsterblich, wie das Tiryns und das Mykenae des Epos. – Stadtmauer und Tor, voll wilden Gras- und Feldblumenwuchs, überhangen von schweren Hausgärten linker und rechter Hand. Schmutzige Fischergassen voll verhärmtem Gesindel, Dirnen an den Fenstern. Ein Zug Neustadt, häßlich und scheinhaft wie zu erwarten. Das schönste lag dahinten; aber vor uns im weiten Rebgelände stand die schöne gotische Kirche, und bot uns später im Innern, das sonst mehr ärgerlich und vermalt ist als die reinen Türme überm Schiff erwarten lassen, doch eine wundersame Grablegung, lebensgroß in Holz geschnitzt, von ergreifender Wahrheit und Kraft in ihrer tiefen Einfalt.

Wir gleich darauf gewannen im Bogen das Flussufer; das geheiligte Strombette fast mienenlos, die unsäglich milde und mütterliche Landschaft weit und eben im letzten Lichte. Der Rhein geht hier zwischen Weidendickichten, nichts läßt die Nähe des Gebirgs ahnen, Melibocus und Feldberg sind nicht sichtbar. Längs des

Stromes vorwärts, sechs Füße im scharfen Wanderschritte gegen die Brücke. Nah einer Buchtung drin Schiffer Netze spannten, am anderen Ufer hielt ein kleines Stück Busch- und Weideland unsere Augen fest. Man sagte uns später, daß die Streber und Macher, die jetzt in Worms allein das Maul reißen, auch dies unsägliche Stück Erde zu entweihen versuchen, das ihnen im Grunde nicht mehr sein kann, als zwei Steinwürfe grünes einsames Flußland, soviel als eine Kuh an einem Tage abgrast. Kommt es dazu, so bleibt uns nur die Erinnerung, den Rosengarten in seiner ergreifenden Öde über den Strom weg haben liegen zu sehen, und den sagenhaften Schauplatz der halbgöttlichen Waffenspiele, als Traumwelt im Zusammenfluß aller deutschesten Sage von heroischer Poesie errichtet, mit Opfergedanken verehrt zu haben, bevor ein gesunkenes Geschlecht sich daran versündigte.

Es dämmerte; wir mußten zurückeilen. Näher der Stadt fanden wir uns von Angesicht zu Angesicht mit der Münsterfront, deren schon ganz finstre Rundtürme aus den todkalten Höhlen ihrer letzten Fenster heruntergähnten. Mit jedem Schritte wurde das Zwielicht schwebender, die Häusergiebel im Dufte zusammengeschoben, standen als Masse gegen Masse des enormen Heiligtums, an dem kein Licht die hinaufgehäufte Schattenwucht unterbrach, indes Gassen auf Gassen ab die Laternen aufglänzten; so schieden wir rein und versöhnt.

Man muß darüber schreiben, gegen und für, will sagen. Ich habe in Italien reisen gelernt und unterscheiden, und gehe nach Worms, Speier, Xanten, Aachen, Frankfurt, Köln, wie nach Lucca, Siena, S. Miniato al Tedesco, Imola. Erfassung und Durchdringung eines Stadtbildes oder einer geschichtlichen Landschaft läßt sich in Deutschland nur anwenden, nicht lernen. Wozu kommt, daß impressionistische Schilderungen hier wie immer schlechte Manieren sind und auf Täuschung ausgehn; hier wie immer ist Präzision des Präzisierbaren die einzige anständige Haltung; für das Unpräzisierbare gibt es die dichterische Äußerung selber; die rhetorischen Mischformen der poetischen Prose, die immer wieder mit den Halbkönnern obenauf kommen, sind nur des Rhetoren und seines Publikums wert.

Unsere heiligen Städte werden vielleicht schon nicht mehr unsere Söhne, gewiß nicht mehr unsere Enkel sehen. Kann sein, ich gehe durch Worms als sein letzter Beschreiber, wie Strabo durch Korinth. Ein Grund mehr, Rechenschaft zu geben.

In Mannheim ausgestiegen, im überfüllten Wirthause schlecht und recht gegessen. Hernach in Heidelberg noch lange zu dreien beieinander unter heftigem Gespräch. Abschied wol für immer im Morgengrauen unter den wehenden Nachtbäumen der Anlage – was könnte man für so flüchtige Berührungen auch nur hoffen wollen? Mögen sie mein gedenken und ich will sie nicht vergessen.

Geschrieben, aufgepackt, kurz geschlafen.

RUDOLF BORCHARDT (1877–1945) war Erzähler, Lyriker, Übersetzer, Essayist und Herausgeber anspruchsvoller Lesebücher wie *Der Deutsche in der Landschaft* oder *Ewiger Vorrat deutscher Poesie*. Er hat eine Reihe von Fächern studiert, vor allem aber Archäologie und Klassische Philologie, weswegen er in seinem Text über Worms auch nicht »kilometerweit« oder »meilenweit« schreibt, sondern so altgriechisch wie unverständlich »parasangenweit«. Borchardt war hoch gebildet, beherrschte etliche Sprachen, und hatte den Ehrgeiz, stilbildend zu wirken. Dennoch war seine Sprache nicht klassisch ausgewogen, sondern bis in die Orthografie und die Grammatik hinein eigenwillig, zuweilen schroff, zuweilen gekünstelt. Er war zeitlebens ein Einzelkämpfer, der in allerlei Widersprüche verwickelt war. Er stammte aus einer jüdischen Familie, lehnte für sich jedoch alles Jüdische ab (auch in Worms ignorierte er die Synagoge, obwohl er auf dem von ihm beschriebenen Weg von der Paulus- zur Liebfrauenkirche zwangsläufig in ihre Nähe gekommen sein muss). Er war ein leidenschaftlicher Deutschnationaler, lebte aber seit 1903 im Wesentlichen in Italien – so ließen sich noch manche Spannungen aufzeigen, in denen dieser merkwürdige, wenn auch nicht uninteressante Geist lebte und dachte.

Um die Jahrhundertwende ging es in Worms deutlich bergauf, die Lederwerke Heyl bzw. Doerr & Reinhardt arbeiteten erfolgreich, und im Städtebau entwickelte sich – wie Fritz Reuter gezeigt hat – unter der Leitung des Stadtbaumeisters Karl Hofmann und seiner Nachfolger das Konzept eines »neuen Worms« mit einer eigenen, aus Jugendstil und Historismus gemischten Bauform. Die Rheinbrücke, die Nibelungenschule, das Ensemble am Karlsplatz oder der Hauptbahnhof demonstrieren heute noch die Eigenheiten dieser städtebaulichen Periode. In diese Zeit des neuen Bauens fiel auch eine große

Restaurierungsarbeit am Wormser Dom, der in vielen Teilen überarbeitet und saniert wurde.

In diese Zeit fiel aber ebenso der Worms-Besuch des strengen Kulturkritikers Rudolf Borchardt, der alle Modernisierungsbestrebungen mit Verachtung strafte. Der Hauptbahnhof, der bei seinem Besuch gerade zwei Jahre alt war, wird von ihm en passant vernichtet, und angesichts der Neubauten in der Umgebung wünscht er sich einen »zweiten Mélac«. Das ist eine aggressive Kriegserklärung an das zeitgenössische Worms, denn der französische General Ezechiel Mélac hatte 1689 die totale Zerstörung der Stadt Worms angeordnet. Die Restaurierungsarbeiten am Dom reißen Borchardt dann zu dem brillant übertriebenen Satz hin: »Wird das vollendet, so wird zwischen diesem Dom und den Fratzen stilgerechter Bierhäuser im schlimmsten Berlin kein Unterschied mehr sein.«

Nur an den wenigen Stellen, an denen die Stadt verkommt, fühlt sich der Reisende wohl, denn dort weht ihn eine Ahnung von der grandiosen, aber toten mittelalterlichen Stadt an. Ein »neues Worms« ist für diesen radikalen Konservativen ein Widerspruch in sich. Deshalb imaginiert er am Ende seiner Abhandlung, er sei der Letzte gewesen, der das wahre, also das alte Worms gesehen hat. Wirklich sympathisch ist dieser räsonierende Text eines Wutbürgers der Jahrhundertwende also nicht. Dennoch soll er hier einen Platz haben – zum einen, weil er zu den umfangreichsten und literarisch anspruchsvollsten Worms-Texten gehört, und zum anderen, weil er einen immerhin bedenkenswerten Kontrapunkt zur Wormser Stadtgeschichte bildet.

| Text aus | Rudolf Borchardt: Prosa III, herausgegeben von Marie-Luise Borchardt und Ernst Zinn. Stuttgart 1996, S. 256–267. Rudolf Borchardt: Gesammelte Werke. In 14 Einzelbänden. Prosa III, herausgegeben von Marie-Luise Borchardt unter Mitarbeit von Ernst Zinn. Stuttgart 1960, S. 256–267. © Klett-Cotta Verlag Stuttgart.

| Literatur | Fritz Reuter: Karl Hofmann und »das neue Worms«. Stadtentwicklung und Kommunalbau 1882–1918. Darmstadt und Marburg 1993.

STEFAN GEORGE

❋

WORMS

Neu war die Welt erwacht: die fernsten Schätze
Und blütenwolken trieb ins land ein föhn ...
Dann kam der frost: gezänk und starre sätze ...
Der schönste lenz entfloh uns mit gestöhn.

STEFAN GEORGE (1868–1933) galt vielen ästhetisch gesinnten Geistern um die Jahrhundertwende als Inbild des charismatischen Dichterfürsten. Unduldsam gegen alles, was seinen künstlerischen Ansprüchen nicht entsprach, bildete George den Mittelpunkt eines elitären »Kreises«, der nicht nur in literarischen Werken, sondern auch in der durchstilisierten Lebensgestaltung eine Gegenkraft zur modernen Zeit entfalten wollte. Die Mitglieder des George-Kreises empfanden ihre Gegenwart als nivellierend, platt und nichtssagend. Sie retteten sich vor diesen Zumutungen in den Kult um einen charismatischen Dichter, der von seinen Jüngern mit »Meister« angeredet wurde. Der hohe (für heutige Ohren vielleicht etwas lächerliche) Ton, der in dieser Umgebung gepflegt wurde, klingt noch immer aus den Gedichten, die George geschrieben hat.

1907 erschien Georges Gedichtband *Der siebente Ring*, der mehrmals neu aufgelegt wurde. In diesem umfangreichen Konvolut, das sehr zeitkritisch angelegt ist, gibt es auch das Kapitel »Tafeln«, in dem einerseits Freunde des »Meisters« mit Widmungsgedichten adressiert werden, andererseits Städte bedichtet werden, die für die deutsche Geschichte bedeutsam waren: Aachen, Hildesheim, München, Quedlinburg und andere. Der Name »Tafel« erweckt den Eindruck, George schriebe den Städten hier sozusagen heraldische Devisen auf ihr Wappen. Es zeigt sich jedoch, dass diese Devisen sehr schwer verständlich sind. Als Werbeslogans für die Stadtwerbung taugen Georges Stadttafeln nicht, und das ist auch ganz im Sinne dessen, der sie verfasst hat.

Auch Worms zählt zu den Städten, die George bedichtet hat. Der Vierzeiler, den er der Stadt zugedacht hat, ist in sich nicht unverständlich – es begann der Frühling, dann erhob sich ein Streit und zerstörte alle Hoffnungen – rätselhaft bleibt jedoch, was dieses kleine jahreszeitlich-emotionale Drama mit Worms zu tun hat. Mag sein, dass sich der verdunkelte Sinn entschlüsseln lässt. Aber der Dichter selbst legt offensichtlich keinen Wert darauf, verstanden zu werden, sonst würde er sich deutlicher erklären. Lassen wir also seine Worms-»Tafel« hier einfach unverstanden stehen – als literarisches Dokument eigener Art.

Damit es aber nicht zu feierlich-geheimnisvoll wird, folgt hier noch eine relativierende Information aus Thomas Karlaufs grundlegender George-Biografie. George wurde in Bingen geboren, und so sehr er sich auch später von dieser Kleinstadt abwandte, so anhänglich blieb er doch der rheinhessisch-hessischen Region treu. Karlauf schreibt: »Sein Leben lang hatte er am liebsten mit Menschen zu tun, die aus dem mainfränkischen Raum stammten. Er war überzeugt, dass an Rhein, Main und Mosel die Wurzeln der deutschen Kultur lagen, und sprach zeitlebens Dialekt. Im feinen Berliner Westen, wo er Ende der neunziger Jahre sein erstes Publikum fand, verstand man ihn nur mit Mühe und reagierte leicht pikiert. Er sagte ›Wutz‹ und ›Hinkel‹, ›gemöcht‹, ›schad nix‹, steigerte glatt zu glätter, verwechselte als und wie und hatte eine Vorliebe für das Füllwort all – ›wie richtig das all ist‹.« Das ist eine wenig bekannte Facette im Bild Georges, die in einem Worms-Lesebuch nicht unerwähnt bleiben darf.

| Text aus | Stefan George: Der siebente Ring, 3. Auflage. Berlin 1914, S. 202.

| Literatur | Thomas Karlauf: Stefan George. Die Entdeckung des Charisma. München 2008, Zitat S. 50.

ERNST BLOCH

ST.-PAULUS-KIRCHE IN WORMS (1933)

Ihr Platz sieht nach nichts mehr gleich. Armselig ist er vor der Kirche mit einem verlegenen Grün bepflanzt. Rundum ist nur ein einziges gutes Haus stehen geblieben, aus Versehen. So wurde selten ein alter Markt zerstört, fühllos neu bebaut wie dieser hier. Von Kleinbürgern der Muffzeit, sie wussten es nicht anders. Es waren noch brave Leute, sie zeigten an Steinen, was sie können.

So sackt das schön gewesene Bild nach unten. Gleich wird es zu sehen sein, was an der Kirche desto fremder wieder emporreißt. Ein schmaler Weg biegt von der Römergasse ab, eröffnet überraschend die Anlage. Ihr länglich unregelmäßiges Viereck, dessen Seiten allesamt verschiedene Gesichter zeigen. An der Längsseite der Kirche, ihr gegenüber die schlechten Häuser, am Kopf des Platzes gar der hohe Kasten einer ehemaligen Dampfmühle, am Fuß, gegen die Rheinseite, ältere Gartenmauer. In dieser Umgebung verbringt die Kirche ihre Tage, ist eine der reizvollsten und merkwürdigsten.

Wenigstens lebt der alte Boden auf seine Weise, sodass manches nicht geheuer ist. Unter der ehemaligen Mühle fließt »die Bach«, ein überdecktes Gewässer, rauscht unter Gittern, sendet Ratten aus. Hinter dem Mühlekasten steht Gemäuer wie aus Prag; scholastische Bögen sind darin versteckt, Mönchszierat findet sich in Sackgassen, worin »Gesindel« wohnt. Doch die Kirche selber hat aus ihrer eigenen Zeit ein Wesen erhalten, das völlig fremd zu ihr steht – ein tieferes Rätsel im Bekannten, Erhaltenen des

Mittelalters. Als dieses Rätsel wirkt St. Paul, nicht der Bau an sich, der romanisch-frühgotische, wohl aber seine unbegreiflichen *Türme*. Edel und eingesunken steht die kleine Kirche da, einige Stufen unter dem heutigen Platzniveau, gleich der alten Wormser Synagoge, mit feinem Portal und reich profiliertem Rosenfenster – ein frommes Schmuckstück soweit, wie manch andere auch. Doch eben die Türme sind wahre Steine des Anstoßes, mit ihrem weißlich-morgenländischen Verputz, mit ihrer völlig heterogenen Figur. Diese Türme ragen aus dem romanisch-gotischen Formenschatz, obwohl zu seiner Zeit entstanden, durchaus ins Unbekannte. Hoch über der Banalität des Platzes, dicht neben der Dampfmühle a. D., steht die Krönung dieser Rundgestalten – ein Zeichen aus völlig fremder Zone, die Prosa des Platzes, die Poesie der Kirche zugleich überbietend. Dies Bild bleibt, als einzigartig, auch einem Blick, der sich nachher viel umgetan hat; unerwartete Erinnerung taucht dann leicht auf in unerwartetster Gegend. Alte Küchenöfen im so lange sarazenisch beeinflussten Süditalien zeigen verwandte Formen, nämlich die stumpfe weißlichgraue, *getürte Kuppel* auf Erden, auf dem Estrich; arabische Heiligengräber tief in Tunesien kreuzen plötzlich auf freiem Feld, mit starkem Déjà-vu, das ferne Lineament. Hoch droben liegt so etwas wie dies Marabut-Grab doppelt auf den St.-Paulus-Türmen in Worms. Ein Storchennest deckte wie ein Turban die offene Kuppel dieser Türme, dieser Fremdkörper im Heiligen Römischen Reich.

Leider ist ihr Wesen seit Kurzem nur noch ungefähr erkennbar. Zwar ist die Kirche, welche ein Museum beherbergte, dem Gottesdienst zurückgegeben worden. Merkwürdigerweise aber bekam das den Türmen schlecht, wahrscheinlich wurden sie zu sachlich repariert, fast entsteht der Eindruck: betoniert. Derart entstand ein stimmungsloses Gebilde, so modernisiert, dass die Beschreibung, die Dehio der alten Wunderlichkeit angedeihen ließ, fast gegenstandslos geworden ist. Immerhin mag Dehios Ausführung hier noch folgen; sie zeigt, dass die Betroffenheit, dass selbst die gefühlte Enklave Orient hier nicht subjektiv ist. Dehios Handbuch der deutschen Kunstdenkmäler, Band Südwestdeutschland, 1911, merkt zur Pauluskirche unter anderem an: »Die Türme von unten auf rund. Sie überragen den Dachfirst des Querbaus und bilden mit dem breiten achteckigen Mittelbau des letzteren in der Grundrißstellung ein Dreieck. Der *Oberbau der Rundtürme* etwa Ende des zwölften Jahrhunderts. *Ganz phantastisch* wirkt die wie ein kleiner Zentralbau mit dachloser Kuppel gestaltete Krönung; sollten in diesem Motiv orientalische Kreuzfahrererinnerungen vorliegen? Schon Fr. Schneiber hat aus anderen Gründen in der Kirche einen Votivbau glücklich heimgekehrter Kreuzfahrer vermutet.« Auch die benachbarten Pfarrkirchen in Dittelsheim und Alsheim, auch die Stiftskirche in Wetzlar, ziemlich außerhalb des Wormser Kreises, zeigen die »ganz phantastisch wirkende« Kuppel. Solche wenig beachteten Stücke bereichern trotz ihrer Seltenheit, Verstreutheit und scheinbaren Beliebigkeit das mittelalterliche Bild aufs Glücklichste; denn sie stören die Verabredung, die man sich von ihm und seinem »Formenschatz« entworfen hat. Ja, solche regionalen Anomalien halten mitten in der Bodenständigkeit, mitten in der fromm bekannten Kunst des Mittelalters einen Hauch Evangelium von einem anderen Gott. Ketzerei mittels fremdartig wirkender Formen zeigen sonst nur einige Templerbauten und dann allerdings bedeutend fragloser, ausgesprochener. Der vornehme Orden hatte erst recht aus den Kreuzzügen islamische Erinnerungen mitgebracht, ja nicht nur das: auch gnostisch-manichäische, ihre Anfechtungen und Embleme. Besonders südfranzösische Templerkirchen waren mit dergleichen geschmückt, mit Ave verum corpus, doch das corpus konnte auch eine Abgottschlange sein oder, wie den Templern nachher vom Blutgericht vorgeworfen wurde, ein »Baphomet«, das ist ein goldenes Haupt. Beide, Schlange wie Haupt (als riesig im Raum schwebender Kopf des Logos) kamen bereits in gnostischen Kulturen vor; eben solche Symbole sollten die Templer ihrem häretischen Gottesdienst eingemischt haben. Wenn nun wirklich Kreuzzugserinnerungen in die Wormser Pauluskirche eingebaut sind, dann ist hier zwar, hoch droben, der Stein des Anstoßes nicht dermaßen häretisch gesetzt, wohl aber als Fremdkörper aus Allahs Welt, wie er so epatant, so unverändert auf abendländischen Kirchen sonst selten vorkommt. Die Votivkirche für St. Paul hat dem Apostel eine Silhouette aus Damaskus geweiht und vielleicht noch ein islamisches Heiligengrab.

Heute, wie bemerkt, wurde die Wormser Ausnahme ziemlich aufs Moderne zurückgeführt. Selbst das Storchennest ist purifiziert, hat nicht mehr das Wagenrad zur Grundlage, steht nicht mehr als Turban, aus Tausendundeiner Nacht. Sondern auf Betoniertes wurde ein Stahlkorb genietet und ist, wenn die Erinnerung nicht täuscht, leer. So leer wie das gesamte Turmgebilde – der arabische Traum ist mit den Störchen nach Ägypten verflogen.

| ERNST BLOCH | (1885 – 1977) war der Philosoph der Hoffnung, der zeitlebens das »Noch-nicht-Sein«, also die noch ausstehenden, noch nicht erledigten Möglichkeiten des Menschlichen durchdachte. So zukunftsorientiert war Blochs Philosophie, dass er sogar die Heimat, die den meisten Menschen am Anfang ihres Lebens zu begegnen scheint, erst für künftige Zeiten in Aussicht stellte. Die viel zitierten Schlusssätze seines dreibändigen philosophischen Hauptwerks *Das Prinzip Hoffnung* heißen: »Die Wurzel der Geschichte aber ist der arbeitende, schaffende, die Gegebenheiten umbildende und überholende Mensch. Hat er sich erfaßt und das Seine ohne Entäußerung und Entfremdung in realer Demokratie begründet, so entsteht in der Welt etwas, das allen in die Kindheit scheint und worin noch niemand war: Heimat.« So sprach der Utopist, der von einer besseren (und das bedeutete für ihn: einer sozialistischen) Zukunft all das erhoffte, was Vergangenheit und Gegenwart nur halb gewährt haben oder ganz schuldig geblieben sind – also unter anderem auch eine Heimat, die diesen Namen verdienen würde. (Zum Verständnis dieser Sätze über die zukünftige Heimat sollte man wissen, dass sie während des Zweiten Weltkriegs im amerikanischen Exil – also im Zustand erzwungener Heimatlosigkeit – geschrieben wurden.)

Dennoch ist auch Ernst Bloch nicht im Luftreich des Geistes geboren. Er stammte aus Ludwigshafen, und er hat zeitlebens den Dialekt seiner Herkunftsstadt gesprochen. Wer diese Behauptung überprüfen will, findet auf YouTube mehrere Interviewausschnitte, in denen der alte Bloch vor sich hin pfälzert. Doch wird Ludwigshafen samt Umgebung auch in einigen seiner Texte behandelt. In den Aufsätzen *Ludwigshafen – Mannheim* (1928) und *Mannheim aus freundlicher Erinnerung* (1931) hat er die Spannung zwischen dem Elend der modernen Arbeiter- und Industriestadt auf der linken, und der alten, kultivierten Residenzstadt Mannheim auf der rechten Rheinseite als prägend für seine intellektuelle Entwicklung beschrieben. Und in der autobiografischen Selbstdeutung *Über Eigenes selber* aus dem Jahr 1959 weitet er die Landschaft seiner Jugendeindrücke noch etwas weiter aus: »Hier die reine Fabrikstadt Ludwigshafen, hässlich, geschichtslos, gegründet durch Chemie, doch voll haariger Burschen, Schiffer, Kneipen wie bei Jack London. Und überm Rhein das alte vornehme Theater Mannheims, die barocke Sternwarte, die Schlossbibliothek, diese Oase, philosophiehaltig. [...] Rheinaufwärts der Speyrer, rheinabwärts der Wormser Dom, nah am Neckar Heidelberg.« (Zitiert nach Otto A. Böhmer.) Angesichts dieser Vielfalt auf engem Raum formte sich, zumindest in Blochs Selbstdeutung, seine Philosophie, die das Elend der Arbeiter ebenso bedenken wollte wie sie den Glanz der Kunst und Kultur ausmalte.

Auch das kleine Feuilleton über die Wormser Pauluskirche hat einen philosophischen Kern. Die orientalische Anmutung der Kirchtürme von St. Paulus ist auch anderen Besuchern aufgefallen – Bloch selbst zitiert den Kunsthistoriker und Denkmalspfleger Georg Dehio als Gewährsmann. Aber in Blochs Beschreibung sind diese »Fremdkörper aus Allahs Welt« nicht einfach ein kunsthistorisches Kuriosum. Sie brechen vielmehr das traditionelle Verständnis des Mittelalters auf, weil sie ein Aussehen haben, das es nach den Übereinkünften der Kunsthistoriker gar nicht geben könnte. Genau solchen Phänomenen außerhalb der Reihe und der Regel ist Bloch immer und überall auf der Spur gewesen. In ihnen suchte er den Vor-Schein besserer Zeiten. Und einen kleinen Abglanz davon fand er auch angesichts der Wormser Pauluskirche.

| Text aus | Ernst Bloch: Gesamtausgabe in 16 Bänden. Band 9: Literarische Aufsätze, S. 420–423. © Suhrkamp Verlag Frankfurt am Main 1959.

| Literatur | Ernst Bloch: Das Prinzip Hoffnung. Frankfurt 1979. 3. Band. Zitat S. 1628. — Otto A. Böhmer: Tagträume des Zukünftigen. In: Wiener Zeitung, Beilage extra, 14.1.2012, S. 1–2.

KASIMIR EDSCHMID

❋

DAS MAGISCHE ZEICHEN DES DOMES

Der Vater meines Großvaters hatte in Worms gelebt, aber er war aus Schwaben zugewandert. Von einem seiner Söhne wusste mein Vater, dass er Maler war. Er hatte ein kleines Bild von ihm über dem Schreibtisch hängen. Ich sah Worms zuerst als Kind.

Später, als ich ziemlich erwachsen war, kam ich wieder nach Worms. Diesmal bemerkte ich, dass die alten Häuser viel zu nahe am Ostchor standen. Zehn Schritte nur von den Hauswänden der Fassade. Ich konnte die dumpfen Tiere, die hoch oben in den Säulenarkaden unter dem Gipfel lagerten, von unten kaum sehen. Ich bat einen Mann, der vor seinem Hause stand, mich auf das Dach steigen zu lassen, um von dort aus die frühen Bestien fotografieren zu können.

Worms ist für die Juden heiliger Boden. Die Synagoge stand schon, als Konrad der Zweite in Rom im Beisein des englischen und dänischen Königs zum Kaiser gekrönt wurde. Ich ging auf den tausendjährigen Friedhof der Juden und legte wie die frommen Rabbis einen Stein auf eines der alten Grabmale.

Fünf Jahre nach der Kapitulation von 1945 kam ich wieder nach Worms. Der Ostchor des Doms ist für mich noch immer eine der mächtigsten Fassaden der Welt. In vollendeter Schlichtheit und daher vollkommener Majestät – im Schweben gehalten durch die beiden hohen Rundtürme.

Jetzt brauchte ich keinen Hausbesitzer mehr zu bitten, mich auf das Dach steigen zu lassen, um die steinernen Bestien in den hohen Arkaden des Doms aus der Nähe zu sehen. Die Häuser

Klaus Krier, Dom St. Peter zu Worms. Künstlerbiographie S. 262.

waren verschwunden. Der Krieg hatte sie wie vieles in Worms hinweggefressen. Der Krieg hatte glatte Bahn um den Dom geschaffen. Das Rathaus, das Cornelianum, die Dreifaltigkeitskirche waren Trümmerhaufen geworden, die alten Häuser am Dom waren weggeschossen, auch die anderen romanischen Kirchen, die ihre Entstehung auf die berühmten Jahre nach dem Jahre 1000 zurückführten, hatten schwer, wenn auch nicht entscheidend gelitten, aber dem Dom war in seiner Gesamtfigur nichts Sonderliches geschehen. Oben auf dem Giebel des Ostchors saß noch der Adler des frühen Reichs.

Der Dom erscheint schon bald, nachdem man von der Autostraße zu ihm abgebogen ist. In zwanzig Minuten ist man am Rhein, der Stadt gegenüber. Nahe dem Ufer liegt ein Weingarten, darin steht ein edler gotischer Bau, die geräumige Liebfrauenkirche. Das Erträgnis seines Wingerts, die »Liebfraumilch«, wird in allen Teilen der Erde als Kostbarkeit gehandelt und getrunken. Es genügt aber ein Blick, um zu erkennen, dass bei der Winzigkeit des Geländes nur ein Hundertstel der Flüssigkeit, die unter dieser Etikette verkauft wird, hier gewachsen sein kann.

Wo auch immer man in Worms herumschlendert, sei es bei St. Paulus, dessen romanische Schauseite noch steht, sei es beim noch früheren St. Andreas an der alten Stadtmauer – überall steht vor einem der Dom wie ein magisches Zeichen.

Ich sah, wo an seinem roten, manchmal rosa schimmernden Sandstein Feuer geleckt hatte. Ich erblickte auch Patina vom Rauch. Aber er stand in voller Wucht, Steinschiff der Ewigkeit, das über Jahrhunderte Unheil dahingefahren war, als sei das nichts. Ich konnte den Ostchor jetzt auf fünfzig, auf hundert Meter sehen, unvergleichlich.

Er war auf merowingischen Fundamenten in romanischer Pracht aufgebaut. Spürbar daneben für den, der für solch atmosphärische Mirakel zugänglich war, stand der Rosengarten des Nibelungenlieds. Die »drie künege, Gunter, Gernot, Giselher«. Die Epoche Kriemhildes. Und Siegfried, der in den Wormser Königshof eintritt.

Der Königshof stand damals auf der Nordseite des Doms. Die Pforte, die unten von dem Palast in den Dom führte, ist jetzt zugemauert, sie ist so schmal wie die Todestüren in den alten Palazzi von Gubbio, durch die keiner hinausgeht außer in seinem Sarg. Alles sonst, was weltlich und mächtig hier war, der Königshof der Burgunden selbst, ist fortgeweht von der Geschichte. Kein Stein mehr, nur Luft. Nur das Portal dieser Seite hat noch Erinnerungen an die Tage, an denen die Fürsten hier feierlich einzogen.

Über den sorgsam gearbeiteten Kapitälen hängen zwei schon vom Baumeister geknickte Säulen. Noch höher eine Tafel mit der in Stein gegrabenen Bulle Barbarossas: *sit tibi Wormatia laus.* Freiheit und Ruhm durch die Staufer!

Hier also, vor diesem Prunkportal, müsste viele Jahrhunderte vor Barbarossa der Streit der Burgunder-Königinnen stattgefunden haben, von dem das Nibelungenlied berichtet ... als Kriemhild und Brunhilde sich um den Vortritt in den Dom stritten, ein Streit, der viele Jahre später, als Kriemhild die Gattin des Hunnenkhans Etzel war, im Blutrausch des Gemetzels in dessen Zeltburg zu Ende ging.

Dem ist nicht so.

Das große Portal der Südflanke ist gotisch umgebaut worden. Hier ist der ganze Bilderreichtum, mit dem diese Epoche das Christentum zugleich beschwor und beschrieb, ausgebreitet: entzückende Gestalten, darunter »Frau Welt« mit sinnlich vorgestrecktem Leib und die Figur der leidtragenden Synagoge und Szenen aus den Begebenheiten der Bibel in der naiven Deutung ihrer Bildhauer.

Über ihnen die triumphierende Kirche, eine wollüstig lächelnde Exotin, auf einem Sagentier reitend, das den Leib eines rassigen Pferdes hat, jedoch in Anlehnung an die Symbole der vier Evangelisten vier Köpfe besitzt, das Haupt eines Löwen, eines Stiers, eines Adlers und eines Menschen.

Dies rätselhafte Bildnis ist sehr hoch befestigt, und es ist daher schwer zu erkennen, dass auch die vier Beine des Tieres nach den Beinen von Löwen, Raubvögeln, Stieren und Menschen gearbeitet sind – *in summa*: eine der merkwürdigsten Reitergestalten, welche, sei es wo auch immer, eine Kirchenwand schmücken.

Im Inneren des vieltürmigen Domes, der in der Geballtheit seines Raumes die Energien des religiösen und staatlichen Abendlandes zusammenfasst, ist die Saliergruft: eine Anzahl schwerer und hoher Steinsarkophage, verschieden in der Größe, manche nur roh behauen, manche mit Verzierungen versehen, die schweren Eisenbändern gleichen.

In ihnen ruhen nicht so illustre Imperatoren wie im nahen Speyer, aber unter den in dieser Krypta Beigesetzten sind zahlreiche Mitglieder des salischen Hauses, unter ihnen der Vater, die Schwester und eine Tochter Kaiser Konrads des Zweiten, der eines Morgens auf der Limburg sein Pferd bestieg, um nach Speyer hinunterzureiten und den Grundstein für den Dom von Speyer und seine Dynastie zu legen.

Auf der *Südseite* des Doms zu Worms ist aber neben dem Hauptportal eine kleine Plattform, zu der fünfzehn geschweifte Stufen auf jeder Seite hinaufführen. Die Plattform ist so winzig, dass nur wenige Menschen auf ihr stehen können. Ein bescheidenes romanisches Portal führt von hier in den Dom, doppelmannshoch, gebildet aus Pfeilern und Blattornamenten. Im Tympanon nichts als Runen. An den Säulen des Eingangs, gerade mit der Hand noch zu fassen, links und rechts ein Adler. Ein Portal, so einfach, so süß in seiner Anlage, so grausam wiederum in seinem Anspruch, dass hier und nicht anderswo ohne Zweifel die Tragödie der Königinnen begann.

> Prünhilt dô weinde: Kriemhilt niht lenger lie,
> vor des küniges wîbe   inz münster sie dô gie
> mit ir ingesinde.   da houp sich grôzer haz:
> dâ wurden liehtin ougen   starke trüebe unde naz.

Was mich kränkte, war, dass der Raum vor dem Ostchor, wo das Haus meines Urgroßvaters gestanden hatte, und wo alle diese winkligen Gebäude zerstört worden waren, wieder mit neuen Häusern zugebaut worden war. Unschön und sinnlos.

Der Krieg hatte hier, auch wenn es frivol ist, dies zu sagen – ich sage es –, durch die Zerstörung ausnahmsweise Luft und Glück gebracht ... Raum und Blick auf ein hinreißendes Bauwerk. Die Menschen sind emsige Ameisen, die schuften, um ihren Tag herunterzuleben, und sie vermögen nicht, über diesen Tag hinauszuurteilen. Ohne Muße und ohne Verstand. Sie haben nicht einmal die Fähigkeit, etwas Köstliches zu belassen, wenn es aus der Zerstörung kommt. Man kann sie nicht ändern.

Als ich kurz darauf nach Friedberg kam, wo mein Großvater gelebt hatte, der am Tisch der siebzehn Kinder meines Urgroßvaters in Worms gesessen hatte, sah ich, dass der Garten meines Großvaters mit den seltenen Bäumen und dichten, duftenden Büschen während des Krieges abgeholzt worden war. Aus reiner Laune. Ohne den geringsten noch so fadenscheinigen Grund. Man hatte eine Wüste aus ihm gemacht. Die Steinfiguren auf den Rittergräbern, die im Halbdunkel zwischen den Bäumen gestanden hatten, auch sie waren verschwunden. Knaben einer nahegelegenen Schule benutzen das jammervolle Terrain als Spielplatz.

Nein, die Menschen sind nicht nur Ameisen, wie mir in Worms exemplifiziert worden war, Ameisen, die nur mit dem Instinkt der Arbeitswollust nichts als ihre tägliche Schufterei kennen – sie gleichen eher in der Sinnlosigkeit ihres Vernichtungswillens den Termiten, deren zerstörungstolle Heereszüge man gesehen haben muss, um manches im Wesen der Mitlebenden zu verstehen, das sonst unverständlich bleiben müsste.

KASIMIR EDSCHMID (1890–1966), Romancier und Reiseschriftsteller, stammte aus Darmstadt, hatte aber familiäre Bindungen nach Worms, wie aus dem hier zitierten Text hervorgeht. Seinen Ruf als Reiseschriftsteller hat sich Edschmid vor allem mit umfangreichen Italien-Büchern erworben, doch beschrieb er auch immer wieder die oberrheinische Tiefebene zwischen Basel und Mainz, in der er sich heimatlich verwurzelt fühlte. Worms kommt dabei einige Male zur Sprache, wobei Edschmid immer den Dom als »magisches Zeichen« ins Zentrum seiner Betrachtungen gestellt hat. Schon 1914 bemängelte er in einem kurzen Feuilleton, dass dieser großartige Bau von seiner kleinbürgerlichen Umgebung eingeengt werde. Und als Edschmid 1948 die Gesammelten Werke seines hessischen Landsmanns Georg Büchner herausgab, beschrieb er in einer langen Einleitung auch Büchners Geburtsort Goddelau, und warf dabei einen Blick in die Umgebung auf beiden Seiten des Rheins. Dabei kam er kurz auf Worms zu sprechen: »Wandert man den Fluß hinauf gegen Worms zu, so sieht man die riesigen Weingärten der Pfalz heranwogen und vor ihnen den Dom stehen mit seinen finsteren Tierfiguren und den Erinnerungen an die Gestalten, die aus der Dämmerung des Nibelungenliedes hervorreiten.«

Zwei Jahre nach dieser Edition verarbeitete Edschmid das Leben Büchners auch in einem historischen Roman. Darin tritt der – historisch nicht verbürgte – Hofgerichtsrat Schiffer auf, den Edschmid aus Worms stammen lässt. Dieser Jurist hat die schwierige Aufgabe, den mysteriösen Tod des Revolutionärs Friedrich Ludwig Weidig im Darmstädter Gefängnis aufzuklären. Während einer mühsamen Phase dieser Ermittlungen erzählt Schiffer selbst: »Ich saß eine Weile und brütete vor mich hin. Ich hätte dem Schicksal fluchen müssen, das mich in diese Geschichte hineingerissen hatte, aber es war nichts von Fluchen in mir. Nur grau. Alles grau. Ich dachte einen Augenblick an Worms, an den Dom mit den finsteren Figuren am Fries, gegenüber das Fachwerkhaus, in dem ich aufgewachsen war. Das kleine Gärtchen dahinter. Ein Storchennest. Der Fluss. Viel Grün. Die Kähne. Meine Kinder. Es blieb alles grau.«

Worms und vor allem der Dom tauchen also in Edschmids Texten immer wieder in unterschiedlichen Zusammenhängen auf. Und da ihn der Ostchor des Doms offensichtlich besonders ansprach, nahm er es – sowohl im oben zitierten Text als auch in seinem *Tagebuch 1958 bis 1960* – den Wormsern übel, dass sie die vom Bombenkrieg ermöglichte freie Sicht auf den Dom eifrig und eilig wieder zugebaut haben.

| Text aus | Kasimir Edschmid: Vom Bodensee zur Nordsee. Fahrten im Westen. Stuttgart 1963, S. 32–36. Abdruck mit freundlicher Genehmigung von Enzio Edschmid, Frankfurt.

| Literatur | Kasimir Edschmid: Eine kleine Grausamkeit. In: Zeit-Echo, ein Kriegstagebuch der Künstler, 1. Jg. 1914/1915, S. 239 f.; Einleitung. In: Georg Büchners Gesammelte Werke, herausgegeben von Kasimir Edschmid. München 1948, S. 7–67, Zitat S. 10; Georg Büchner: Eine deutsche Revolution. Roman. Frankfurt 1980, S. 493; Tagebuch 1958–1960. München 1960, S. 320–323.

ROBERT GERNHARDT

EINE MERKWÜRDIGE BEGEGNUNG IM SCHLOSSPARK VON HERRNSHEIM

Im lichten Park von Herrnsheim schreits
Lang war es kalt, nun schmilzt der Schnee
Quer übern Weg ein Defilee
Von Wasserhühnern. Oben kreischts

Im kahlen Astwerk hockt ein Grün
Und schreit, als brächte man es um
Groß klafft sein Schnabel rot und krumm
Kreischt er in Herrnsheims lichtem Park

Da schreits und kreischts und wird beschrien
Von zweitem Grün aus gleichem Baum
Ein Doppelkreischen füllt den Raum
So unerhört wie unverfrorn

In Herrnsheims lichtem, kaltem Park
Gesellt ein drittes Grün sich dem
Was da schon hockt, laut und bequem
Jedoch nicht lang. Ein Kreischen nahm

Sich Herrnsheims Park. Im hellen Licht
Stürzt gellend Grün um Grün herbei
Ein vierter, fünfter Papagei
Und reißt die andern schreiend mit

So dass es aufsteigt, grell und stark
Kreischt es durch Herrnsheims lichten Park.

ZURÜCK AUS DEM ODENWALD

Dieses viele Grün, dieses hohe Blau
und in der Ferne Worms

– Warum sagen Sie das?

Da war so viel Grün, und das Blau war so hoch
und in der Ferne Worms

– Das sagen Sie mir?

Jawohl, falls Ihnen Grün etwas sagt
und in der Ferne Worms

– Nun haben Sie aber das Blau vergessen!

Ach – sagen Grün und Blau Ihnen was
und in der Ferne Worms?

– Nicht dass ich wüsste. Können die denn reden?

| Robert Gernhardt | (1937–2006) war einer der vielseitigsten deutschen Künstler. Zunächst war er vor allem als Karikaturist und Satiriker bekannt, der die einstmals sehr bekannte Satirezeitschrift *pardon* wesentlich mitgestaltet hat, desgleichen später die ebenso populäre *Titanic*. Mit zunehmendem Alter zeigte sich jedoch, dass Gernhardt nicht auf die Rolle des Spaßvogels festzulegen war. Seine Bilder gehen weit über das karikaturistisch Gekonnte hinaus, und seine Gedichte sind zwar fast immer auf einen heiteren Grundton gestimmt, sind aber doch mehr als simple Witzverse. Sie zeigen einen sprachbewussten Autor, der die Traditionen und Formbestände der Lyrik kennt und einfallsreich zu nutzen versteht.

Da Gernhardt die längste Zeit seines Lebens in Frankfurt am Main gelebt hat, nimmt es nicht wunder, dass Worms in seinem Werk immerhin zwei Mal auftaucht. Das eine Gedicht schildert einen Papageien-Aufruhr im Herrnsheimer Schlosspark – mithin einen sehr besonderen, unwiederholbaren Augenblick, der sich im Prinzip auch in einem anderen Park hätte ereignen können.

Das zweite Gedicht ist nicht leicht zu verstehen. Es handelt sich hier offenbar um eine Art Dialog über den Wert lyrischer Formulierungen. Einem Poeten leuchten die Zeilen »Dieses viele Grün, dieses hohe Blau / und in der Ferne Worms« als atmosphärisches Kürzel für die Odenwald-Stimmung ein. Aber er setzt seine Formulierung der kritischen Nachfrage einer anderen Stimme aus, die damit offenbar nichts anfangen kann. Durch dieses – etwas quengelige – Nachbohren verändert sich der ursprüngliche Satz, er wird erklärt und gerechtfertigt, was den Kritiker aber nicht zum Verstummen bringt. Ihm »sagen« die dichterischen Chiffren der Lyrik einfach »nichts«. Trotzdem bleiben sie stehen und behaupten ihr lyrisches Recht.

Die Zeile »und in der Ferne Worms« wird in diesem kleinen Dialog viermal unverändert wiederholt. Über die Stadt am Rhein wird dabei also gesagt, dass sie vom Odenwald aus geografisch korrekt irgendwo in der Ferne verortet werden kann. Aber deswegen taucht sie in Gernhardts Gedicht wohl nicht auf. Worms wird hier vor allem gebraucht, weil die einsilbige Lautfolge W-o-r-m-s gut ins jambische Metrum passt (»und in der Ferne Worms« lässt sich genauso skandieren wie zum Beispiel: »to be or not to be«). Als stadtkundliche Auskunft taugt dieses Gedicht also nicht viel. Aber das war auch nicht der Sinn der Sache. Hier ist Worms nur eine metrisch passende Silbe in einem Vers – aber da der Vers von Robert Gernhardt ist, kann Worms sich das ruhig einmal gefallen lassen.

| Text aus | Robert Gernhardt, Gesammelte Gedichte 1954–2006. Frankfurt 2008, S. 324, bzw. S. 411. © S. Fischer Verlag Frankfurt.

| Literatur | Lutz Hagestedt: Robert Gernhardt, 26. Nachlieferung KLG (Kritisches Lexikon zur deutschsprachigen Gegenwartsliteratur) 6/2013.

ANDREA TRAXLER

❋

DURCH WORMS WEHENDE SCHROTTGESTALTEN

EIN ROSTIGER STREIFZUG

He, bleib stehn, schwingt es aus einem heraus, angesichts einer äußerst photogen aussehenden Gestalt, die mit langen Schritten luftig über ein Rasengeviert weht – die betrübliche Aussicht sie nicht in die Kamera zu bekommen beschleunigt einen. Aber sie steht eh zum Glück. Steht da auf ziemlich hohen Beinen und zeigt sich als phantastischer Vogel, im besten Einvernehmen mit sich selbst. Prächtig ausgestattet mit einem aufwendig arrangierten Federkleid, in vornehmer Aufmachung insgesamt, wirkt sie, als stünde sie mit dem rundherum liegenden geschichteschweren Gemäuer des ehemaligen Andreasstifts und den heute darin verwahrten Museums-Exponaten in einem Wettbewerbsverfahren – zu ihren Gunsten.

Die Füße fest am Wiesengrund und als Ganzes von einigem Eigengewicht (hochgeschätzt das nach der ersten flüchtigen Begutachtung erfasste, schon mehr als betörende Zubehör), lässt sie sich ungeniert von allen Seiten studieren und ablichten. Ihrer Bodenverbundenheit ungeachtet, teilt sie eine Gesamtverfassung von lässiger Unschwere mit, eine Unbekümmertheit im Verbund mit ungestümen Neigungen, eine nuancierte Galanterie, der fast eine Spur Koketterie innewohnt, gepaart mit einer erstaunlicherweise besonnenen Hitze – diese außergewöhnliche Vielfalt an Attributen nun kurz zusammengebündelt, vermittelt sie eben jenen zunächst alarmierend wahrgenommenen Moment des Vorbeiwehens. Weswegen der Apparat vorsorglich eher zügig bedient wird – könnt ja sein, dass sie doch verschwindet.

Das ist ein ausgesprochen bemerkenswerter Seinszustand. Denn, verfertigt aus Rohren, den dazugehörigen Verbindungen, verschiedensten Gewinden, Scharnieren, Schrauben, Karabinerhaken, Kettenstücken, Schaufeln circa und allerlei nicht sicher zuordenbaren metallenen Partikeln, die aus ihrem einstigen Zusammenhang genommen, einzig für den Rost von Interesse waren länger, hat sie eigentlich nichts an sich, das irgend nach Luft aussieht und in Bewegung geraten könnte. An der handwerklichen Ausführung gemessen rückt vielmehr der Gedanke an eine auf unbestimmte Zeit starken Belastungen standhalten müssende Konstruktion heran, die in ihrer Funktion einen gewissermaßen ortsgebundenen Auftrag hat – eine Eisenbahnbrücke eventuell –, und dennoch hat sie etwas Wehendes.

Diese sich widersprechenden Eigenschaften in ein und demselben Gegenstand so füglich vereint zu sehen erstaunt erheblich, und das Staunen vervielfacht sich, wenn man aus dem Stiftshof heraustritt, es mit der ansehnlichen Länge des alles überragenden Doms aufnimmt, durch den charmanten Park daneben/dahinter mäandert, in die Stephansgasse einbiegt und vor der Einfriedung des diskret hingestreckten Palais Heylshof eine weitere Gestalt wahrnimmt. Dort, mit großer Dezenz in das durch seine höfliche Ausstrahlung bezaubernde Ensemble hineinkomponiert, hockt, von gleicher Herkunft und ähnlicher Materialverquickung wie Vorgenannte, kräftig eine Art Raubvogel auf einer gebogenen Stahlschiene. Dieses dynamisch in einen Blumentrog gesetzte Möbel, vorgelagert einer Garnitur Steinpfeiler, die die schweren schmiedeeisernen Eingangstore und Gitterelemente tragen müssen, vermittelt in seiner statischen Raffinesse eine gewisse Großzügigkeit. Derart exponiert niedergelassen also hockt er und spannt seine Flügel bedeutsam aus – vielleicht, um sein farblich sehr gelungenes Dasein zu erläutern, vielleicht, um den Ort seines Aufenthalts zu behüten, vielleicht aber auch, um sich aufzuschwingen und in die Lüfte zu wehen. Geradezu zügellos traut man ihm das ein wie andre zu, und dies trotz seines derangierten

Gefieders, denn er überzeugt schon in der Andeutung dieser oder jener Gebärde. Die vorzüglich proportionierten Schnäbel beider Gestalten lassen bedenkenlos den Schluss zu, dass sie sich zu versorgen wissen.

Dieses wesentliche Detail festgestellt habend und somit einer naheliegenden Sorge enthoben, zugleich berückt von der nun zwei mal sich einem erschlossenen leicht anmutenden Schwere weiter Worms durchwandernd (durchwehend eigentlich schon), überrascht einen an der Ecke Stern-/Karolingergasse auf einem feschen, baumbepflanzten Plätzchen eine zu dreien betriebsam wirkende Ansammlung aus derselben Werkstatt. Eine rostige Vogelfamilie, die in ihrer Anordnung und ihrem Ausdruck aussieht, als schickte sie sich gerade an, diese dreieckige Anlage zu queren, einer erheiternden Perspektive folgend – möglich auch, dass ihre Heiterkeit von einer eben erfolgreich verhandelten Verteidigung ihres Wohnortes herrührt. Diese Anwandlung, dass hier etwas tendenziell Wichtiges im Gange gewesen war, womöglich ein Fremdling hat verjagt werden müssen, wird befördert durch die Köpfe der Großen, die den weit ausholenden Schritten in ziemlicher Entschlossenheit vorauseilen, und das kindliche Zurückblicken des Kleinen während des Vorwärtsstrebens. Zumal kurz davor, in der Hinteren Judengasse, ein sehr zerknitterter kleiner Vogel von selbiger Abstammung zu sehen war, der sich irgendwie abmühend an einer Mauer entlang schob. Einen gewissen Erschöpfungszustand interpretierend, würde man ihn gern zur Pflege auf- und mitgenommen haben, hätte einen nicht eine innerlich aufwallende Einspruchserhebung gegen diese doch ein wenig übertriebene Regung zur Vernunft gebracht. Zudem seine robuste Grundstruktur durchaus nicht danach aussah, als bedürfe er just einer Assistenz menschlichen Ausmaßes.

Aber was nun auch immer diesen kleinen Vogel und einen selbst in den Zustand barmherziger Spekulationen versetzt haben mochte, etwas wehrt sich in einem vehement gegen die Vorstellung, die kleine rostige Familie auf dem Platz könnte in irgendeinem Zusammenhang mit ihm stehen. Zu liebenswürdig schwingt sie auf ihren langen Beinen.

Die nun mögliche Frage, warum aber stehen/sitzen die da und dort, kann eingedenk dessen, dass sie es tun, getrost offenbleiben.

ANDREA TRAXLER, geboren 1962, lebt in Wien, arbeitet als Lektorin und Typographin und schreibt Feuilletons und kulturhistorische Essays für Zeitungen und Zeitschriften. Bei einem Besuch in Worms sind ihr besonders positiv die Vögel aufgefallen, die der Wormser Künstler Eckhard Schembs an mehreren Plätzen der Stadt installiert hat. Sie wurde von diesen heiteren Kreaturen zu der Betrachtung angeregt, die hier nun erstmals gedruckt wird.

MANFRED MOSER

WORMS IST SCHÖN

Vom Niederrhein kommend, über die linke Autobahn, zum Oberrhein, Abbiegen nach Worms, berühmte Stadt, die Sonne tief im Westen, weithin sichtbar der Dom, Romanik, rötlicher als gedacht, dann bräunlicher, schon näher, gerade Straße, Kreisverkehr, Baustelle, Umleitung, Wasserturm, Umleitung, und mittendrin, leichtes Parken, kaum Menschen, es ist Sonntag, Zugang zum Dom, jetzt grau, über Treppen, großer Hof mit Bäumen, eine Bronzeskulptur steht herum, Bischof Burchard, Portal südwestlich, üppige Nische, wohl Hauptportal, später eingebaut, Hochgotik, oben ein Ungeheuer mit Reiterin, Maria? die Mutter Gottes sitzt auf einem Esel, reitet sonst nicht, Drache? Flugdrache? der wäre des Todes, vier Lebewesen, ineinander verknautscht, die Kirche ist geschlossen, bleibt die Außenansicht, wie geht es da weiter? nordseitig Gitter, kein Durchgang, eine Tribüne, ach, das Kulturprogramm, zuletzt ein Blick auf die runden Türme, den Chor im Südosten, die Galerien, Säulen, Kapitele, knorpelig, und die Ansammlung steinerner Gäste, einer hat einen Affen mitgebracht, sitzt ihm im Nacken, es dämmert, Abgang zum Hauptplatz, breites Areal, noch eine Kirche, Barock, im Zentrum ein Eisladen, viele Stühle, wenig Leute, um den Hauptplatz herum neuere Fassaden, ein Rathaus, vorsichtig angepasst, die Stadt muss arg zerbombt gewesen sein, und Fortgang über die Peterstraße, den Fußwegweisern folgend, Bergführer könnten sie hingestellt haben, mit Zeitangaben, zu den Nibelungen, Mauern, Wehrgänge, zwei Türme, modern befestigt, Windfang oder Empfangstunnel, durchsichtig, Plakate, Transparente, was war das hier? was ist das hier? es wird dunkel.

Ein Projekt, nochmal kommen, diesmal richtig, mindestens dreimal übernachten und wenigstens ein paar Daten in der Tasche.

I

Kolossaler Bau. Pfeilerbasilika. Mehrfach errichtet. Grundlagen schütter. Tempel? Brauchbar für Kirche. Sechstes siebtes Jahrhundert, Bischof Berchtulf. Achtes neuntes Jahrhundert, Bischof Erembert. Jahrtausendwende, Bischof Burchard. Baut größeren Dom. Elftes Jahrhundert, die Salier. Bauen noch größeren Dom. Weihe 1110. Neubau wegen Einsturzgefahr. Weihe 1181. Vollendung später. Anbauten südwestlich. Nikolauskapelle Annenkapelle um 1300.

Das Portal.

Morgens um neun, die Nacht hat gar nicht abgekühlt. Radfahrer schon da. Helm an der Schulter, verräterisches Equipment. Und Wasserflasche. Wie tritt man hier ein? Schnelles Foto. Aus dem Handgelenk.

Das Innere ist 109 Meter lang, 27 Meter breit, im Querschiff 36 Meter. Die Radfahrer sind bald wieder draußen. Aufenthalt drinnen durchschnittlich zehn Minuten.

Die beiden Kuppelbauten und die vier Rundtürme haben Schule gemacht, ebenso die beiden Chorbauten südöstlich und nordwestlich. Wormser Schule, heißt es kunstgeschichtlich.

Allmählich auch Gruppen. Sie treffen sich erst unten, am Neumarkt, bilden einen Kreis, nehmen die gleiche Haltung an, hören der einführenden Rede zu, wenden ihre Blicke in die gleiche Richtung, gehen dann auf ein Zeichen, die Schritte altersgemäß, die Reiferen mehr vorn, die Jüngeren mehr hinten, nebenbeschäftigt, teils mit ihrer Elektronik, die Treppen hoch.

Kürzeres Anhalten vor der Bronzeskulptur, längeres Anhalten vor dem Portal. Im Wimperg, heißt es kunstgeschichtlich, Symbol der Kirche.

Ecclesia triumphans.

Ecclesia ist Volksversammlung, triumphans ist siegreich. Adler Engel Löwe Stier stellen das Evangelium dar. Die Basis.

Ach so ist das.

Fortsetzung der Aufklärung am Beispiel der Figuren rechts und links. Rechts die Frau Welt, vorn sinnlich, das blühende Leben, hinten versaut, ihr zur Seite die Synagoga, blind, kaputte Lanze, nicht zu retten, links die Propheten. Altes Testament. Oben diverse Tugenden, Engel, einer mit Posaune. Neues Testament.

Ecclesia triumphans. Ecclesia militans. Heilsbotschaft oder Schreckensbotschaft. Die gleiche Propaganda.

Ach das ist so.

Das Innere lädt ein zum Wandern und Wandeln. Mehrere Gruppen bewegen sich in ihrem Takt, insgesamt ordnungsgemäß. Suche nach Anhaltspunkten.

Aus der Leere heraus der hilfreiche Wink, Altar und Chorgestühl, wir sehen Balthasar Neumann.

Ausklingelndes Barock. Ein Kirchenfürst hat die Kulisse bestellt. Was ist dahinter? Könnte ein Garten sein. Oder die Brust einer Dame. Vergnügungspark. Hier ein ehrbares Gewölbe. Die Macht zieht sich ins Dunkel zurück.

Ist da jemand? Keine Antwort.

Auf dem Hof, im Eck, Reste. Manche älter, ausgegraben. Manche neuer, ausgeschieden. Abfall. Fällt viel ab, bei so einem Unternehmen, liegt auf der Hand. Können ja nicht alle Meister gewesen sein. Mehr in der Hütte sitzend, zeichnend und ritzend, kalkulierend. Wer hat denn gemauert? Die unter freiem Himmel. Alle schlecht versichert. Nur durch die Engel und ein paar Heilige vielleicht. Die nur wenn unbedingt nötig und überhaupt zuständig. Was wird so einem, dem so ein Brocken ausrutscht, passiert sein? Zur Hölle mit ihm. Oder zum Bodenpersonal. Bestenfalls. Steineschleppen. Steineklopfen.

Im Park nebenan ein Denkmal, Götz. Der Name scheint bekannt. Irgendwie. Zusammen mit Uz. Kürzester Name der deutschen Literaturgeschichte. Und mit Gleim.

Uz Gleim Götz.

Sie übersetzten den Griechen Anakreon. Versuchten es dann selbst mit Anakreontik. Versuch über die Kunst, stets fröhlich zu sein. Versuch in scherzhaften Liedern. Versuch eines Wormsers in Gedichten.

Eine Stadt am Rhein hat es schwer. Zu oft besungen, mit Frohsinn behelligt, zu oft im Bilde?

Worms ist einsilbig. Im Altertum fünfsilbig, Borbetomagus. Vom Hörensagen. Daher die zweite Schreibung, Bormetomagus.

Jedenfalls keltisch. Zusammengesetztes Wort, Wasser und Wiese. Saftige Gegend. Vielleicht steckt eine Gottheit drin, Bormo? Man weiß nicht.

Warmazfeld Warmaisa Warmacia Wormazia Wormatia Worms. Stadt im Wonnegau, auch das noch.

Kommt aber von Wangengau, und die Wangen kommen von den Vangionen. Nicht besonders gefährlich. Caesar erwähnt sie in seinem Leistungsbericht, civitas Vangionum, er hat sie befriedigt. Falsch. Befriedet. Lateinunterricht.

Rosengarten gegenüber.

Vorher auf der Seite der Germanen, nachher auf der Seite der Römer. Stellen jeweils Hilfstruppen zur Verfügung.

Wie viele andere Völker, linksrheinisch und rechtsrheinisch. Gemischte Völker, weil seßhaft. Um ihre Zukunft besorgt.

Womit hat die Stadt das verdient?

Marktflecken, Häuser und Stallungen aus Holz und Lehm, günstig gelegen an einer Furt. Der Rhein ungezähmt, weitläufig. Die Bewohner arbeiten, verteidigen ihr Land. Irgendwer will immer was wegnehmen. Oder selber Platz nehmen. Römisches Recht. Manche werden Bürger.

Vielleicht hat die Stadt dem Bilde zu sehr entsprochen.

Claudius Drusus lässt ein Lager aus Stein bauen, festere Festung fürs Militär. Die wächst sich aus. Zivile Burg. Im fünften Jahrhundert Herberge für Ostflüchtlinge. Alanen, Burgunden, Chatten, Goten, Sueben, Vandalen und wie sie damals heißen.

Recken? Rächer. Der Sinn ist im Wort mitenthalten. Vertriebene, ausgehungert und krank. Durchschnittliche Lebenserwartung dreiundzwanzig Jahre.

Das passt nicht ins Bild.

Ein gesundes Volk muss her, Franken oder Freie wie sie inzwischen heißen, mit einem Reich und gehörigem Reichtum, einem Schatz, der niemand gehört, und Hofstaat. Die Karolinger, endlich. Die Geschichte fängt an. Pippin. Der König ruft seine Vasallen auf. Karl der Große. Der König feiert Weihnachten und Ostern. Am liebsten in Worms. Heiratet Prinzessinnen aus vornehmen Häusern, der Reihe nach, eine Langobardin, eine Alamannin, eine Ostfränkische. Arrangiert sich mit Bruder Karlmann, dem Bayern Tassilo. In Worms. Ruft seine Gegner auf. Gegen Heiden, Sachsen, Slawen, Araber. Rettet das Reich. Feiert hier Reichstage. Pfalz in Flammen. Karl geht nach Aachen, zu den Quellen. Worms bleibt in der Mitte. Stadt der Herrschenden. Ludwig der Fromme verwaltet das Erbe, hält es zusammen. Ludwig der Deutsche muss es teilen. Erst durch zwei, dann durch drei, alles was Recht ist. Aufruhr im Westen. Aufruhr im Osten. Versammlung in Worms. Frieden. Und Krieg. Sieg und Frieden.

Das passt.

»Gastlichkeit, Biederkeit, Redlichkeit, Treue und Freundschaft bis in den Tod. Milde und Großmut in Kampfes Not.« Gilt für Männer.

»Holde Zucht, einfache, fromme und freundliche Sitte, zarte Scheu und Scham.« Gilt für Frauen.

Einleitung zum Nibelungenlied. Für den Gebrauch an Schulen. Dieselbe Einleitung zur gekürzten Feldausgabe. Für die tapferen vaterländischen Krieger. Neunzehntes Jahrhundert.

Was ist dran?

Das Nibelungenmuseum hat viel zu tun. Mit der Rettung der Stadt. Versucht es. Mit dem Image. Monitor in der Eingangshalle, darin ein Stück, Theater genannt. Wagner und Hebbel reden. Miteinander, gegeneinander. Ein unmöglicher Dialog. Trotzdem reell. Kein Witz überbietet das Gesagte, es ist witzig. Kein Wort stellt richtig, es ist wörtlich. Alles Zitat. Der ganze Text brav durchgehebbelt und durchgewagnert. Trotzdem virtuell.

Hört und seht. Erlebt.

An der Kasse vorbei, die Stiege hinauf, in den Hörturm. Reproduktionen der originalen Schrift und Holzstühle zeigen die Stationen an. Der Nibelungen Not. An den Holzstühlen befinden sich Kopfhörer. Wie im Flugzeug über dem Ozean. Mario Adorf, sonore Stimme, amüsant, erzählt von kühner Recken Streit, Kriegsarbeit, Hochzeit, Freud und Leid. Ein Zeuge unterstützt ihn, liest aus dem Codex vor. Tief und eindringlich, Mittelhochdeutsch. Ein bewährtes Schema. Es macht einen Abstand klar. Vergangenheit und Gegenwart sind nicht zugleich. Es sieht nur so aus. Es hört sich nur so an. Aber man darf sich doch irren.

Mit Ironie, ohne Unschuld.

Wer war der Autor? Die Germanistik überkugelt sich. Sie hat bewiesen, er war ein Dichter oder Sänger. Haltbar bis vor kurzem. Die Germanistik, personell nun stark erneuert, hat bewiesen, der Autor war eine Autorin. Dichterin oder Sängerin, womöglich Nonne. Warum nicht? Das Nibelungenlied handelt vom Schicksal der Frauen. Die eine wird um ihre Wahl betrogen, schlägt zurück. Die andere wird um ihr Erbe betrogen, schlägt zurück. Die eine verschwindet aus der Geschichte, die andere geht zu den Hunnen. Und wie sie miteinander reden. Kriemhilds Mann, Brunhilds Mann. Ein fahrender Dichter oder Sänger, der Gastherrschaft ausgeliefert, hätte sich den Fauxpas nicht leisten können. So reden Frauen. Wie heutzutage beim Kaffee. Utes Mann ist tot. Kriemhilds Sohn hat Mumps. Brunhilds Sohn studiert jetzt Betriebswirtschaft.

Geschichte kenntlich gemacht.

Die Schneiderstrophen. Linnen, Sammet, Seide, Taffet, Leder, Pelz, Otter, Hermelin, Bärenfell, Schlangenhaut, Edelsteine, ein Gefunkel und Geglitzer. Gold. Silber. Der ganze Zierrat. Schmieden und Kämpfen. Von beidem wenig Ahnung. Man haut auf den Amboß oder den Schädel. Weh dem, der in die Quere kommt. Verständnis für Pferde begrenzt. Wie hoch sitzen die Reiter? Wer am höchsten? Weibliche Logik. Beim Ritterspiel wie beim Fußballspiel heute. Regeln uninteressant. Viel Ahnung vom Lagern und Horten, Truhen auf und zu. Und von den Klamotten. Kleider, Röcke, Mäntel, Hüte, Tücher, Gürtel. Hosen? Kein Kommentar. Kochen? Männersache. Aber feinste Näherei, feinste Stickerei. Die Marke auf dem Hemd, tödlich.

Bis zur Unkenntlichkeit.

Hebbel und Wagner. Das Neue wächst ins Alte ein. Das Alte wächst ins Neue ein. Wagners Ring ist größer. Durchschnittliche Aufführungszeit vierzehn Stunden. Hebbels Nibelungen sind kleiner. Zehn Stunden. Ungekürzt.

Langeweile schmerzt.

Man treibt sich herum, Station um Station, und landet im obersten Stockwerk. Kopfhörer weg. Pause. Der Turm gibt sein Letztes her. Ein Rauschen. Und freie Sicht.

Das Panorama.

Hervorragend wieder der Dom. Von ihm hängt alles ab. Häuser und Straßen und Plätze. Sie verneigen sich. Es muss nicht wirklich so sein, es wirkt so. Als wäre die Stadt in ein Gefälle geraten. Der Rhein fließt vor sich hin, auch ohne sie. Als hätte er nichts mit ihr zu tun. Und als hätte sie ihm den Rücken zugekehrt. Beleidigt.

Hagen ist schuld.

In der Sylvesternacht 406 auf 407 überschreiten die fremden Völker bei Mainz und bei Worms die Grenze. Hieronymus erwähnt sie in seinem Katastrophenbericht. Die Massen. Grauenhaft. Sie legen das Land in Schutt und Asche. Was so nicht stimmen kann. Die Burgunden verzichten auf den Zug nach Westen, lassen sich in Worms nieder, übernehmen die Verwaltung. Die Römer sind geflohen, Recht und Sprache noch vorhanden. Föderatenstatus 413. Taufe 414.

Hagen hat die Goldreserven versenkt.

Aetius, einer der letzten römischen Feldherren, enthebt die Burgunden ihres Amtes. Zeitzeugen behaupten, er habe das Volk vernichtet. Wann? 435 oder 436 oder 437. Wo? In Belgien. Man ist sich nicht einig. Die Gallische Chronik behauptet, Aetius habe sie 443 in die Berge geschickt. Nach Savoyen. An den Genfer See und an den Rhône.

Reines Rotgold? Rotes Rheingold?

Es war einmal, in nebliger Gegend, ein König, der hieß Nibelung. Die Nibelungen stammen aus dem Märchenbuch. Sie haben nie existiert. Und von den Burgunden ist nichts übrig. Oder doch? Abenheim 1984. Gürtelschnalle gefunden, flach, oval, bunt verziert. Lausitzer Kultur.

Nibelungenring. Nibelungenbrücke.

Trompetenartige Konstruktion. Mundstück am anderen Ufer. Romanischer oder spätgotischer Brückenturm, Nibelungenstil, grüßt die Besucher von drüben und die anderen Flüsse, den Main, den Neckar. Das Monument rückt das Nächste in die Ferne. Die Promenade. Die Ausflugslokale. Die Ausflugsschiffe.

Schwenk.

Die Stadt wirft sich auseinander, geht ins Land. Setzt Siedlungen hin. Baut wieder auf. Nach 1945. Die Bomber hatten den Bahnhof gemeint, verfehlten ihn, zerstörten Worms flächendeckend.

Sechzig Prozent der Einwohner obdachlos.

Die Stadt regelt den Verkehr, entwickelt Strukturkonzepte. Setzt neue Fabriken hin. Hightech. Logistik. Nördlich kilometerlang, an den Damm geschoben. Die Pappeln verschwimmen im Mittagslicht.

2100 Betriebe, 26000 Mitarbeiter.

Die Liebfrauenkirche. Steht sie innerhalb oder außerhalb? Auf alten Karten steht sie innerhalb der Mauern. Auf neuen Karten steht sie innerhalb eines Weinbergs. Sie ragt auch hervor wie der Dom, aber leicht, nicht so schwer. Schenkend, empfangend. Und sie zeigt auch ihre Macht. Gewährend, gewähren lassend. Wallfahrtskirche. Günstig am Jakobsweg.

Ungefähr die Hälfte der Beschäftigten pendelt ein.

Worms breitet die Arme aus, zieht das Land an sich. So viel Weinbau. Mitten in der Stadt. Gibt es das?

Ungefähr die Hälfte der Erwerbstätigen pendelt aus.

Fünfzigerjahre, Tanzschule für Anfänger, Abschlussball. Liebfrauenmilch, das erlesene Getränk. Und frische Nahrung, neues Blut.

Wir Säuglinge.

Der Sehturm wird bespielt mit kleinen Monitoren, darin Fritz Lang, Siegfried und Kriemhilds Rache, 1924. Das Werk zerschnippelt. Nur einzelne Szenen.

Stummfilm.

Für die Sprache Untertitel. Diese Schrift, platte Fraktur, zackige Antiqua, irgendwas dazwischen, der Stürmer hat sie verwendet. Konsequent die Mitteilungen. Sie beschränken sich auf das Wesentliche. Nicht viel und schnell vorbei. Mehr bietet die Technik. Sequenzen. Zweimal Blutbad. Siegfried fängt damit an. Körperliche Ertüchtigung, Abhärtung. Kriemhilds Rache hört damit auf. Selbstzerfleischung.

Story.

Römer und Hunnen sind weg. Streit um die Erbschaft, Franken und Alamannen im Krieg. Alamannen sind weg, Franken und Franken im Krieg. König Chilperich heiratet Prinzessin Galswintha. König Sigibert heiratet Prinzessin Brunichildis. Schwestern die beiden, Brüder die beiden. Eine Sippschaft. Alle verschwägert. Chilperich tötet seine Frau. Die Schwester, Königin Brunichildis, sinnt auf Rache. Treibt ihren Mann an, Chilperich ist Gegenkönig, tötet ihn. Der Bruder hat inzwischen wieder geheiratet, Fredegunde. Die treibt ihren Mann an, Sigibert ist Gegenkönig, tötet ihn. Das wird erledigt, hinterrücks, Worms, 575. Brunichildis will Sigibert rächen. Das dauert. Zehn Könige müssen sterben. Großkönig Chlotar, Chilperichs Sohn, besiegt die Rächerin. An den Schwanz eines Pferdes gebunden, wird sie zu Tode geschleift, Renève an der Vingeanne, 613.

Plot.

Das Sichtbare ist die Täuschung. Der Film macht die Täuschung sichtbar. Trompe l'œil. Lug und Trug liefern das Motiv für die gesamte Aktion. Die Akteure wissen es nicht. Oder doch? Die Technik löst das Problem. Zum Beispiel durch Überblendung. Das Publikum kann wissen, Belügen und Betrügen sind die Prinzipien des größten deutschen Epos. Die zeitgeschichtliche Anwendung der Erkenntnis steht ihm frei.

Drachen.

Fritz Lang hat eine Menge Tricks erfunden. Damals sensationell. Heute, nach Steven Spielberg, kurios. Drachen sind zum Lachen.

Unten eine Auswahl an Souvenirs.

Buchhandlung. Der Computer hat auch hier zugeschlagen. Wo fruchtbares Land war. Muss man bestellen. Oder kann man bestellen. Die Buchhandlung ist dafür da.

Evangelische Messe, Erstdruck Worms 1524. Neues Testament, ins Englische übersetzt von William Tyndale, Worms 1526.

Früchte gibt es wohl genug. Wer suchet, der findet. Vielleicht antiquarisch? Das Sortiment ist anderswo.

Naturalienhandlung. Getreide, Körner geschält oder ungeschält. Öle, Salben, Pulver, Milch und Honig. Kräutergarten, Rosengarten, Weingarten. Das Land ist angekommen. Hautnah. Die Stadt duftet.

Welt der Hexen, Gesundheit und Schönheit. Welt der Lebenskünstler, die Winzer, die Trinker, die Flaschen. Gut aufgestellt.

Gemüse kommt hier nicht direkt an, geht erst hinaus, kommt zurück übers Kaufhaus. Die Ketten haben auch hier zugeschlagen. Geruch nach Waschmitteln.

Beim Markt ein Eisbecher. Korbstühle. Überwiegend ältere Gäste. Jüngere nehmen die Ware mit, essen unterwegs. Familien setzen sich eher hin, wegen der Kinder. Und wegen der Kaufhaustüten. Breiten sich aus, machen Ordnung.

Ein Blick ins Prospekt. Erlebnisreisen. Dörfer und Hohlwege. Schlenderweinproben.

Ungefähr die Hälfte der Gäste ist nicht von hier, wohnt aber hier. Hört man und sieht man. Auch an den eingekauften Sachen. Das Nötigste.

Dreifaltigkeitskirche, evangelisch, erbaut 1726, zerstört 1945, wiedererbaut 1959, außen zum Teil alt, innen neu.

Wo Luther einst bekannt sein Wort, sagten die Gläubigen.

An gleicher Stelle vorher die Münze, zerstört 1689. Ludwig XIV., verschwägert mit Charlotte Elisabeth, Tochter des Kurfürsten, beanspruchte das Erbe, überzog die Pfalz mit Krieg, legte etliche Städte in Schutt und Asche.

Schönstes Haus der Welt, sagten die Zeitgenossen.

Sie räumten schon das Feld, aber Befehl ist Befehl, sie sprengten alles, was dem Gemeinwohl zu dienen schien, vorwiegend die repräsentativen Gebäude. Worms sollte unbrauchbar gemacht werden.

Die Sprengung des Doms ging schief, er brannte nur aus. Vielleicht zu viel Arbeit.

Die älteste Handschrift des Nibelungenliedes, gefunden auf Schloss Hohenems, 1755, aufbewahrt in Donaueschingen, gelangte um den Preis von 19 Millionen DM in den Besitz der Baden-Württembergischen Landesregierung, 2001. Das Ausland sollte am Kauf gehindert werden.

Sprengen verlangt letzten Einsatz, ist eine hochqualifizierte Tätigkeit. Sprengmeister zeigen was sie können. Sieht man und hört man.

Warum überlässt man die Handschrift nicht dem Meistbietenden? Der Markt ist doch frei?

Die Auflockerung des Stadtbildes mittels buntverzierter Tiergestalten in seltsamer Verrenkung an sinnlos leerstehenden Plätzen und widerlichen Rampen mag dem unvoreingenommenen Besucher durchaus gelungen erscheinen.

Kunst ist, dass man seine Kunst verbirgt, sagt Aristoteles. Kluge Beamte wissen das längst.

Die Verkehrsberuhigung hat einige zu große Plätze hervorgebracht. Jetzt sind die Häuser zu klein.

Geringfügiger Baumbestand.

Eine Ausnahme der Park neben dem Dom. Darin ein Schlösschen. Die Familie Heyl setzte es auf den Unterbau eines 1945 zerbombten größeren Schlösschens. Das stand auf dem Unterbau eines 1794 niedergebrannten kleineren bischöflichen Palasts. Und der stand wieder auf dem Unterbau des 1689 zerstörten größeren bischöflichen Palasts.

Weitere kleinere oder größere Unterbauten sind zu vermuten.

Zwei Fotografen in der Dämmerung. Machen Bilder von Bäumen. Ein Baum ist ihnen besonders wichtig. Sie wischen Blätter zur Seite, legen eine Höhlung an den Wurzeln frei, greifen hinein, als holten sie etwas heraus, legen aber auch etwas dazu, was haben sie vor? Die Kamera ist echt, große Kamera.

Abendessen. Saumagen. Ein Mythos. Was ist dran?

Füllung aus Schweinehackfleisch, Kartoffeln, gestiftelt, gekocht, Majoran. Verträgt sich mit Wirsing.

Man kann die Delikatesse steigern mit Trüffeln.

Man kann auch ins Bett gehen und lesen. Wie wär's mit Schreiben? Eine Idee. Plädoyer für eine gewisse Normalität.

11

Zwölf Uhr Mittag, der Morgen hat gar nicht abgekühlt. Mittelalterliche Stadtmauer.

Bischof Burchard regelte die Verhältnisse zwischen Stadt und Land durch ein neues Mauerrecht.

Jahrtausendwende, Worms ziemlich unten. Die Stadt gehörte ihm. Ein Geschenk des Königs.

Ein Aufräumer.

Für die Sanierung der Mauern sorgten die Bewohner der umliegenden Dörfer. Bischof Burchard baute neu. Verstreute Kirchen und Klöster. Verdichtete die Stadt.

Ein Baulöwe.

Eigenhändig am Abriss der Salierburg beteiligt. Sagt die Legende. An deren Stelle Sankt Paul.

Um der Freiheit willen.

Bischof Burchard regelte die Verhältnisse zwischen Stadt und Kirche durch ein neues Dienstrecht. Stellte geistliche Herren über weltliche Herren.

Ein Manager.

Von der Sanierung der Mauern ist wenig zu sehen. Die Steine schwarz, verdreckt, dem Erdreich nah.

Die Unterstufe.

Die Stadtbürger gehorchten dem König mehr als die Landesherren. Als Belohnung erhielten sie einen Freibrief für den Handel.

Zollfreiheit 1074.

»Die Abgabe nämlich, Zoll wird sie in der deutschen Sprache genannt, welche die Juden und die anderen Bewohner von Worms ... zu bezahlen verpflichtet sind, haben wir für die Zukunft erlassen.«

Kleine Gemeinde in großer Gemeinde.

Die Juden kannten sich aus, diesseits und jenseits der Grenzen.

Über Land und Wasser vernetzt.

»In Gegenwart unserer Fürsten ... und anderer getreuen Diener in Christo.«

Talmudschule, Jeschiwa. Rabbi Jizchaqi, genannt Raschi, geboren in Troyes, Champagne, 1040.

Sie zahlten dem König, was des Königs ist. Seine Treuesten.

Es ging um das neue Dienstrecht. Der König erklärte den Papst für abgesetzt. Reichstag 1076. Der Papst erklärte den König für abgesetzt, bannte ihn.

Deshalb Canossa, der Kniefall.

Ein Gegenpapst, angeblich schwach, hob den König wieder auf, krönte ihn zum Kaiser, 1084. Fehdeverbot 1085. Hungerjahre.

Päpstlicher Aufruf zur Befreiung des großen Jerusalem 1095.

Kreuzzug 1096. Vorauseilend gehorsame Ritter trafen in Worms ein. Zerstörten die Synagoge. Töteten die sich nicht taufen ließen.

Tod oder Taufe.

In die Tiefe gemauert das Becken. Ganz aus der Welt. Obwohl das Wasser aus den nahen Bergen kommt. Still und klar. Die Juden benützten es zum Reinigen der Seele.

Bei nüchterner Betrachtung eine Frage. Wo haben die Christen das Taufen gelernt?

Eine Masse von armen Bauern, verschuldeten Bürgern, landlosen Adligen überholte das Kreuzritterheer, schlug sich durch bis Kleinasien, löste sich dort auf.

Zwei Rundtürme mit exotischen Helmen. Orientreisende haben sie eingeführt.

Der nächste Kaiser nahm die Belohnung zurück, zog selbst in die Stadt ein. Sie gehörte ihm. Traf sich mit dem Papst. Konkordat 1122.

Wer zahlt, schafft an. Als Belohnung erhielten die Bürger umfassendere Privilegien.

Wechsel der kaiserlichen Hoheit 1125. Die Staufer. Der Kaiser bestätigte den Bürgern ihre Privilegien. Freie Reichsstadt 1184.

Die Unterstufe wurde aufgemauert. Davon ist mehr zu sehen.

Der nächste Kaiser focht das Recht an. Der übernächste Kaiser nahm die Anfechtung zurück.

Die Mittelstufe.

Pestjahre. Bürgerlicher Aufruf zur Vernichtung der Juden 1349. Sie hätten die Brunnen vergiftet. Die Synagoge, die Gassen brannten.

Das Bad ist geblieben.

Die Stadt schaute zu, tat nichts dagegen. Konfiszierte und verkaufte allen jüdischen Besitz außerhalb der Mauern.

Der König schaute gar nicht erst hin. Schutzpflichtbewusst.

Die Mittelstufe wurde dann nochmals aufgemauert. Wehrgänge. Neue Armierung. Bruchstellen und Löcher sind heute viele zu sehen.

Judenordnung 1584. Ausgang verboten an christlichen Feiertagen. Nachts sowieso.

An den Mauern die Häuser. In den Häusern die Mauern. Die Wohnungen übrigens klein. Ein beengtes Leben.

Die Wehrgänge durchquerten die Wohnung.

Man stelle sich vor, das Wachpersonal grüßt die Leute. Leutselig, man kennt sich. Hat man sich mit Namen gegrüßt? Auch mit Vornamen?

Sie kamen ja immer pünktlich.

Worms blieb freie Reichsstadt. Mehr als ein halbes Jahrtausend. Aufstieg oder Abstieg. Die gleiche Route.

Bemerkung angesichts der Fugen.

Unten bemerkt man sie kaum. Die Steine machen das schon. Finden von selbst ihre Ordnung. Oben die Gesetzmäßigkeit.

Immer das neue Dienstrecht.

Reichstag 1495. Steuergesetz. Reichskammergericht. Ewiger Landfriede. Schluss mit den Fehden. Der Kaiser braucht Geld.

Wer anschafft, zahlt. Bürgeraufstand 1512/13. Finanzkrise.

Reichstag und Wormser Edikt 1521. Der Kaiser über Luther. »Der soll mich nie zum Ketzer machen.«

Die Mauer ist unsichtbar geworden.

Martinspforte. Eine Schleuse, sie reguliert die Abflüsse der Stadt. Einer der Abflüsse ist stillgelegt.

Da war doch noch eine Insel. Mit Obelisk. Die Insel zieht sich zusammen. Verwandelt sich in ein Café mit Terrasse. Ohne Obelisk.

Heiliger Sand.

Ältester Judenfriedhof Europas. Beim Eintritt eine sonderbare Erwartung. Hier hast du nichts zu suchen. Eine Informationstafel beruhigt. Komm nur. Und lies. Die Namen. Die Gräber. Geh sie suchen. Du wirst sie finden, nach unserem Plan. Die Scheu bleibt. Es ist heiliges Land. Woher der Sand? Leicht hügelig und grün, Büsche, Bäume, viel Luft. Die Steine stehen scheinbar wahllos verteilt, zwischen Hell und Dunkel. Jeder für sich, jeder für alle. Eine Gemeinschaft. Jeder steht wie er kann. Aufrecht, gerade, schief, krumm. Eine Versammlung. Manche stehen so, als wollten sie sich beim Nachbarn anhalten. Oder sich seitwärts drehen, um heimlich zu lachen. Manche so, als wollten sie im Boden versinken. Oder sie deuten an, sie hätten genug von dem Schlamassel. Schon längst. Das sollte kein Vorwurf sein. Jeder sieht einzeln und unverwechselbar aus. In einer Lichtung, die für alle die gleiche ist. Es gibt keine Gegner mehr. Ein eigener Plan.

Das Café hat noch offen. Angenehm. Der Besucher ist wach. Und wenn es eine schlafende Stadt ist, er will etwas erleben. Einige Gäste haben bezahlt, werden gehen. Der Besucher wartet auf den Zerfall. Er wird der letzte sein. Die Kellnerin erinnert ihn. Es reicht. Für diesen Tag.

III

Lutherring.

Gärtnerisch gepflegte Anlage. Sitzbänke. Denkmäler. Nordöstlich die Soldaten, südwestlich der Lederarbeiter.

Dazwischen der Platz der Partnerschaft, einst Platz der Nation. Faschistische Reliefs. Bürger, Arbeiter, Familie, Burchard,

Luther, Siegfried, Kriemhild, Giselher. Die Inschriften wurden entfernt. Im Fußgängerbegleitbuch die fällige Kritik. Und ein Zitat. »Zwietracht im Volk und Schwäche des Reiches führen zum Untergang.«

Dazwischen das Denkmal für die Opfer des Faschismus. Acht Stützen, oben ein gezähnter Ring. Dornenkrone? Zahnrad? Schwer zu sagen.

Dazwischen Luther.

Größtes Reformationsdenkmal der Welt. Entwurf Rietschel, Ausführung Donndorf, Schilling, Kietz.

Eine Burg.

Auf den Zinnen zwei Fürsten, zwei Humanisten, drei Frauen, sie stellen frühe Partnerstädte dar, Augsburg, Magdeburg und Speyer, oben, überlebensgroß, die Hauptfigur, unten, kleiner, vier Ahnherren, verfolgt wegen Ketzerei.

Ein Unruheherd.

»So befinden wir uns denn diese ganze Zeit über in einem solchen Wirrsal, dass wir in Wahrheit nicht wissen, wo aus noch ein; denn wenn Martin kommt, droht das Schlimmste.«

Aleander, Depesche an Kardinal Medici, 27. Februar 1521

»... und ich kann und will nicht irgend etwas widerrufen, weil es weder gefahrlos noch heilsam ist, gegen das Gewissen zu handeln. Ich kann nicht anders, hier stehe ich, Gott helfe mir, Amen.«

Luthers Werke, Kritische Gesamtausgabe, Weimar 1883

»So ist denn der ehrwürdige Schurke gestern drei Stunden vor Mittag mit zwei Wagen abgereist, nachdem er sich eigenhändig in Gegenwart vieler Personen viele Brotschnitten geröstet und manches Glas Malvasier, den er außerordentlich liebt, getrunken hatte.«

Aleander, Depesche an Kardinal Medici, 26. April 1521

Lutherstadt Lederstadt Reichsstadt Nibelungenstadt. Worms ist eingezwängt in Geschichte. Die gibt es stapelweise. Alles ehemalig.

Worms stapelt um. Rettet sich ins Gedenken. Holt das Vergangene zurück in die Gegenwart. Holt die Gegenwart zurück ins Vergangene.

Die Aktualisierung klappt nicht. Zu viel Verschiedenes liegt nebeneinander, übereinander, muss ineinandergeschoben werden. Enormer Aufwand an Bühne, Kostüm und Maske.

Die Erinnerung spielt ein anderes Stück. Sie trennt Sein und Design von sich aus, zerlegt die Sachen willkürlich.

Unwillkürlich das Vergessen.

Ein Glas Riesling. Am ruhigsten Platz in Worms. Man findet leicht hinein. Findet seine Balance. Und findet schwer heraus.

Sechsunddreißig Grad im Schatten.

Ein Unbekannter, Bekannter von einem Bekannten, kommt vorbei, setzt sich dir gegenüber, ist dir bald vertraut, entführt dich dann ins Rheinhessische.

MANFRED MOSER, geboren 1943 in Wels, lehrte Sprachphilosophie und Rhetorik an der Universität Klagenfurt. Neben seinen wissenschaftlichen Arbeiten schrieb er auch literarische Texte, unter anderem den »Heimatroman« *Second Land* (Salzburg 1992). Seit längerer Zeit interessiert er sich für den Nibelungenstoff in seinen historischen, ästhetischen und philosophischen Dimensionen. Im Zuge dieser Forschungen war er zweimal in Worms. Was ihn dort angesprochen und beschäftigt hat, schildert er in diesem Tagebuch-Essay, der ein Originalbeitrag zu diesem Lesebuch ist.

ZWEITER TEIL

KRIEMHILD, SIEGFRIED, MARTIN LUTHER

DAS NIBELUNGENLIED

1. AVENTIURE

1.

Uns ist in alten mæren   wunders vil geseit
von helden lobebæren,   von grôzer arebeit,
von freuden, hôchgeziten,   von weinen und von klagen,
von küener recken strîten   muget ir nu wunder hœren sagen.

2.

Ez wouhs in Búrgónden   ein vil édel magedîn,
daz in allen landen   niht schœners mohte sîn,
Kríemhílt geheizen: si wart ein schœne wîp.
dar umbe muosen degene   vil verlíesén den lîp.

3.

Der minneclîchen meide   triuten wol gezam.
ir mouten küene recken,   niemen was ir gram.
âne mâzen schœne   sô was ir edel lîp:
der júncfróuwen tugende   zierten ándériu wîp.

4.

Ir pflâgen drî künge   edel unde rich:
Gunther unde Gêrnôt,   die recken lobelîch,
und Gîselher der junge,   ein ûz erwelter degen.
diu frouwe was ir swester.   di fürsten hetens in ir pflegen.

5.

Die herren wâren milte,   von arte hôch erborn,
mit kraft unmâzen küene,   die recken ûz erkorn.
dâ zen Búrgónden   sô was ir lant genant.
si frumten starkiu wunder   sît in Etzélen lant.

6.
Ze Wormez bî dem Rîne   si wonten mit ir kraft
in diente von ir landen   vil stolziu ritterschaft
mit lobelîchen êren   unz an ir endes zît.
si stúrben sît jǽmerlîche   von zweier edelen frouwen nît.

7.
Ein richiu küneginne,   frou Uotẹ ir muoter hiez.
ir vater der hiez Dancrât,   der in diu erbe liez
sît nâch sîme lebene,   ein ellens rîcher man,
der ouch in sîner jugende   grôzer êren vil gewan.

8.
Die drî künege wâren,   als ich gesaget hân,
von vil hôhem ellen.   in wâren undertân
ouch die besten recken,   von den man hât gesaget,
stárc únd vil küene,   in scharpfen strîten unverzaget.

9.
Daz was von Tronege Hagene   und ouch der bruoder sîn,
Dancwart der vil snelle,   von Metzen Ortwîn,
die zwêne marcgrâven   Gêrẹ und Ekkewart,
Volkêr von Alzeye,   mit ganzem ellen wol bewart.

10.
Rûmolt der kúchenmeister,   ein ûz erwelter degen,
Sindolt und Hûnolt,   diese hérren muosen pflegen
des hoves unt der êren,   der drîer künege man.
si heten noch manegen recken,   des ich genennen niene kan.

11.
Dancwart der was marschale;   dô was der neve sîn
trúhsǽze des küneges,   von Metzen Ortwîn.
Sindolt der was schenke,   ein ûz erwelter degen.
Hûnolt was kámerære: si kunden hôher êren pflegen.

12.
Von des hoves krefte   und von ir wîten kraft,
von ir vil hôhen werdekeit   und von ir ritterschaft,
der die herren pflâgen   mit freuden al ir leben,
des enkúnde̜ iu ze wâre   niemen gar ein ende geben.

Übersetzung von Helmut Brackert

1.

In alten Geschichten wird uns vieles Wunderbare berichtet: von ruhmreichen Helden, von hartem Streit, von glücklichen Tagen und Festen, von Schmerz und Klage, vom Kampf tapferer Recken: Davon könnt auch Ihr jetzt Wunderbares berichten hören.

2.

Im Land der Burgunden wuchs ein edles Mädchen heran, das war so schön, dass in keinem Land der Welt ein schöneres hätte sein können. Ihr Name war Kriemhild. Später wurde sie eine schöne Frau. Um ihretwillen mussten viele Helden ihr Leben verlieren.

3.

Das liebliche Mädchen verdiente es, geliebt zu werden. Tapfere Recken bemühten sich um ihre Gunst: Niemand konnte ihr feindlich gesinnt sein; denn die Edle war unbeschreiblich schön. Die Gaben, die ihr Natur und Stand verliehen hatten, wären auch für andere Frauen eine Zierde gewesen.

4.

Für sie sorgten drei edle, mächtige Könige, die beiden ruhmreichen Recken Gunther und Gernot und der junge Giselher, ein hervorragender Held. Das Mädchen war ihre Schwester, und die Fürsten hatten sie in ihrer Obhut.

5.
Die Herren, die auserlesenen Recken, waren freigebig, von hoher Abstammung, sehr kraftvoll und tapfer. Ihr Land hieß Burgund. Im Lande Etzels vollbrachten sie später wunderbare Taten.

6.
In Worms am Rhein hielten sie machtvoll hof. Die herrliche Ritterschaft des Landes diente ihnen bis zu ihrem Tod und erwarb sich und ihnen Ruhm und Ehre. Sie starben später elendiglich, weil zwei edle Frauen einander feind waren.

7.
Ihre Mutter, eine mächtige Königin, hieß Ute; ihr Vater, der ihnen nach seinem Tode die Länder und Schätze als Erbe hinterlassen hatte, war Dankrat, ein kraftvoller Mann; auch er hatte sich in seinen früheren Jahren bedeutendes Ansehen erworben.

8.
Wie ich erzählt habe, waren die drei Könige sehr kraftvoll. Ihnen dienten die hervorragendsten Recken, von denen man berichtet hat, starke und tapfere Kämpfer, die im harten Streit ihren Mann standen.

9.
Da war Hagen von Tronje und auch sein Bruder, der tapfere Dankwart; da waren Ortwin von Metz, die beiden Markgrafen Gere und Eckewart und Volker von Alzey, kraftvoll wie es ein Mann nur sein konnte.

10.
Der Hofkoch Rumold, ein hervorragender Held, und Sindold sowie Hunold, die Dienstleute der drei Könige, hatten für eine angemessene Hofhaltung zu sorgen. Sie besaßen noch viele andere Recken, die ich aber nicht alle mit Namen aufführen kann.

11.

Dankwart war Stallmeister, sein Verwandter Ortwin von Metz Truchsess des Königs. Sindold wiederum, ein hervorragender Held, war Schenke, Hunold schließlich Kämmerer. Sie alle verstanden sich auf angemessene höfische Formen.

12.

Von der Bedeutung ihres Hofes und ihrer weitreichenden Macht, von ihrer Würde und dem herrlichen, ritterlichen Leben, wie es die Fürsten allezeit in ungetrübtem Glück führen, könnte Euch wirklich niemand einen vollständigen Bericht geben.

Das NIBELUNGENLIED wurde ungefähr im Jahr 1200 aufgeschrieben, der Autor, vielleicht auch die Autorengruppe (oder sogar die Autorin, wie Manfred Moser in seinem Beitrag zu diesem Buch mutmaßt) sind namentlich nicht bekannt. Aus vielerlei Gründen verorten die Nibelungenliedforscher die Entstehung des Textes in der Gegend von Passau. Das Epos ist in mehreren Handschriften überliefert, was darauf hindeutet, dass es sich schon im Mittelalter einer gewissen Popularität erfreute.

Es würde hier zu weit führen, die zahllosen philologischen Detailprobleme und Streitfragen zu referieren, die das Nibelungenlied bis heute aufwirft. Wichtig sind nur zwei Aspekte: Zum einen sollte man sich klarmachen, dass dieses Nibelungenlied aus dem 13. Jahrhundert nur *eine* Station auf einem sehr viel längeren Überlieferungsweg ist. Das Epos selbst weist in seiner ersten Strophe darauf hin, dass es keine Neuerfindungen bereithält, sondern »alte maeren«. Und in der Tat kombiniert das Epos Elemente aus mehreren älteren Sagenkreisen, die nicht notwendig verbunden sein müssen. Sie wurden später wieder neu und anders gemischt: Während sich Friedrich Hebbel in seinem *Nibelungen*-Zyklus recht genau an das Epos hielt, bezog sich Richard Wagner in seiner Tetralogie *Der Ring des Nibelungen* kaum auf das Nibelungenlied; er griff auf ältere Fassungen, vor allem aus der Edda, zurück.

Das ist der übliche Weg mythischer Erzählungen: Sie wandern durch die Jahrhunderte und werden immer wieder neu gedichtet und umgedeutet, und eine verbindliche Originalgestalt gibt es nicht. Das ist jedoch kein Mangel, sondern die wichtigste Voraussetzung für das Weiterleben des Mythos: Jede Zeit holt das Ihre aus ihm heraus. Dass man auch in unserer Zeit produktiv mit den alten Geschichten von Siegfried, Kriemhild und Hagen umgehen kann, bewies zum Beispiel Moritz Rinke 2002 in seiner Neufassung des Stoffs für die Wormser Nibelungenfestspiele.

Und noch eine zweite Beobachtung ist in unserem Zusammenhang wichtig: Die Stadt Worms spielt im Nibelungenlied eine wesentlich kleinere Rolle, als man annehmen möchte. Der oben zitierte Anfang des Epos gibt einen Überblick über die Verhältnisse am Wormser Hof der Burgunder, aber danach taucht die Stadt nur noch an wenigen Stellen auf (der Streit der beiden Königinnen auf der Domtreppe ist die markanteste Wormser Szene). Aber wenn auch die Stadt im Epos nicht sehr detailliert beschrieben wird, bestimmt dieses Epos doch weithin das Bild dieser Stadt. Der Name »Nibelungenstadt Worms« steht heute auf den Ortstafeln, und die Zuschreibung, die sich in dieser Bezeichnung ausdrückt, prägt die Worms-Vorstellungen vieler Einheimischer und vieler Fremder. (Das ist freilich erst seit der historistischen Rückbesinnung des 19. Jahrhunderts der Fall. Vorher sahen sich die Wormser nicht als Nachfahren von Gunther, Gernot und Giselher.) Dieses heroisch-epische Erbe der Stadt Worms wird in mehreren Beiträgen dieses Buches bedacht und beschrieben. Deshalb soll der berühmte Anfang des alten Epos hier auch seinen würdigen Platz haben.

| Text aus | Das Nibelungenlied. Mittelhochdeutscher Text und Übertragung. Herausgegeben, übersetzt und mit einem Anhang versehen von Helmut Brackert. Frankfurt 2004 (29. Auflage), Band 1, S. 7–9. © für die Übersetzung: S. Fischer Verlag, Frankfurt.

| Literatur | Otfrid Ehrismann: Das Nibelungenlied, München 2005; Otfrid Ehrismann: Worms und das »Nibelungenlied«. In: Gerold Bönnen (Hrsg.): Geschichte der Stadt Worms. Stuttgart 2005, S. 824–849.

FRIEDRICH LUDWIG WEIDIG

SIEGFRIEDS SCHWERT

NACH DEM NIBELUNGEN-LIED
WORMS 1834

Es war der grimme Hagen,
des meuchlerisch Geschoß
einst Siegfrieds Blut vergoß,
beim freien frohen Jagen,
am kühlen, frischen Born.

Da ward Siegfried erschlagen
von Hagens Frevelmuth.
Es röthet wohl sein Blut
den Born, und Frauen klagen
wohl um des Helden Tod.

Zu Worms den Rosengarten
die edle Frau Chriemhild
mit ihrer Klag erfüllt,
als ihr nach bangem Warten
naht Siegfrieds Todtenbahr.

Nicht rührt den grimmen Hagen,
dass, als mit Frevelmuth
zur Bahr er tritt, das Blut
frisch fließt, nicht rührt das Klagen
der edlen Frau sein Herz.

Es raubt der grimme Hagen
mit Mörders Frevelmuth
des Helden Hort und Gut,
den er voll Neid erschlagen,
er raubt sein edles Schwert.

Wohl fand den grimmen Hagen
gerechte Rache früh:
durch Etzel nahte sie;
den rührt das Weh der Klagen
der edlen Frau Chriemhild.

Als nun der Mordbefleckte
durch König Etzel nah
den Tag der Rache sah,
der Neid ihn da erweckte
zu neuer Frevelthat.

Das Schwert des edlen Helden,
den ganzen Siegfrieds-Hort,
den er gewann durch Mord,
wie alte Lieder melden,
versenkt er in den Rhein.

Da lag der Hort versenket,
und ob manch deutsches Herz
mit Wehmuth und mit Schmerz
des Hortes auch gedenket:
Versenkt blieb Siegfrieds Schwert.

Da taucht voll geistgen Werthes
ein Bürger an den Rhein
tief in die Fluth hinein
und holt den Glanz des Schwertes
der edle Gutenberg.

Neu strahlt in lichter Klarheit
durch seine Kunst das Schwert,
das Fried und Sieg gewährt,
das Sieg gewährt der Wahrheit
und Fried im geistgen Krieg.

Der Bürger an dem Rheine
reicht Luther drauf das Schwert,
der schwingts, das neu bewährt
zu Worms sein Glanz erscheine
vor Kaiser und vor Reich.

FRIEDRICH LUDWIG WEIDIG (1791–1837) ist nicht als Dichter in die deutsche Geschichte eingegangen, sondern als Vorkämpfer der Demokratie. Der Butzbacher Lehrer und evangelische Theologe war der Kopf und das Herz einer konspirativen Gruppe, die 1834 von Gießen und Umgebung aus versuchte, im Großherzogtum Hessen freie und gerechte Verhältnisse zu erkämpfen. Das bedeutendste schriftliche Zeugnis dieser subversiven politischen Tätigkeit ist eine Flugschrift mit dem bewusst unverfänglichen Titel *Der hessische Landbote*, die unter dem viel zitierten Motto stand: »Friede den Hütten! Krieg den Palästen!« Der Verfasser dieser brillanten kämpferischen Polemik war nicht Weidig, sondern der 22 Jahre jüngere Medizinstudent und frühreif geniale Schriftsteller Georg Büchner (1813–1837). Aber Weidig hat die Flugschrift redigiert und umgeschrieben – nicht aus literarischen, sondern aus politischen Gründen. (Die ideologischen Unterschiede zwischen dem – verbal – radikaleren Büchner und dem – realpolitisch effizienteren – Weidig beschäftigen die Literatur- und Sozialhistoriker heute noch.)

Dieser Versuch einer hessischen Revolution nahm kein gutes Ende: Die Aktivitäten der Gießener Studenten wurden verraten, Büchner gehörte zu denen, die ins französische Exil entkommen konnten, Weidig hingegen wurde im Frühjahr 1835 verhaftet und eingekerkert. Die Geschichte seiner Haft gehört zu den wahrhaft schändlichen Ereignissen der hessischen Landesgeschichte: Der Gefangene wurde geschlagen und misshandelt, ihm wurde zuweilen die Nahrung verweigert und er wurde gefoltert. Am Ende seiner Kräfte, nahm er sich am 21. Februar 1837 im Darmstädter Gefängnis das Leben (wobei nicht klar ist, ob seine Wärter ihn nicht absichtlich haben verbluten lassen).

Weidigs Gedicht *Siegfrieds Schwert* entstand im Gefängnis und wurde erst postum veröffentlicht. Es ist gewiss kein poetisches Meisterwerk, verdient aber aus historischen Gründen Beachtung. Volker Gallé hat darauf hingewiesen, dass die Heldengestalt des Siegfried nicht nur eine Identifikationsfigur der chauvinistischen und reaktionären Deutschen gewesen ist, sondern im frühen 19. Jahrhundert auch Republikanern und Revolutionären als Vorbild diente: So wie Siegfried dem grimmen Hagen zum Opfer fiel, so die revolutionären Lichtgestalten der staatlichen Repression. (Es ist, nebenbei bemerkt, ein wichtiger Grund für die Langlebigkeit mythologischer Figuren und Geschichten, dass sie ihre Wirksamkeit in unterschiedlichsten Zusammenhängen entfalten können.)

Weidigs Gefängnisgedicht geht über eine demokratische Ausdeutung der Siegfriedfigur aber noch hinaus. Er vereint den Helden der mittelalterlichen Sage mit zwei historisch verbürgten Gestalten der Neuzeit, die hier das im Geiste fortsetzen, was Siegfried im ritterlichen Kampf versucht hat: Johannes Gutenberg schmiedet mit seiner Erfindung der Buchdruckerkunst ein neues, geistiges Schwert; und Martin Luther ist der Erste, der es auf dem Wormser Reichstag zu führen versteht. Volker Gallé schreibt in seinem Kommentar zu dieser Geschichtsmythologie Weidigs: »Eine durch Gewalt immer wieder unterbrochene deutsche Identitätslinie wird von Siegfried über Gutenberg zu Luther gezogen und in Worms verortet.« Das ist keine poetische Girlande, sondern eine konkrete politische Utopie, die im Namen einer besseren Zukunft die Vergangenheit beschwört. Oder, noch einmal in Volker Gallés Worten: »Siegfried und Luther standen also im Vormärz noch für einen Aufbruch bürgerlicher Freiheiten und nicht für den Marschrhythmus des Obrigkeitsstaats.«

Text aus | Friedrich Ludwig Weidig: Gesammelte Schriften. Hrsg. von Hans-Joachim Müller. Darmstadt 1987, S. 291–293.

Literatur | Franz Josef Görtz: Friedrich Ludwig Weidig. In: Die großen Hessen, herausgegeben von Hans Sarkowicz und Ulrich Sonnenschein. Frankfurt 1996, S. 147–152; Volker Gallé: Siegfrieds Schwert im Vormärz. Die hessische Opposition in Darmstadt und Gießen und ihre Verbindungen zu Worms. In: Heimatjahrbuch für die Stadt Worms. Worms 2014, S. 170–176.

JACOB BURCKHARDT

VOR DEM DOM ZU WORMS

3. APRIL 1843

Fern von der Hardt verglüht der Abendstral;
Dieß ist der Dom, dies ist noch das Portal.
Wo einst Chriemhild gestritten mit Brunhilde;
Von Thürm' und Kuppeln zieht die Nacht den Flor,
Es ragt der Dom gespensterhaft empor
Gleich einer Zaubrinn Nachtgebilde.

Und durch die Seele zieht mir's wie ein Traum:
Es thront ein Weib an zweier Meere Saum
Glanzvoll und mächtig, Frankreich ist sein Name.
Ihr gegenüber steht Germania
In alter Feindschaft erzbewaffnet da,
Und sorgt, daß nie der Groll erlahme.

Und wie einst hier um eines Gürtels Band
Kriemhild und Brunhild von Burgundenland
In weheschwangren Streit geriethen, –
So ziehn zwei Heere einst zum Streit heran
Und fragen wild: Weß ist der Talisman,
Dem großen Westland zu gebieten?

Dann sinken Deutschlands Helden hin im Blut,
Und wie es weinend auf dem Schlachtfeld ruht,
Ringsum nur seiner Söhne Leichen, –

Da tritt der *Slave* her mit listgem Wort
Und ach! es schwankt zur fernen Knechtschaft fort,
Durch ihn die Rache zu erreichen.

Und Rache wird ihm; – Zu des Slaven Fuß
Liegt ausgegossen durch des Schicksals Schluß
Der beiden Völker Blut und Leben ...
O weiche Traum, von meinem Angesicht!
Laß leuchten, Abendstern, dein tröstlich Licht!
Die Sinne fliehn, die Glieder beben.

JACOB BURCKHARDT (1818–1897) stammte aus einer Baseler Pfarrersfamilie, studierte zunächst auch selbst Theologie, gab die Gottesgelehrtheit aber noch in Studentenzeiten auf und wandte sich der Geschichte und vor allem der Kunstgeschichte zu. Er war später als Professor für beide Fächer tätig, zunächst in Zürich, dann in seiner Heimatstadt Basel.

Burckhardt gehörte zu den einflussreichsten deutschsprachigen Denkern und Gelehrten seines Jahrhunderts. Seine Bücher (*Der Cicerone. Eine Anleitung zum Genuss der Kunstwerke Italiens*, *Die Kultur der Renaissance in Italien*, *Weltgeschichtliche Betrachtungen* u. v. a.) haben das Geschichts- und Kunstverständnis der bürgerlichen Welt in ihrer Mischung aus ästhetischer Genussfähigkeit und Geschichtspessimismus entscheidend beeinflusst. Auch heute gilt Burckhardt noch »als einer der großen Zeitdiagnostiker der nachrevolutionären Epoche« (Henning Ritter) – und das paradoxerweise genau deshalb, weil er den allzu offensichtlichen Tendenzen seiner Zeit meist aus dem Weg ging.

Allerdings werden Burckhardts Abhandlungen auch noch gelesen, weil dieser Baseler Professor eine bewundernswert klare, anschauliche und schöne Gelehrtenprosa schrieb. Diese Sprachkunst bleibt auch dort erhalten, wo Burckhardts wissenschaftliche Erkenntnisse überholt sind.

Das Gedicht, das der fünfundzwanzigjährige Jacob Burckhardt aus Anlass eines Worms-Besuchs am 3. April 1843 verfasste, gehört sicher nicht zu seinen großen schriftstellerischen Leistungen. Burckhardt, der später die genaue Betrachtung der Einzelheiten zum Programm seiner Kunstgeschichte machen sollte, hält sich hier mit genauer Anschauung nicht auf. Stattdessen nimmt er den Anblick des Wormser Domes zum Anlass, einen politischen Angsttraum zu formulieren: Die Slawen werden den Sieg davontragen, weil Frankreich und Deutschland so zerstritten sind wie einstmals Brunhild und Kriemhild.

Dieses politische Gelegenheitsgedicht des jungen Burckhardt braucht in seinem Wert also nicht überschätzt zu werden. Es soll aber doch einen Platz im Wormser Lesebuch haben, weil es ein interessanter Beleg dafür ist, dass die Stadt Worms und besonders der Dom auch bedeutendsten Geistern Anlass zu mythologisch-historischen Gedankenspielen gegeben haben.

> Text aus   Jacob Burckhardt: Kleine Schriften, Band III. Literarische und publizistische Schriften, Kritische Gesamtausgabe Band 9. Hrsg. von Elisabeth Oeggerli und Marc Sieber unter Mitarbeit von Katia von Ax. München / Basel 2008, S. 136f.

> Literatur   Jacob Burckhardt: Die Kunst der Betrachtung. Aufsätze und Vorträge, herausgegeben von Henning Ritter. Köln 2006.

CHRISTIAN FRANZ GOTTL. STANG

LUTHER BETET

WORMS, 16. APRIL 1521

Morgens um 10 Uhr fuhr er in einem offenen Wagen, umgeben von einer großen Menge Volks, zum Thor hinein; voraus ritt der kaiserliche Herold in seiner Amtstracht und mit dem Wappen des Adlers und sein Knecht. Dem Wagen folgte Justus Jonas mit seinem Famulus und mehr als 2000 Menschen begleiteten ihn bis zum deutschen Ordenshaus, nicht weit vom Wirthshause zum Schwan, wo der Kurfürst Ludwig von der Pfalz sein Quartier hatte. In derselben Wohnung mit ihm befanden sich der Reichsmarschall Ulrich von Pappenheim, so wie die beiden sächsischen Ritter und Räthe, Friederich von Thunau und Philipp von Feilitsch. Am folgenden Morgen wurde er vom Reichsmarschall von Pappenheim in Kenntniß gesetzt, daß er um 4 Uhr Nachmittags in der Reichsversammlung zu erscheinen habe. Um die bestimmte Zeit wurde er nun von demselben abgeholt, während der Herold vor ihm herging. Das Gedränge auf den Straßen war so groß, daß Viele, um ihn zu sehen, auf die Dächer stiegen und man, um durchzukommen, einen Umweg durch einige Häuser und Gärten machen mußte. Diese Theilnahme hatte er auch schon in seiner Wohnung erfahren und er fand sich durch sie, noch mehr aber durch sein Gottvertrauen so sehr gestärkt, daß er einen Theil der Nacht, welche diesem entscheidenden Tage voranging, mit Betrachtung des gestirnten Himmels und mit Lautenspiel zubrachte. Doch seine ganze Seele schließt sich vor uns auf, wenn wir das herrliche Gebet lesen, das er in jenen wichtigen Augenblicken zu Gott richtete. »Allmächtiger, ewiger Gott!

sprach er, wie ist es nur ein Ding um die Welt, wie sperren sie den
Leuten die Mäuler auf, wie klein und gering ist das Vertrauen der
Menschen auf Gott! Wie ist das Fleisch so zart und schwach und der
Teufel so gewaltig und geschäftig durch seine Apostel und Weltwei-
sen. Wie ziehet sie so bald die Hand ab und schnurret dahin, läuft
die gemeine Bahn und den weiten Weg zur Höllen zu, da die Gott-
losen hingehören! Und siehet man allein nur bloß an, was präch-
tig und gewaltig, groß und mächtig ist und ein Ansehen hat. Wenn
ich auch meine Augen dahin wenden soll, so ist's mit mir aus, die
Glocke ist schon gegossen und das Urtheil gefället. Ach Gott! Ach
Gott! O du mein Gott, du mein Gott! stehe mir bei wider aller Welt
Vernunft und Weisheit, thue du es; du mußt es thun, du allein; ist
es doch nicht meine, sondern deine Sache, hab' ich doch für meine
Person allhier nichts zu schaffen und mit diesen großen Herren der
Welt zu thun, wollt' ich doch auch wohl gute, geruhige Tage haben
und unverworren seyn. Aber dein ist die Sache, Herr! die gerecht
und ewig ist; stehe mir bei, du treuer, ewiger Gott! Ich verlasse
mich auf keinen Menschen. Es ist umsonst und vergebens, es hinket
Alles, was Fleisch ist und Fleisch schmeckt. O Gott, o Gott! hörest
du nicht? Bist du todt? Nein, du kannst nicht sterben, du verbirgest
dich allein; hast du mich dazu erwählet, ich frage dich, wie ich es
denn gewiss weiß: ei so wollt es Gott, denn ich mein Lebenlang nie
wider solche große Herren gedachte zu seyn, habe es auch mir nicht
vorgenommen, ei Gott! so stehe mir bei in dem Namen deines lieben
Sohnes Jesu Christi, der mein Schutz und Schirm sein soll, ja meine
feste Burg, durch Kraft und Stärkung deines heil. Geistes. Herr, wo
bleibest du? Du mein Gott! wo bist du? Komm, komm, ich bin bereit,
auch mein Leben darum zu lassen, geduldig wie ein Lämmlein.
Denn gerecht ist die Sache und dein, so will ich denn von dir nicht
absondern ewiglich, Das sey beschlossen in deinem Namen! Die
Welt muß sich über mein Gewissen wohl ungezwungen lassen. Und
wenn sie noch voller Teufel wäre und sollte mein Leib, der doch
zuvor deiner Hände Werk und Geschöpf ist, zu Grund und Boden, ja
zu Trümmern gehen, dafür aber dein Wort mir gut ist und ist auch
nur um den Leib zu thun; die Seele ist dein und gehöret dir zu und
bleibt bei dir ewig. Amen. Gott helfe mir! Amen.«

MARTIN LUTHER (1483–1546) wurde 1521 aufgefordert, in Worms auf dem Reichstag zu erscheinen. Er hoffte, er könne seine reformatorischen Schriften dort vor Kaiser und Reich verteidigen, doch wurde er aufgefordert, sie zu widerrufen. Luther erbat sich einen Tag Bedenkzeit, dann widerrief er nicht. Die Worte »hier stehe ich und kann nicht anders« wurden ihm zwar erst später in den Mund gelegt, aber sein Mut und seine Standhaftigkeit ebneten der Reformation den Weg.

Die historische und religionsgeschichtliche Bedeutung des Reichstags von Worms steht außer Frage. Doch ist ebenso klar, dass diese Episode alle Qualitäten eines Mythos hat: Ein machtloser, unbekannter Mönch, der dem Kaiser, den Fürsten und dem päpstlichen Abgesandten widerspricht und sich zur Rechtfertigung einzig und allein auf sein individuelles Gewissen beruft, lässt sich mühelos zum Helden hochstilisieren. In der Tat wurde Martin Luther in der evangelischen Tradition gern heroisiert, oft auch in deutschnationaler Absicht. Man sah in ihm nicht nur den gläubigen Christen und den wortmächtigen Bibelübersetzer, sondern auch, wie Gérald Chaix schreibt, den »deutschen Herkules«, der den römischen Katholizismus zu überwinden weiß. Luther wurde also zum Helden der Selbstbehauptung – »und wenn die Welt voll Teufel wär«, wie es in seinem Reformationslied *Ein feste Burg ist unser Gott* heißt. Auch der Luther, der auf dem Wormser Denkmal die Faust auf der Bibel ballt, entspricht diesem übermenschlichen Heldenbild.

Die oben zitierte Szene zeigt den spirituellen, gläubigen Luther, der am Abend vor seinem großen Auftritt in Worms zu seinem Gott betet und dabei auch Angst und Kleinmut eingesteht. Doch widerspricht diese Nachdenklichkeit der Heldenpose nicht. Es gehört zu den Standardsituationen heroischer Erzählungen, dass der Held am Abend vor der Entscheidung zagt und zweifelt, sich aber dann zu seiner Haltung durchringt. (Auch Jesus Christus selbst muss auf dem Ölberg diese kritische Phase durchleben.)

Entnommen ist diese Passage einer über 1000 Seiten starken Biografie des Reformators. Sie erschien 1839 und wurde verfasst von Pfarrer DR. CHRISTIAN FRANZ GOTTL. STANG (ob Gottlob oder Gottlieb, verschweigt die Abkürzung). In liebevoller Weitschweifigkeit wird da Luthers Leben für den protestantischen Hausgebrauch geschildert, und es ist offensichtlich, dass Pfarrer Stang die Biografie des Reformators wie eine Heiligenvita erzählt. Dabei zitiert er sehr viel aus den Quellen, so auch das lange, ausdrucksstarke Gebet Luthers. Ob der Reformator es wirklich genau so gesprochen hat, wie es da steht, sei dahingestellt.

Text aus   Christian Franz Gottl. Stang: Martin Luther. Sein Leben und Wirken. Stuttgart 1839, Zitat S. 119f.

Literatur   Gérald Chaix: Die Reformation. In: Etienne François / Hagen Schulze (Hrsg.): Deutsche Erinnerungsorte. München 2009, Band II, S. 9–27.

HEINRICH HEINE

EIN BIER FÜR MARTIN LUTHER

Die erlauchten Leute, die Anno 1521 im Reichssaale zu Worms versammelt waren, mochten wohl allerlei Gedanken im Herzen tragen, die im Widerspruch standen mit den Worten ihres Mundes. Da saß ein junger Kaiser, der sich, mit jugendlicher Herrscherwonne, in seinen neuen Purpurmantel wickelte, und sich heimlich freute, daß der stolze Römer, der die Vorgänge im Reiche so oft mißhandelt und noch immer seine Anmaßungen nicht aufgegeben, jetzt die wirksamste Zurechtweisung gefunden. Der Repräsentant jenes Römers hatte seinerseits wieder die geheime Freude, daß ein Zwiespalt unter jenen Deutschen entstand, die, wie betrunkene Barbaren, so oft das schöne Italien überfallen und ausgeplündert, und es noch immer mit neuen Überfällen und Plünderungen bedrohten. Die weltlichen Fürsten freuten sich, daß sie, mit der neuen Lehre, sich auch zu gleicher Zeit die alten Kirchengüter zu Gemüte führen konnten. Die hohen Prälaten überlegten schon, ob sie nicht ihre Köchinnen heuraten und ihre Kurstaaten, Bistümer und Abteien auf ihre männlichen Sprößlinge vererben konnten. Die Abgeordneten der Städte freuten sich einer neuen Erweiterung ihrer Unabhängigkeit. Jeder hatte hier was zu gewinnen und dachte heimlich an irdische Vorteile.

Doch ein Mann war dort, von dem ich überzeugt bin, daß er nicht an sich dachte, sondern nur an die göttlichen Interessen, die er vertreten sollte. Dieser Mann war Martin Luther, der arme Mönch, den die Vorsehung auserwählt, jene römische Weltmacht zu brechen, wogegen schon die stärksten Kaiser und kühnsten Weisen vergeblich angekämpft. Aber die Vorsehung weiß sehr gut, auf welche Schultern sie ihre Lasten legt; hier war nicht bloß eine geistige, sondern auch eine physische Kraft nötig. Eines durch klösterliche Strenge und Keuschheit von Jugend auf gestählten Leibes bedurfte es, um die Mühseligkeiten eines solchen Amtes zu ertragen. Unser teurer Meister war damals noch mager und sah sehr blaß aus, so daß die roten wohlgefütterten Herren des Reichstags fast mit Mitleid auf den armseligen Mann in der schwarzen Kutte herabsahen. Aber er war doch ganz gesund, und seine Nerven waren so fest, daß ihn der glänzende Tumult nicht im mindesten einschüchterte, und gar seine Lunge muß stark gewesen sein. Denn, nachdem er seine lange Verteidigung gesprochen, mußte er, weil der Kaiser kein Hochdeutsch verstand, sie in lateinischer Sprache wiederholen. Ich ärgere mich jedesmal, wenn ich daran denke; denn unser teurer Meister stand neben einem offenen Fenster, der Zugluft ausgesetzt, während ihm der Schweiß von der Stirne troff. Durch das lange Reden mochte er wohl sehr ermüdet und sein Gaumen mochte wohl etwas trocken geworden sein. Der muß jetzt großen Durst haben, dachte gewiß der Herzog von Braunschweig; wenigstens lesen wir, daß er dem Martin Luther drei Kannen des besten Eimbecker Biers in die Herberge zuschickte. Ich werde diese edle Tat dem Hause Braunschweig nie vergessen.

| HEINRICH HEINE | (1797–1858) hat für sich in Anspruch genommen, er sei »des freien Rheines noch weit freierer Sohn«; doch lagen die Rheinufer, die er im Sinn hatte, weiter nördlich als die Wormser Gestade. Heine ist in Düsseldorf geboren, wo er bis zu seinem achtzehnten Lebensjahr wohnte. Und wenn in seinen Texten rheinische Gegenden und Orte auftauchen, dann sind es in der Regel mittel- und niederrheinische. Wie allseits bekannt, schrieb er *Ich weiß nicht, was soll es bedeuten*, das berühmteste aller Loreley-Lieder, aber auch die Stadt Köln taucht mehrmals in seinen Gedichten auf. Seine wehmütige Ballade *Die Wallfahrt nach Kevlaar* (sic) berichtet, wie die Mutter Gottes, die im niederrheinischen Wallfahrtsort Kevelaer verehrt wird, einen liebeskranken Jüngling durch Tod von seinem Leiden erlöst. Das Erzählungsfragment *Der Rabbi von Bacherach* (sic) hingegen schildert eine mysteriöse Episode, die in

der Zeit der mittelalterlichen Judenpogrome in Bacharach am Rhein stattgefunden haben soll.

Eine katholische Ballade, eine jüdische Erzählung – Heinrich Heines komplexe Einstellung zur Religion und zu den einzelnen Kirchen beschäftigt die Germanisten bis heute. Sicher ist, dass er ein Gegner jeglicher Orthodoxie gewesen ist, und dass er Bigotterie und Sinnenfeindlichkeit in jeder Religion schriftstellerisch bekämpfte. Dennoch wird man nicht behaupten können, dass er der Religion ganz und gar ablehnend gegenüber stand. Theologische und kirchengeschichtliche Fragen haben ihn zeitlebens beschäftigt, und das durchaus in eigener Sache. Heine entstammte einer assimilierten jüdischen Familie, und nicht nur die Geschichte vom *Rabbi von Bacherach* beweist, dass ihn sein jüdisches Erbteil intensiv beschäftigt hat. Zur Physiognomie dieses interessanten, weil widerspruchsvoll schillernden Autors, den man als ersten deutschen Schriftsteller der Moderne bezeichnet hat, gehört aber auch, dass er 1825 zum Protestantismus übertrat – was er freilich später wieder bereute und als opportunistischen Fehltritt verurteilte. Doch wenn er sich auch von der evangelischen Kirche distanziert hat, bekundete er doch mehrmals seine Hochachtung vor Martin Luther, dem Ahnherrn des Protestantismus. Diese Haltung prägt auch Heines ironische Schilderung des Wormser Reichstages, die seiner großen Abhandlung *Zur Geschichte der Religion und Philosophie in Deutschland* aus dem Jahr 1833 entnommen ist. Während alle anderen Akteure auf diesem Reichstag in Heines Sicht mehr oder weniger unanständige Nebenabsichten verfolgen, erscheint Luther hier als der einzige redliche und aufrechte Charakter, dem man die Sonderration Bier am Ende von Herzen gönnt.

Text aus | Heinrich Heine: Zur Geschichte der Religion und Philosophie in Deutschland. In: Sämtliche Schriften in zwölf Bänden, herausgegeben von Klaus Briegleb. München 1975, Band 5, S. 536–538.

Literatur | Bernd Witte: Jüdische Tradition und literarische Moderne. Heine, Buber, Kafka, Benjamin. München 2007.

EMANUEL GEIBEL

VOLKERS NACHTLIED

Die lichten Sterne funkeln
Hernieder kalt und stumm.
Von Waffen klirrt's im Dunkeln,
Der Tod schleicht draußen um.
Schweb' hoch hinauf, mein Geigenklang,
Durchbrich die Nacht mit klarem Sang,
Du weißt den Spuk von dannen
Zu bannen!

Wohl finster ist die Stunde,
Doch hell sind Mut und Schwert.
In meines Herzens Grunde
Steht aller Freuden Herd.
O Lebenslust, wie reich du glühst,
O Heldenblut, wie kühn du fließt,
Wie gleicht der Sonn' im Scheiden
Ihr Beiden!

Ich denke hoher Ehren
Sturmlustiger Jugendzeit,
Da wir mit scharfen Speeren,
Hinjauchzten in den Streit.
Hei, Schildgekrach im Sachsenkrieg!
Auf unsern Bannern saß der Sieg,
Als wir die ersten Narben
Erwarben.

Mein grünes Heimatleben
Wie tauchst du mir empor,
Des Schwarzwalds Wipfel weben
Herüber an mein Ohr:
So säuselt's in der Rebenflur,
So braust der Rhein darauf ich fuhr
Mit meinem Lieb zu zweien
Im Maien.

O Minne, wundersüße,
Du Rosenhag in Blust!
Ich grüße dich, ich grüße
Dich heut aus tiefster Brust.
Du roter Mund, gedenk ich dein,
So macht's mich stark wie firner Wein,
Das sollen Heunenwunden
Bekunden.

Ihr Könige, sonder Zagen,
Schlaft sanft, ich halte Wacht.
Ein Glanz aus alten Tagen
Erleuchtet mir die Nacht. —
Und kommt die Früh im blutigen Kleid,
Gott grüß dich, grimmer Schwerterstreit!
Dann magst du, Tod, zum Reigen
Uns geigen.

EMANUEL (VON) GEIBEL (1815–1884), Lyriker und Professor für Ästhetik, war zu Lebzeiten äußerst populär und anerkannt, was in seinen reifen Jahren eine Erhebung in den Adelsstadt mit sich brachte. Er stammte aus Lübeck und wurde später von einem anderen berühmten Autor dieser Stadt, nämlich Thomas Mann, ironisch als Symbol jener altbackenen Honoratiorenkultur bezeichnet, deren Zeit unwiderruflich abgelaufen zu sein schien. In seiner Rede *Lübeck als geistige Lebensform* berichtete Mann 1926: »Ich habe Emanuel von Geibel als Kind noch gesehen, in Travemünde, mit seinem weißen Knebelbart und

seinem Plaid über der Schulter, und bin von ihm um meiner Eltern willen sogar freundlich angeredet worden. Als er gestorben war, erzählte man sich, eine alte Frau auf der Straße habe gefragt: ›Wer kriegt nu de Stell? Wer ward nu Dichter?‹ – Nun, meine geehrten Zuhörer, niemand hat ›de Stell‹ bekommen, ›de Stell‹ war mit ihrem Inhaber und seiner alabasternen Form dahingegangen...«
Dennoch hatten Geibels Gedichte ein längeres Nachleben, als Thomas Mann glauben machen wollte. Sie waren in Schullesebüchern zu finden, vor allem aber wurden und werden viele seiner Verse in volkstümlichen Vertonungen gesungen – *Der Mai ist gekommen*, *Wer recht in Freuden wandern will* und vieles mehr. Auch *Volkers Nachtlied*, das seiner Nibelungenthematik wegen hier aufgenommen wurde, ist vertont worden, wie es seiner Anlage als »Nachtlied« entspricht. Die Szene, die hier aufgegriffen wird, entstammt der 30. Aventiure des Nibelungenliedes: Hagen von Tronje und der Spielmann Volker von Alzey bewachen die Burgunderfürsten, die sich in der großen Halle an Etzels Hof zur Ruhe begeben haben. Die beiden Wächter begreifen in dieser Nacht als erste, dass man ihnen allen nach dem Leben trachtet. Aber bevor es zur endgültigen Katastrophe kommt, singt Volker die müden Könige in den Schlaf. Emanuel Geibel hat dieses »Nachtlied« als düsteres Bekenntnis zur berühmt-berüchtigten *Nibelungentreue* gestaltet. Herfried Münkler, der »die Deutschen und ihre Mythen« kritisch aufgearbeitet hat, merkt zu diesem Gedicht mit Recht an, dass Volkers lyrischer Rückblick auf bessere Zeiten etwas Wesentliches verschweigt: Die Burgunder haben eine große Schuld auf sich geladen, nämlich die Ermordung Siegfrieds. Eben dieses Verbrechen ist der Grund für Kriemhilds grausame Rache. In Geibels Lied aber trifft die vom Tod bedrohten deutschen Helden keine Schuld an ihrem dennoch unausweichlichen Schicksal. Und in diesem Geist haben in der romantisch-deutschtümlichen Jugendbewegung, aber auch später in der Hitler-Jugend viele Jünglinge in verblendeter Ergriffenheit gesungen: »Ihr Könige sonder Zagen, / Schlaft sanft, ich halte Wacht...«

| Text aus | http://gutenberg.spiegel.de/buch/3396/151 |

| Literatur | Thomas Mann: Lübeck als geistige Lebensform. In: Thomas Mann: Altes und Neues. Kleine Prosa aus fünf Jahrzehnten. Frankfurt 1961, S. 273–295; Herfried Münkler: Die Deutschen und ihre Mythen. Berlin 2009, hier besonders S. 78f.

MONIKA BÖSS

❃

ICH, KRIEMHILD

Weich über Dächer sich breitend steigt feuchter Nebel vom Rhein her auf. Ich rieche den Winter – und spucke ihn aus. Schwer wälzt sich der Fluss vorüber. Keine lieblichen Wellen umspielen diese Stadt. All überall der Geruch nach Tang und Teer. Möwengeschrei im fahlen Licht. Platanen halten letzte Blätter fest. Steil fällt die Uferböschung ab. Drüben am »Schwarzen Ort« warf Hagen von Tronje den Schatz in den Strom. Rheingold in Wellen tanzend. Rheintöchter sich wiegend. Sommerliches Gaukelspiel.

Verwunschene Stadt in der Ferne.

Frierend verlasse ich die Promenade. Die öde Gasse erwartet mich. Verwaschene Backsteinfassaden wachen stramm. Zimmer mit Aussicht auf Bahngleise hin. In den Sand gerammt, die Raffinerie. Nicht weit.

Ich darf den Mut nicht verlieren.

Backfischfest. Vor dem Riesenrad, ein blonder Kerl. Frech lächelte sein hübscher Mund. Ich schaute ihn an. Sein Blick liebkoste eine andere. Frigga. Er kaufte ihr ein Herz aus Lebkuchen, nannte sie einen »steilen Zahn«. Sie lachte ihn aus. Seine blauen Augen, sagte sie, erinnerten sie an ein grasendes Rind. »Schön, aber dumm!« Frigga ging weiter. Vor der Losbude warteten die Jungs aus der Tanzstunde.

Im springenden Licht der Geisterbahn legte er den Arm um mich. Ich schnupperte Leben. Aufregend. Vergessen waren die züchtigen Rendezvous im Café am Dom. Nie wieder wollte ich ein

Mauerblümchen sein. Er schoss mir eine Rose aus lila Glanzpapier. Glücklich hielt ich sie in Händen. Auf der Wiese am Rheinufer tanzten wir in eine milde Herbstnacht hinein.

Er war mein Siegfried, er war mein Held. Die *Xanten* lag vor Anker hier. Eine ganze Woche lang.

Im Haus in der Färbergasse schrillten die Alarmglocken. »En Hergelaafener. Bisch de vun alle gute Geister verlosse?«, schrie meine Mutter. »Ich liebe ihn!« Stolz perlten mir die Worte von den Lippen. Mama sah ihre Behaglichkeit schwinden. Abstieg. Abgrund. »En Schiffer, wie de Unkel Käth sei Mann!« Die Käth putzte bei uns. Ein geducktes Weib mit verlebten Zügen. Prügel erhielt sie von ihrem Klabautermann.

Töne flohen zum offenen Fenster in die Stadt hinaus. Mama kratzte die Geige. Es ging ihr nicht gut. Sie entstammte den besseren Kreisen der Stadt. Apotheker war ihr Vater, wohlhabende Wirtstochter die Mutter gewesen. Als die Bomben die Stadt in Schutt und Asche legten, stürzte das Gewölbe vom Haus in der Färbergasse ein. Wohlleben sank in lehmigen Mauern nieder.

Mama heiratete den Architekten, der das Haus wieder aufbaute. Strenge Fassadengliederung. Betonbalkone. Glänzendes Marmorspiel zwischen Flur und Treppe. Kunststoffledersofa zum Nierentisch gesellt, Musiktruhe und Schleiflack überall. Er verließ uns im Wirtschaftswundergetriebe. Mama war ihm zu kleinlich und die rundliche Parfumverkäuferin trug Petticoat und Hochfrisur. Ein richtiges Luder. Die Stadt hatte ihr Gespräch.

Mama scharrte ihre Freundschaft um sich. Die Schwester vom Gymnasialdirektor, die Pfarrhaushälterin, die Witwe des Notars, die Damen Lembach aus der Lederfabrikantendynastie. Man kannte sich vom Lyzeum her. Sie, die höheren Töchter der Stadt. Nach Pompeji reisten sie, obwohl, alte Sachen finden sich auch hier. Sankt Peter, der Dom. Düsterer Geselle. Ornamentaler Schmuck im romanischen Schick. Gotik und Barock wirkten mit. Am Hochaltar schaffte Balthasar Neumann gar. Der Judenfriedhof auf dem »Heiligen Sand«. Seltsamer Ort. Verwitterte Steine unter alten Bäumen. Ein Hauch von Ewigkeit.

Die Stadt ist uralt. Kelten, Römer, Burgunder, Franken. Alles hatten wir gehabt. Die Fremdenführerei stellte ich ein. Zu oft wurde gelacht, wenn ich sagte, dass ich Kriemhild sei.

Mama tauchte ein in die Kultur. Geigenspiel, fleißig absolviert. Seidenmalerei, ordentlich ausgeführt. Haikus erfand sie leidenschaftlich viel. Es fehlte der Mann im Haus. Manchmal hörten wir von ihm. Dann, wenn er Preise erhielt für seine baumeisterlichen Schöpfungen. Er drückte der Stadt seinen Stempel auf. Nüchterne Sachlichkeit, keinerlei Schnörkel. Nur in der Liebe wagte er das Experiment. Probierte alles aus. Die Parfumverkäuferin musste der Markthändlerin weichen. Zu Fastnacht war sie seine Prinzessin gewesen. Er warf die Kamellen aus. Mama versuchte ihn in Würde zu vergessen.

»Ich hätt mir das nit gefalle losse!«, sagte ich einmal zu ihr.
»Ich konnt ihn doch nit anbinde!«
»Häsch em de Krotze rumdrehe solle, dem Luftikus!«
Sie lachte mich aus.

Sich ducken, niemals mucken. So vergeht das Leben auch.

Drei Brüder hatte ich. Mama ließ Kochlöffel auf deren Rücken tanzen. Prügelte ihnen ihren Ehrgeiz ein. Gunter brachte es zum höheren Beamten. Gernot und Giselher wanderten aus.

Erschöpft willigte Mama in meine Heirat ein. Sie fürchtete nämlich meinen Willen. In der Liebfrauenkirche wurden wir getraut. Regenschauer gingen über Rebenzeilen nieder. Dann wieder spielte das Sonnenlicht. Motorradrecken bildeten Spalier. Es roch nach Leder und Motorenöl. Mamas Blicke trauerten. Kein Abitur. Dafür den Blumenladen am Obermarkt. Wie konnte man sich so bescheiden?

Er schien keine Wurzeln zu haben. Nirgendwo. Flaches Land unter weitem Himmel, träger Strom, dem Meere zu treibend. Talwärts zog sein Schiff an manchem Nebeltag. Ich legte Moosflechten um den Draht, band Kränze für das Grab. Meine Einsamkeit webte mich ein.

Ich hatte den schönsten Mann gefunden – und war allein.

Sommertag auf der Au. Lachendes Leben. Freude und Glück. Gunters Frau Kudrun stammte aus dem Zellertal her. Eine scharfe

Nummer. Nicht ganz geschaffen für träges Beamtenblut. Zu rot die Lippen, zu lüstern der Blick. Breithüftig wiegend schritt sie über den Asphalt der Stadt wie über die heimatlichen Rübenäcker.

Blind hatte mich die Liebe gemacht. Die Zeichen erkannte ich nicht. Zur Kiesbank im Fluss waren sie geschwommen. Kudrun und er. Ich hörte ihr lockendes Lachen. Ahnte nicht, dass sie ihn längst verzehrte. Heimlich und mit Genuss.

Schiffe zogen vorüber. Wellen klatschten über den weißen Strand. Ich träumte im Sand der Au. Sonne wärmte. Schnaken tanzten. Vögel kreischten aus dem wilden Wald.

Allein stand mein Bruder Gunter am Grill.

Dumpf erklang der Ton einer fernen Uhr. Wohl von Sankt Peter her. Ich erhob mich. Taumelte in der heißen Luft. Der Auwald öffnete sich. Weiden ließen Zweige treiben. Auf der Lichtung, wo die Pappeln rauschten, hielt der Teufel Hochzeit im Sommerwind.

Ich stürzte in den Fluss. Spürte die Strömung mich fassen. Drüben auf der Au, da liebten sie sich.

Er lachte mich aus. Was ich erwartet hätte? Kudrun sei das Salz in der Suppe und ich die ranzige Butter.

Ja, ich wusste um seine Verwundbarkeit, wenn er auf dem Motorrad die engen Serpentinen nahm hinter Gütersbach im Odenwald. In Westhofen kannte ich einen. Hagen nannte er sich. Ein grober Geselle. Seine Vorfahren waren ins »Leder« gegangen. Hatten im Dreck gewühlt und das Leben verlacht. Er pfiff durch die Zähne. »Aber bar uff die Kralle, gell!« An der Bremse sollte er schrauben. Mit Kriemhild treibt man keinen Scherz.

Hagen verlor die Nerven. Einfach zugestochen. Mitten ins Herz.

Er hatte plötzlich vor ihm gestanden.

Heimtücke hieß es für mich. Arg- und wehrlos sei er gewesen. Ich schwieg. In Handschellen stand ich am Grab meiner Mutter. Die Verwandten blickten weg. Kudrun trug eine dunkle Brille und ich die Eheringe doppelt. Frigga trat zu mir hin. Wie hübsch sie war! Einer der Buben aus der Tanzstunde war ihr Mann. »Hot sich das gelohnt, Kriemhild?«

Ich schwieg.

»Der war es doch gar nit wert!«

Mauern lagen zwischen mir und ihrer Welt.

Ich bereute nichts.

Er gehörte mir. Niemand würde ihn mir mehr nehmen können.

Kudrun lebt ihr schmales Glück. In den Mulden der Hügel versteckt sich ihr Haus. Dick ist sie geworden. Watschelnd der Gang, mit den Füßen nach außen tretend. Die Kittelschürze ist ihr das liebste Kleid. Ein alterndes Weib. Mit fahrigen Bewegungen deckt sie den Tisch. Der Kaffee duftet herrlich.

»Im Knast hab ich nur Spülwasser gekriegt!«, sage ich.

Sie lächelt es weg. Ich blicke zum Fenster hin. Schlanke Pinien wachsen davor. Wir trinken schweigend Kaffee. Nichts haben wir uns zu sagen. Ich hatte das Grab meines Bruders Gunter besucht und auf dem Rückweg bei ihr angeklopft.

Ein Geräusch schreckt mich auf. Ich drehe mich um – und sehe ihn. Ein blonder Hüne. Im Türrahmen stehend. Locken fallen ihm auf die Schultern herab. Seine Augen sind sehr blau und stumpf.

»Mama, wo is de Autoschlüssel? Ich muss uff Worms.«

Kudrun kramt in der Kittelschürze, reicht ihm den Schlüssel und drängt ihn hinaus.

Ich atme durch. Kudrun hält die Serviette in der Hand geballt.

»Geh jetzt!«, presst sie zwischen den Lippen hervor.

»Mach es mit deinem Gewisse aus!«, sage ich.

Sonnenschein zieht über die Hügel. In der Ferne grüßt der Dom, entrückt inmitten der Felder. Wonnegau. Die Stadt scheint im Dunst zu verschwinden. Den blonden Spuk versuche ich zu vergessen. Niemals mehr sollen sich unsere Schatten kreuzen. Genetische Perfektion. Abbild und Abart zugleich.

Der Tag schleicht voran. Tauben gurren unterm Dach. Uralte Mauern im vergessenen Traum umzingeln mich. Die Stadt! Geschleift und verachtet an den Rand der Welt gedrängt. So wie mein Leben. Abseits. Ich, Kriemhild.

Vom Rhein her war er gekommen. Die Schlehen werden im Frost erfrieren.

MONIKA BÖSS ist 1950 in Bingen-Büdesheim geboren und lebt als Schriftstellerin in Mörsfeld. Sie ist die Vorsitzende des Verbandes deutscher Schriftsteller (VS) in Rheinland-Pfalz und hat unter anderem die Romane *Und als ein Jahr vergangen ...* und *Hemshof Blues* veröffentlicht. Für den Roman *Marvins Bräute* wurde ihr 2003 der Martha-Saalfeld-Preis des Landes Rheinland-Pfalz verliehen. Literarisch ist sie in der rheinhessischen Kultur und ihrer Sprache verortet. Zu der Erzählung *Ich, Kriemhild*, die hier erstmals veröffentlicht wird, werden Motive des Nibelungensage in zeitgemäßer Sprache weiterentwickelt. Die Autorin selbst erklärt ihr Konzept mit den Worten: »Der Text entsprang der Idee, den Mythos des Nibelungenliedes rational funktionieren zu lassen. Da gibt es einmal die starken Frauen, die sich gleich einer Permutation anordnen. Kriemhild, die Bürgertochter, die aus der Reihe springt, oder im Dialekt ausgedrückt ›nit in de Spur bleibt‹. Ein Scheitern auf ganzer Linie.«

DRITTER TEIL

WARMAISA – WORMS

JUSPA SCHAMMES

GESCHICHTEN AUS WARMAISA

KLEIN-JERUSALEM

Als ich, Rabbi Juspa Schammes, ein junger Mann war, studierte ich um 1620 in der *Jeschiwa* von Fulda. Unser Lehrer und Rabbiner war der bedeutende Rabbi Pinchas, der früher am Gericht Berufungsfälle vertrat, über lange Jahre als Vorsitzender des Gerichts und geistiger Führer der Gemeinde Fulda wirkte, bis er in hohem Alter wieder zurückkehrte in die Heilige Gemeinde Prag. Er war ein großer Mann. Damals gab es niemand, der so viel Wissen besaß wie er. Er kannte den ganzen Talmud und die Psalmen auswendig. Als er starb, priesen die Mitglieder der heiligen Gemeinde Prag sein Werk und betrauerten ihn dreißig Tage lang wie einst Moses, unseren Meister, möge er in Frieden ruhen.

Eines Tages hörte ich, wie sich die Rabbiner Geschichten über die frühesten aschkenasischen Gemeinden erzählten. Dabei erfuhr ich von meinem Lehrer Rabbi Walk, der das Buch *Meirat Ejnajim* geschrieben hat, möge seine Seele in Frieden ruhen, Folgendes über die Heilige Gemeinde Worms: Nach der Zerstörung des ersten Tempels in Jerusalem kamen viele Juden auch nach Worms, um sich hier anzusiedeln. Als nun der Perserkönig Cyrus den Juden erlaubte, wieder in ihre Heimat zurückzukehren und dort einen neuen Tempel zu bauen, forderte der große Schriftgelehrte Esra auch die Wormser Juden zur Heimkehr auf, damit sie an den drei großen Wallfahrtsfesten in Jerusalem opfern könnten. Die Wormser Juden aber antworteten ihm hochmütig: »Ihr mögt in Groß-Jerusalem wohnen, dafür wohnen wir in Klein-

150

Gerhard Pallasch, Worms, An der Synagoge.

Künstlerbiographie S. 262.

Jerusalem. Wir sind sehr geachtet bei den Behörden, und unsere christlichen Mitbürger haben uns sehr gern. Außerdem leben wir hier in geordneten Verhältnissen und es fehlt uns an nichts.« Die Juden in Jerusalem hielten es indessen für eine große Sünde, dass die Wormser Juden lieber im Exil bleiben wollten statt in die heilige Stadt zurückzukehren. Ihre Weigerung sei auch der Grund dafür, warum die heilige Gemeinde Worms häufiger vom Unheil heimgesucht worden sei als die übrigen Gemeinden.

DIE RABBI-JEHUDA-HECHASSID-MAUER

Eine brave, fromme Frau befand sich einst auf dem Weg zum Gotteshaus in dem engen Gässchen neben der Frauensynagoge. Sie hatte es noch nicht verlassen, als ein Fuhrmann sein Fuhrwerk durch die Gasse trieb. Wütend lenkte er seine Pferde direkt auf die Frau zu, um sie zu überfahren. Totenblass drängte sich die Unglückliche an den kalten Stein. Schon empfahl sie in ihrer Todesangst ihre Seele dem Allmächtigen, als plötzlich die Mauer der Synagoge zurückwich und ihr Schutz gewährte. Wenig später gebar die Frau einen Knaben, der später unter dem Namen Jehuda Chassid, der Fromme, bekannt wurde. Es sind nicht viele solcher Wunder geschehen, seit wir im Exil leben, daran kann man erkennen, was für ein frommer Mann Rabbi Jehuda Hechassid war. Noch heute kann man den Knick in der Mauer sehen. Und alle Fremden, die nach Worms kommen, bestaunen das große Wunder.

DIE ZAUBERGANS

Es war im Jahr 1349. Die Pest hatte viele Bürger von Worms dahingerafft. Nur an dem Tor zur Judengasse hatte der Todesengel Halt gemacht. Dieser Umstand genügte den aufgeregten Massen, den Juden die Schuld an der Epidemie aufzubürden. Sofort wurden falsche Zeugen gedungen, die gesehen haben wollten, wie die Juden zu mitternächtlicher Stunde die Brunnen der Stadt vergiftet hätten. Es wurde deshalb beschlossen, sämtliche Juden am 10. *Adar* zu töten. Nicht einmal das Kind im Mutterleib sollte verschont werden.

Als die Unglücklichen von dieser unmenschlichen und absurden Klage Kunde erhielten, begaben sie sich sofort zum Bürgermeister, um ihm ihr Leid zu klagen und ihre Unschuld zu beteuern. Der Bürgermeister wollte von diesen Vorwürfen nichts wissen und sagte zu ihrer Beruhigung: »Genauso wenig wie dieses kleine Stäbchen in meiner Hand die eiserne Kette an diesen Tor sprengen kann, so wenig wird euch ein Leid geschehen.« Aber wie erstaunte er, als plötzlich die starke Kette barst. Totenblass sprach er: »Euer Unglück muss von Gott beschlossen sein, sonst hätte mein dünnes Stäbchen diese starke Kette nicht aufbrechen können. Ich kann nichts für euch tun!« Kummer und Elend waren wieder einmal in der Judengasse eingekehrt.

Endlich war der traurige Tag gekommen. Die zwölf Vorsteher *(Parnassim)* der jüdischen Gemeinde begaben sich zum Rathaus, um den dort versammelten Ratsherren noch einmal in ergreifenden Worten die Unschuld der Juden zu schildern. Aber ihr jammervolles Bitten und Stöhnen war erfolglos. Kein Mitleid regte sich. Da erfasste Verzweiflung die Unglücklichen, die sich und ihre Familien verloren sahen, und sie stürzten sich auf ihre Gegner. Im blutigen Handgemenge fanden mehrere Ratsherren den Tod. Kaum wurde das bekannt, da begann ein entsetzliches Morden in den Straßen. Endlich räumte der Würgeengel, nachdem er eine blutige Ernte gehalten hatte, dem Engel des Mitleids den Platz. Einige Familien, darunter auch christliche Bürger, nahmen die wenigen noch übrig gebliebenen Juden bei sich auf, um sie vor den Blicken der grimmigen Feinde zu verbergen. Doch diese versuchten durch Zauberei die letzten Juden noch aufzuspüren: Eine Gans flog auf alle Häuser, in denen sich Juden befanden, und so wurden auch diese entdeckt und zu Tod gehetzt.

In diesen Tagen war in Worms ein fremder Jude zu Besuch, der neben talmudischer Gelehrsamkeit auch hervorragende Kenntnisse in den übrigen Wissensgebieten besaß. Weil der Priester der Martinskirche ihn deswegen hoch schätzte, versteckte er ihn in seinem Haus. Als nun die Geschichte mit der Gans bekannt wurde, erschraken beide sehr. Doch der Fremde hatte schon eine Idee und machte den Vorschlag, dass er Priestergewänder anziehen und selbst die Predigt halten wolle. So geschah es auch.

In mitreißender Beredsamkeit schilderte der vermeintliche Priester nun die Leiden der Juden. Ob denn das Gebot »Du sollst nicht töten!« keine Geltung für sie hätte, fragte er seine Zuhörer, und ob sie es mit ihrem Glauben und ihrem gesunden Menschenverstand vereinbaren könnten, einer Zauberei so viele Bedeutung beizumessen! Seine Ausführungen verfehlten ihre Wirkung nicht. Um ihnen aber noch mehr Nachdruck zu verleihen, schloss er die Predigt mit den Worten: »Lasst euch doch nicht mehr durch Zauberei zu Untaten verleiten! Ich wette, dass in wenigen Augenblicken eine Gans über die Kirche fliegen wird, obwohl hier kein einziger Jude zu finden ist.« Als er noch sprach, ging ein Schrei durch das Schiff, denn tatsächlich hatte sich eine Gans auf dem Dach der Kirche niedergelassen. Da waren die Menschen sehr verwundert und unterließen es, die Juden weiter zu verfolgen; sie wussten ja nicht, dass die Gans auf die Kirche geflogen war, weil sich tatsächlich ein Jude darin befand. Zur Erinnerung an diese Leidenszeit hat die Wormser israelitische Gemeinde den 10. *Adar* als Fastentag eingesetzt. Die Gans aber verwandelte sich in einen Adler und sitzt heute noch auf der Martinskirche.

O barmherziger Vater, sieh, wie wir leiden! Gedenke nicht nur der Verfolgungen in Worms, sondern auch all der übrigen, schlimmen Verordnungen in den Gemeinden und Provinzen von Deutschland, Spanien und Frankreich. Möge der erhabene Schöpfer Mitleid mit uns haben und uns den gerechten Erlöser senden!

DIE STADTZERSTÖRUNG 1689

Am Bußsabbat 1688 kamen die Franzosen vor die Tore von Worms. Da die Stadt damals nicht befestigt noch militärisch gesichert war, überreichte der Bürgermeister den Feinden die Stadtschlüssel in der Hoffnung auf eine menschliche Behandlung. Kaum aber waren die Franzosen in der Stadt, ließen sie den Kaiseradler abschlagen und dafür die französische Lilie anbringen. Die Bürger und die Juden mussten die Stadtmauern niederreißen, die Stadttürme, die sehr solide gebaut waren, sprengten die Eroberer in die Luft. Die Juden fürchteten sich ganz besonders, denn die meisten Häuser der Judengasse waren an die Stadtmauer angebaut. Doch unser Herr, gelobt sei er, beschützte und bewahrte uns. Niemand kam zu Schaden. Keiner dachte daran, dass die Franzosen die Stadt zerstören würden. Wir glaubten, sie hätten die Mauern eingerissen, weil sie keine Festung wollten. Die französischen Soldaten versicherten uns aber: »Wir sollen zwar viele Orte zerstören, aber Worms, die alte Stadt, hat Gnade vor den Augen Seiner Majestät König Ludwigs gefunden.«

Schnell mussten wir aber feststellen, dass die Franzosen die Unwahrheit gesprochen hatten. Die Städte Worms, Speyer und Oppenheim wurden fast gleichzeitig verbrannt. Wir mussten Haus und Hof verlassen und zulassen, wie unsere berühmte Gemeinde samt der Synagoge unterging. Wir mussten alle Habe zurücklassen und fliehen. Gott möge sich unserer erbarmen! Möge er uns sammeln in Jerusalem unter dem Messias. Amen!

JOFTACH JOSEPH JUSPA BEN NAFTALI HERZ, genannt JUSPA SCHAMMES (1604–1678), stammte aus Fulda, lebte aber seit 1623 in Worms. Er war hier Schüler des berühmten Rabbiners Elia Loanz und wirkte später als Gemeindeschreiber und Synagogendiener, den man hebräisch als »Schammasch«, jiddisch als »Schammes« bezeichnet. Daher sein Kurzname.

Juspa hat eine Fülle von Aufzeichnungen hinterlassen, in denen er die religiösen Bräuche ebenso dargelegt hat wie seine Synagogendienerpflichten oder die Denkwürdigkeiten der Gemeindegeschichte. Der kostbarste Teil seiner Notizen sind aber 23 kurze Geschichten, die Juspa Schammes unter dem hebräischen Titel *Ma'asseh nissim* (Wundergeschichten) zusammengefasst hat. Erzählt werden teils wunderbare, teils wunderliche, oft auch schreckliche Ereignisse aus Gegenwart und Vergangenheit der Gemeinde. Aber bei allen Unterschieden spricht aus all diesen Geschichten das Bewusstsein, dass die Wormser Juden etwas so Besonderes seien, dass sie es sich sogar leisten konnten, die Heimkehr nach Jerusalem zu verweigern.

Juspa Schammes hat diese Episoden nicht erfunden, sondern so gesammelt, wie sie erzählt wurden oder wie er sie in älteren Schriften fand. Erst sein Sohn Elieser Liebermann ließ die Sammlung seines Vaters 1696 in Amsterdam drucken. Er ergänzte die 23 Geschichten des Vaters durch zwei weitere, sodass 25 Geschichten im Druck erschienen. Der hier aufgenommene Bericht von der Stadtzerstörung im Jahr 1689 stammt vom Sohn. Der Vater hat diese große Tragödie nicht mehr erlebt.

Das gedruckte Buch des Sohnes war in jiddischer Sprache geschrieben. Die Originalhandschriften des Vaters sind nicht erhalten, sodass nicht bekannt ist, ob auch er jiddisch oder nicht vielleicht doch hebräisch geschrieben hat. Später wurden diese Geschichten in mehreren jiddischen Ausgaben aufgelegt. Der Wormser Lehrer und Historiker Samson Rothschild, der sich bedeutende Verdienste um die Erforschung der Geschichte der Wormser Juden erworben hat, veröffentlichte 1913 eine hochdeutsche Übersetzung und Bearbeitung der Wundergeschichten des Juspa Schammes. Die vier Geschichten, die hier aufgenommen wurden, sind allerdings nicht dieser Edition Rothschilds entnommen, sondern einer schönen zeitgenössischen Ausgabe, die von Fritz Reuter und Ulrike Schäfer stammt. Dort sind die Texte in heutiges Deutsch gebracht, künstlerisch illustriert und wissenschaftlich kommentiert.

Text aus und Kommentar nach | Fritz Reuter / Ulrike Schäfer: Wundergeschichten aus Warmaisa. Juspa Schammes, seine Ma'asseh nissim und das jüdische Worms im 17. Jahrhundert. Worms o. J. Abdruck mit freundlicher Genehmigung von Ulrike Schäfer.

MAX BEERMANN

❋

RASCHIS LEBEN UND WIRKEN

AUS EINER FESTSCHRIFT ZUR ACHTHUNDERTJÄHRIGEN WIEDERKEHR SEINES TODESTAGES

IN DER FREMDE

Wahrscheinlich waren es von Troyes nach ihrem rheinischen Vaterlande zurückwandernde deutsche Juden, mit denen der zum Jüngling gereifte nach Mainz zog, um die dortige Talmudhochschule zu besuchen. Er war damals 18 Jahre alt. Der Sitte gemäß hatte er schon früh geheiratet. In glühender Begeisterung für die Wissenschaft ging er trotzdem in die Fremde und kehrte wohl nur hin und wieder zu den Festen zu seinem Weibe heim. Er selbst teilt uns später gelegentlich mit, dass er unter der drückenden Last der Armut viel gelitten habe, »kämpfend mit dem Mangel an Brot und Kleidern und das Joch der Ehe tragend«.

In Mainz hatte Isak ben Juda eine blühende Talmudschule. Dieser war wohl ein Schüler Rabbenu Gerschoms, der Leuchte des zerstreuten Israel, der durch seine Erläuterungen das Talmudstudium neu belebt hatte. Ein inniges Verhältnis verband bald den aufstrebenden Gelehrten Raschi mit seinem Meister Isak ben Juda. Dieser erkannte die hervorragende Begabung seines Jüngers und redete ihn in einem Brief also an: »Du, im Himmel Geliebter und auf Erden Wohlgelittener, der Du beherrschest die Königsschätze des Wissens und eindringest in die tiefsten Geheimnisse, Du bist der Stolz Deines Lehrers und die Freude des Geschlechts.

Glücklich ist Israel, das Dich besitzt, Du würdiger Enkel und Geisteserbe des Patriarchen Abraham.«

In Mainz notierte sich Raschi sorgfältig die von Rabbenu Gerschom stammenden Erklärungen und Lesarten zu den Traktaten, die er bei seinem Meister hörte. Später hat er diese in seinem großen Talmudkommentar angeführt, teils um ihnen zuzustimmen, teils um von ihnen durch stichhaltige Gründe gezwungen, abzuweichen. Wir wissen leider nicht genau, welche Talmudtraktate er in Mainz gehört hat. Es ist das nicht unwichtig. Denn Raschi pflegt im großen und ganzen in jedem Traktat der Auffassung des Lehrers zu folgen, bei dem er gehört hat. Dadurch lösen sich zuweilen Widersprüche im Raschikommentare.

Von Mainz ging Raschi nach Worms. Hier erinnert noch heute die Raschikapelle und der Raschistuhl an seinen Aufenthalt. Wenn diese Erinnerungszeichen, deren Zusammenhang mit Raschi in jüngster Zeit lebhaft bestritten wurden, wirklich ihm zugehören, dann wäre erwiesen, dass er in Worms nicht nur Jünger, sondern bereits Lehrer gewesen ist. Geschichtlich lässt sich nur mit Bestimmtheit nachweisen, dass er in Worms studiert hat.

In dieser ehrwürdigen Gemeinde hörte Raschi zunächst bei dem greisen Juda ben Jakar, der später in Raschis Kommentaren oft als *mori hasaken*, »mein alter Lehrer«, angeführt ist. Dieser hatte einen Ritualkodex verfasst und ihn seinem Jünger zur Abschrift überlassen. Bei ihm studierte Raschi auch die Auslegung biblischer Bücher, darum nennt er ihn *mori bemikra ubigmara*, »meinen Lehrer in Schrift und Gemara«. Er war ein Mann von wahrhaft vorbildlicher Bescheidenheit und kindlicher Demut. Raschi feiert diese Tugenden seines Lehrers später in einem seiner Gutachten, *hu noheg beazmo Keaskuppah hanidreset wesam azmo Kheschejare Schejarim*: »Er behandelt sich selbst wie die Schwelle, die getreten wird und wie ein wertloses Ding.«

Als Juda ben Jakar starb, hörte Raschi die Vorträge seines Nachfolgers, des Isak, ha lewi aus Vitri, also eines Landmannes von unserem Helden. Isak war ein Schüler des großen Elieser aus Worms und hing an diesem mit rührender Treue. Durch diesen Lehrer lernte Raschi das Sittenbuch Eliesers, *Orchot Chajim*, »Pfade des

Lebens«, kennen. In dieser Schrift fand er herrliche Lehren, die er selbst später seinen Schülern einschärfte. Da hieß es: »Zeige dem Kranken ein heitres Angesicht, dass Du ihn nicht belästigst. Gib dem Armen heimlich und speise ihn mit dem Besten. Gebet ist Dienst Gottes in Demut, und Frömmigkeit ist Heiligung des Herzens, durch Zügelung der Begierden. Meide Verleumdung und üble Nachrede. Sei nicht wie die Fliege, die immer die kranken Stellen sucht. Sei redlich auch gegen den Götzendiener.« Raschis Leben bewies es, dass ihm die Gedanken dieses Buches wirklich Pfade des Lebens wurden.

Bei Isak halewi ist er wohl nicht eben lange Zeit geblieben, studierte aber noch später in Troyes dessen Kollegienhefte, die er von Studiengenossen geborgt hatte, fleißig und benützte sie für seine eigenen Kommentare. Daher gibt er als Quelle für eine Erklärung einigemal an: *ubtalmide rabbenu ha lewi mazati*, »von den Schülern unsers Meisters fand ich mitgeteilt«.

Auch an diesem Lehrer hing Raschi mit inniger Liebe. Mit freudigem Stolz schrieb Isak halewi an seinen genialen Schüler: »Durch Dich ist das Zeitalter nicht verwaist. Mögen viele Dir gleichen in Israel!«

Fünfundzwanzigjährig, übernahm er das Rabbinat in seiner Heimatgemeinde. Der Ruhm seiner Gelehrsamkeit scharte um ihn bald einen großen Schülerkreis aus allen Gegenden. Anfragen aller Rabbiner ergingen an ihn und priesen ihn als die Zierde des Geschlechts. Er selbst ahnte gar nichts von seiner eigenen Größe, und in prunkloser Gelehrsamkeit und wahrhaft liebenswürdiger Bescheidenheit gab er die gewünschte Auskunft.

Dass Raschi sein Vaterland, um größere Reisen zu unternehmen, je wieder verlassen hat, ist nicht nachweisbar. Die Sage lässt ihn im 31. Lebensjahre in ungestilltem Forscherdrang zum Wanderstabe greifen und Italien, Griechenland, Palästina, Ägypten und Persien durchstreifen und überall nach Erklärungen schwieriger Talmudstellen suchen. In der Türkei soll er mit einem Mönche ein Religionsgespräch geführt und ihn widerlegt haben. Da trifft er den Mönch krank in einer Herberge und nimmt sich seiner liebend an. Als sich der Geistliche bei Raschi bedanken will, entgegnet dieser: »Ihr seid mir keinen Dank schuldig. Gott will, dass wir einander lieben!« So hat die Sage im Einklang mit der Geschichte Raschi als echten Talmudjuden reden lassen.

RABBI SCHLOMO BEN JIZCHAK, genannt RASCHI (1040–1105), war einer der bedeutendsten Lehrer und Kommentatoren des Talmud. Er stammte aus der französischen Stadt Troyes, wo er auch die längste Zeit seines Lebens verbrachte. Aber in jungen Jahren studierte er an den sehr angesehenen Thora-Schulen von Mainz und Worms.

Im Jahr 1905 beschloss die israelitische Religionsgemeinde Worms, den achthundertsten Todestag des großen Lehrers mit einer Festschrift zu feiern. Ein Preisausschreiben wurde veranstaltet, das die beste populärwissenschaftliche Abhandlung über das Leben und Wirken Raschis prämieren sollte. Die Jury wählte zwei Aufsätze als gleichwertig für den ersten Preis aus, und 1906 wurden diese beiden Abhandlungen in einer Broschüre gedruckt. Der hier aufgenommene Text ist das Einleitungskapitel aus dem Beitrag des Insterburger Rabbiners Dr. Beermann, der zweite Text stammte vom Kasseler Rabbiner Dr. Doktor.

Im kurzen Vorwort zur Broschüre teilt die Wormser Gemeinde mit, dass das Preisausschreiben und die Drucklegung finanziert werden konnten, weil »der in Worms geborene Herr Salomon Loeb in New-York, der Mitbegründer der hochangesehenen Bankfirma Kuhn, Loeb & Cie« der Gemeinde einen größeren Betrag gestiftet hatte, »dessen Zinsen auch der ›Pflege des jüdischen Geisteslebens‹ dienen sollten«. So ist der Text des Rabbiners Beermann nicht nur als Einführung in das Leben des großen Raschi zu würdigen, sondern auch als eindrucksvolles Dokument des jüdischen Gemeindelebens im Worms des frühen 20. Jahrhunderts.

Text aus Raschis Leben und Wirken. Zwei Preisschriften von Kreisrabbiner Dr. Beermann in Insterburg und Landrabbiner Dr. Doktor in Cassel. Worms 1906, S. 10–12.

MARTIN BUBER

»DER DOM IST, WIE ER IST. DER FRIEDHOF IST, WIE ER IST.«

Ich lebe nicht fern von der Stadt Worms, an die mich auch eine Tradition meiner Ahnen bindet; und ich fahre von Zeit zu Zeit hinüber. Wenn ich hinüberfahre, gehe ich immer zuerst zum Dom. Das ist eine sichtbar gewordene Harmonie der Glieder, eine Ganzheit, in der kein Teil aus der Vollkommenheit wankt. Ich umwandle schauend den Dom mit einer vollkommenen Freude.

Dann gehe ich zum jüdischen Friedhof hinüber. Der besteht aus schiefen, zerspellten, formlosen, richtungslosen Steinen. Ich stelle mich darein, blicke von diesem Friedhofsgewirr zu der herrlichen Harmonie empor, und mir ist, als sähe ich von Israel zur Kirche auf. Da unten hat man nicht ein Quentchen Gestalt; man hat nur die Steine und die Asche unter den Steinen. Man hat die Asche, wenn sie sich auch noch so verflüchtigt hat. Man hat die Leiblichkeit der Menschen, die dazu geworden sind. Man hat sie. Ich habe sie. Ich habe sie nicht als Leiblichkeit im Raum dieses Planeten, aber als Leiblichkeit meiner eigenen Erinnerung bis in die Tiefe der Geschichte, bis an den Sinai hin.

Ich habe da gestanden, war verbunden mit der Asche und quer durch sie mit den Urvätern. Das ist Erinnerung an das Geschehen mit Gott, die allen Juden gegeben ist. Davon kann mich die Vollkommenheit des christlichen Gottesraums nicht abbringen, nichts kann mich abbringen von der Gotteszeit Israels.

Ich habe da gestanden und habe alles selber erfahren, mir ist all der Tod widerfahren: all die Asche, all die Zerspelltheit, all der lautlose Jammer ist mein; aber der Bund ist mir nicht aufgekündigt worden. Ich liege am Boden, hingestürzt wie diese Steine. Aber aufgekündigt worden ist mir nicht.

Der Dom ist, wie er ist. Der Friedhof ist, wie er ist. Aber aufgekündigt ist uns nicht worden.

MARTIN BUBER (1878–1965) gehörte zu den Denkern und Programmatikern der großen jüdischen Renaissance, die um die Jahrhundertwende bei den assimilierten Juden Westeuropas einsetzte. Ihre politische Ausprägung fand sie im Zionismus des Wiener Journalisten Theodor Herzl, der in Palästina einen »Judenstaat« (so Herzls Begriff) gründen wollte. Buber, ebenfalls aus Wien, stand Herzl zunächst nahe, wandte sich jedoch bald vom politischen Zionismus ab und setzte sich für eine Rückbesinnung auf die jüdischen Wurzeln in Europa ein. Da er Teile seiner Kindheit und Jugend in Lemberg verbracht hatte, war er vertraut mit der ostjüdischen Religiosität, insbesondere dem Chassidismus. 1906 und 1908 veröffentlichte er zwei Bände mit Erzählungen der Chassidim in deutscher Bearbeitung, und diese alten Geschichten im neuen Gewand öffneten vielen assimilierten Juden die Augen für die Schönheiten der eigenen, in Westeuropa weitgehend verdrängten Tradition.

Von 1916 bis 1938 lebte Buber in Heppenheim an der Bergstraße, also »nicht fern von der Stadt Worms«, wie er schreibt. Er unterrichtete am »Freien Jüdischen Lehrhaus« in Frankfurt und später auch an der Frankfurter Universität. Buber, in dessen Denken das »dialogische Prinzip« eine bedeutende Rolle spielte, suchte immer wieder das Gespräch mit christlichen Theologen. Auch seine Sätze über Worms entstammen einem solchen Dialog, den Buber mit dem evangelischen Theologen Karl Ludwig Schmidt über die Gemeinsamkeiten und die Unterschiede zwischen Christentum und Judentum führte. In diesem Zusammenhang beschrieb Buber die sozusagen jüdisch-christliche Aussicht auf den Wormser Dom vom jüdischen Friedhof aus. Dieses Gespräch, das vom Geist des wechselseitigen Verstehens getragen war, fand am 14. Januar 1933 im Jüdischen Lehrhaus in Stuttgart statt. Zwei Wochen später begann mit Hitlers Ernennung zum Reichskanzler die Herrschaft des Antisemitismus. Buber emigrierte 1938 nach Israel und lebte bis zu seinem Tod in Jerusalem.

Text aus   Martin Buber: Kirche, Staat, Volk und Judentum. In: Der Jude und sein Judentum. Köln 1963, S. 569.

Literatur   Bernd Witte: Jüdische Tradition und literarische Moderne. Heine, Buber, Kafka, Benjamin. München 2007; Elisabeth Oggel (Hrsg.): Martin Buber 1878 – 1978. Leben, Werk und Wirkung. Katalog einer Ausstellung. Worms 1978.

VIERTER TEIL

WORMSER GEDICHTE, WORMSER BERICHTE

JOHANN NIKOLAUS GÖTZ

BEY WIEDERERBLICKUNG
SEINER VATERSTADT

IM NOV. 1743

Nach so viel überstandnem Kummer
Empfind ich nun, daß diese Ruh
Noch sanfter, als ein Mittagsschlummer
In schwülen Sommertagen, thu.
Mein Worms ergötzt mich schon von ferne,
Wie wird erst die Entzückung seyn,
Kehr' ich, beym Glanz der Abendsterne,
Durch seine Thore jauchzend ein.

Wofern mich nicht die Sinnen trügen,
So seh ich dich, mein Ithaka,
Wo ich, gewindelt in der Wiegen,
Zuerst das holde Tagslicht sah;
Wo oft mein Vater, voll Erbarmen,
In seinem Leben zu mir kam,
Und mich von meiner Mutter Armen
Mit liebevollen Worten nahm.

Mein Herze lispelt mir im Stillen:
An diesem Fluss', an diesem Feld,
Wo Ströme gelben Weines quillen
Und Ceres Huld die Scheunen schwellt:
An diesem Schmelz beblümter Trieften,

An allem, was die Gegend hat,
Selbst an den Thürmen in den Lüften
Erkennst du deine Vaterstadt.

O seid gegrüßt, ihr V a n g i o n e n!
Der Friede kehre mit mir ein;
Der Friede müsse bey euch wohnen,
Und fest an euch gebunden seyn!
Und du, o Thurm, dort in der Mitte: –
Wie ist mir? ach! mein Herze bebt:
Ist, oder ist nicht hier die Hütte,
In welcher meine Mutter lebt?

Hier wars – – ich kenne noch die Stelle –
Wo einst mein Lebewohl erscholl.
Du Thüre, du geliebte Schwelle,
Du sahest meine Thränen wohl;
Du sahst mich noch am Ecke weinen,
Mit Reu' und Thränen rückwärts sehn:
O Hütte, leben noch die Meinen?
Wie, oder muß ich weiter gehen?

Sie leben. Rosenreiche Stunden,
Und süßre Tage, fahet an:
Nun ich sie wiederum gefunden,
Und sehen und umhalsen kan.
O P a l l a s , wirft dein weiser Wille
Mir noch ein Jahr zu leben zu:
So gönne mir in sanfter Stille
In ihrem Schoose Fried und Ruh!

[Auszug]

HEIMWEH (1744)

So sehr fühl' ich mich meiner Vaterstadt verbunden wie jener
weise Held Ulysses, der jenes Ithaka so ferne, in raue Felsen wie
ein kleines Nest gebettet, mehr liebte als Unsterblichkeit.

> O du, wo mir ein Gott, der mich geliebet
>   Das Leben gab: /: noch dank ich ihm dafür :/
> Ist auch ein Schmerz, der heftiger betrübet? – –
>   Ich lebe noch, und lebe nicht in dir!
>
> Mein Auge weint, weil es dich nicht mehr schauet,
>   Geliebtes Worms, wo Gott den Bürger lohnt,
> Der ihm von Gold erhabne Tempel bauet,
>   Indeß er selbst in niedern Hütten wohnt.

JOHANN NIKOLAUS GÖTZ (1721–1781) darf in einem literarischen Worms-Lesebuch nicht fehlen. Dieser Dichter des vorgoethischen 18. Jahrhunderts ist nicht nur in Worms geboren, er hat die Stadt auch mehrmals bedichtet. Und dem ersten Gedichtband, den er 1745 anonym erscheinen ließ, gab er sogar den lokalpatriotischen Titel *Versuch eines Wormsers in Gedichten*.

Trotz dieses unübersehbaren Bezugs zur Stadt lebte Götz die längste Zeit seines Lebens nicht in Worms. Wie so viele deutsche Dichter des 18. und 19. Jahrhunderts stammte er aus einem evangelischen Pfarrhaus; sein Vater, der früh starb, war Pfarrer an der Dreifaltigkeitskirche. Im Unterschied zu den meisten anderen literarischen Pfarrerssöhnen folgte Götz dem väterlichen Vorbild und wurde ebenfalls Geistlicher. Er wirkte in mehreren Städten, am längsten in Winterburg am Soonwald, wo er 1781 auch starb.

Das geistliche Amt hinderte Götz nicht daran, sogenannte »tändelnde« Lyrik zu schreiben, also Gedichte, die auf delikate und sehr verspielte Weise erotische Themen und Situationen gestalteten. Derartige Freiheiten wurden damals gerne durch die Hinwendung zur lebensfreudigen und sinnlichen Lyrik der alten Griechen legitimiert, namentlich wurden die Liebesgedichte des Anakreon wiederentdeckt. Deshalb wird diese galante Lyrik auch »Anakreontik« genannt. Götz trug zu dieser Strömung nicht nur durch eigene Dichtungen bei, sondern auch durch die damals hochgeschätzten Übersetzungen der »Oden Anakreons«, die er zusammen mit Johann Peter Uz anfertigte.

Allerdings musste Götz doch auf die Würde seines Pfarramts Rücksicht nehmen, und so ließ er seine Werke anonym erscheinen. Erst nach seinem Tod veröffentlichte Karl Wilhelm Ramler, selbst ein bekannter Poet und ein Freund des Autors, die Gedichte unter dem wahren Namen des Verstorbenen. Ramler hat die Texte allerdings stark bearbeitet und verändert. Eine philologisch genaue Edition erschien erst 1893.

1981, also zum 200. Todestag des Dichters, begann in Worms eine Götz-Renaissance, die unter anderem bewirkte, dass im Garten des Kunsthauses Heylshof ein Götz-Denkmal errichtet wurde. 1986 fand in der Wormser Stadtbibliothek eine Ausstellung statt, in der vor allem selten zu sehende Götz-Manuskripte gezeigt wurden. Die Ausstellung und der Katalog wurden von Detlev Johannes, dem damaligen Leiter der Stadtbibliothek, und von dem Wormser Philosophieprofessor Richard Wisser betreut. Wisser hat sich in mehreren Publikationen intensiv mit dem Werk von Johann Nikolaus Götz auseinandergesetzt.

Die beiden Gedichte hier wurden diesem Ausstellungskatalog von 1986 entnommen. Sie zeigen einerseits die Heimatliebe des Dichters, zugleich aber auch seine feste Verankerung in der antiken Tradition – kein Heimweh ohne den obligaten Hinweis auf Ulysses (wie der lateinische Name des Odysseus heißt), und keine Heimkehr ohne die Anspielung auf Ithaka, die Heimat dieses Helden. Überdies sind die Gedichte geprägt von der schulmäßigen Rhetorik, die durchaus zur Ausschweifung neigt. Aus diesem Grund wurde die etwas längliche Ode *Bey Wiedererblickung seiner Vaterstadt* hier nur zur Hälfte aufgenommen (denn tatsächlich handelt der zweite Teil des Gedichts gar nicht von der Vaterstadt, sondern von all dem, was den Dichter so lange von ihr fernhielt). Dies schien entbehrlich, während die Anfangsstrophe mit der Zeile »Mein Worms ergötzt mich schon von ferne« unerlässlich ist. Soll man im Verbum »ergötzt« vielleicht eine Anspielung auf den Namen des damals anonymen Autors mithören? Könnte sein, aber sicher ist es nicht, denn Götz war ein ausgesprochen diskreter Dichter. Er schrieb in seinen Texten auch immer nur »W…«. Aber da darf man in einer Edition, die keine historisch-kritischen Ambitionen hat, dann doch den vollen Namen »Worms« ergänzen.

| Literatur | Stadtbibliothek Worms: Johann Nikolaus Götz und sein Worms. Ausstellung 23. Mai bis 23. Juni 1986 im Haus zur Münze, die beiden Gedichte von Götz finden sich dort auf S. 62, bzw. S. 9–11.

RUDOLF HEILGERS

UNSER WORMS

E Stadt wie Worms so gibt's kää' zwett
Uff dere Welt unn nerjens net,
Des kann ich unnerschreiwe,
Unn wer's net glaabt, loßt's bleiwe!

Drum kummt aach alles zu uns her,
Ei's hot jo ball kää' Mensche mehr,
Wu nie uff Worms sinn kumme,
Die Dumme ausgenumme.

Unn wer emol vun Worms was weeß,
Der macht dann glei' e Mordsgedees
Unn dut vun Worms dem alte
Die neischte Redde halte.

Was awwer wär, wann ään's net wär,
Was immer mehr unn immer mehr
Hot unser Worms gehowe,
Unn des, des muß m'r lowe:

Des iss' im ganze Hesse'land
Als »Wormscher Lewwerworscht« bekannt,
Wu uns, seit alte Zeite,
Die Welt drum dut beneide.

»So weit die deutsche Zunge klingt«
Kääns so kää' Worscht net fertig bringt
Unn so kään Leckerbisse!
Warum? – Wer's wääß werd's wisse!

E Lewwerworscht in Schweinedarm
Unn warm, wem laaft do, Reich wie Arm,
Wann se aus Worms dut stamme,
Im Maul net's Wasser z'samme?

Drum wolle m'r zu allererscht
Die echte Wormser Lewwerwerscht
In unserm Worms, dem alte,
Emol empfohle halte!

ALL RIGHT

Wer emol e Rääs[1] macht, kann
Ebbes als verzähle dann,
Drum beguckt sich aach genau
Jeder unsern Wonnegau.

's gibt jo aach for fremde Leit
So kää' Pracht mehr weit unn breit,
So kää' Wingert, so kää' Feld,
Nää, 's gibt nix mehr uff de Welt,

---

1) Reise

Wu's de Fremde so gefallt
Wie bei uns – so is es halt.

Unn in Worms am »Stram«[2], am Rhei'
Kehre se am liebschte ei',
Weil die Haiser unn die Gasse
Unn die Leit noch z'samme basse.
Unn, wie früher, aach noch ewe
Do die mehrschte Wormser lewe.

Ja, in Worms, dem alte Nescht,
Find't sich jeder glei' zurecht,
Unn was kääner sunscht wu sieht,
Er in Worms zu sehe krieht,
Wann er nämlich guckt unn frogt,
Unn sich alles merkt hernocht,
Unn aach net an allem glei'
Stolwert daab und scheel vorbei,
Froge muß m'r uff de Rääs',
Unn nor den, wu selbscht was wääß.

So hot letscht e ganz Bardie
Fremde net gewißt wuhi',
Bis vun »'s Werlings Eck«[3] 'n Mann
G'frogt hot: »Na, wu anne[4] dann?«
Unn hot glei' als Menschekenner
Sich gesaat: »'s sinn Engelänner!«

So 'n lange Mischter secht:
»Zeigen Sie uns, bitte, recht
Sähr viel Sehens-Uürdigkeit'!«

---

2) Strom
3) Rendezvous der Eckensteher, Ecke Stephansgasse/ Kämmererstraße
4) wohin

Unn der Star, der secht: »Ol reit!«
Unn er geht aach sauwer mit,
Er duht's ummesunscht jo nit,
Unn dut alles zeige denne,
Alles schää' beim Name nenne,
Führt se um de Dum 'erum
Unn zuletscht uff Piffelkum.[5]

»'s Schönschte vun dem Wormser Kram«,
Secht er, »wär der Lutherbaam«,
Unn denkt weje'm Trinkgeld heit:
»Teim is monä« unn »Ol reit!«

Wie der Baam gewisse war,
Secht er: »Jo, ich könnt' sogar
Eich noch hunnert Sache so
Weise, doch – 's is nix mehr do!«

Unn e jungi schäni »Mis«
Fragt: »Mylord, uir uollen uiß',
Uas Sie eben uns geueist,
Uarum ›Piffel-kumm‹ das heißt?«

»Ja«, secht der, »des is e G'schicht,
Wu m'r net geern driwer spricht,
Awwer heit, was mir dra' leit«,
Hot er gesaat unn secht: »Ol reit!«

»'s sinn jetz' dausend Johr beinoh',
Wie zwää Klöschter waren do,
Do ääns unn ääns weiter drunne,
Ääns for Mönch' unn ääns for Nunne.
Domols waren schun die Leit

---

5) Pfiffligheim

So gescheit wie heit, ol reit,
Drum war alles Dag unn Nacht
Zugeschlosse unn bewacht.
Nor die Fenschter waren als
Do ›gefährlich‹ jedenfalls,
Weil die Mönch so schää' noch denne
Nunne hawe gucke könne,
Unn die Nunne hawe bald
Aach ›geguckt‹ — so is es halt,
Unn gewunke still unn stumm:
›Päffel kumm, ach Päffel kumm!‹
Derentweje hääßt's noch heit
Immer ›Peffelkumm‹ — ol reit!«

Wie die englisch G'sellschaft des
Hot kapiert, secht alles: »Yes,
O, es sein sähr int'ressant
In dem Peffelkummer Land,
Und uir uissen auch uarum
Man tut sagen ›Peffelkumm‹!«

UNNER'S BEEHME IHRE BÄÄM

Unner's Beehme[1] ihre Bääm
Hockt m'r kiehl unn a'genähm,
Unne plätschert leis de Rhei',
Owwe plätschert Bier unn Woi',

---

1) Böhms Rheinischer Hof (heute Rhein-Café)

Unn die Sunn die blitzt und spitzt
Dorch die Blätter, wu m'r sitzt,
Glitzert, blinzelt, strahlt unn lacht,
Bis se Feierowend macht,
Unn dann is de Mond bei ääm,
Unner's Beehme ihre Bääm!

Unner's Beehme ihre Bääm
Is's wie im Grine ääm,
Gri' is do de Rhei unn gri'
Sinn die Wiese wissawie,
Maulbeerau unn Wehrzollhaus
Gucke aus'm Grine raus,
Gri sinn Disch unn Stiehl unn Bänk,
Unn de Woi', des fei' Getränk,
Winkt aus grine Flasche ääm
Unner's Beehme ihre Bääm!

Unner's Beehme ihre Bääm
Isst m'r gut und a'genähm,
Do ist noch e feini Kich:
Daibscher, Gickelcher unn Fisch,
Broote, Rippcher, kalti Platt
Gibt's do grad wie in de Stadt,
Unn, wanns schwiel is odder hääß,
Richt's nooch alle Sorte Kees,
Unn des lockt vun weitem ääm
Unner's Beehme ihre Bääm!

Unner's Beehme ihre Bääm
Fließt de Rhei' vorbei an ääm.
Do is immer ebbes los
Damber, Schrauwe, Schelch' unn Flooß,
Nache, Segler, Rudersport,
Ganze Schleppzieg sieht m'r dort.
Unn im Herrn- unn Damebad,

Wu m'r vor de Nas hot grad,
Zeigt halt Worms im Hemm sich ääm
Unner's Beehme ihre Bääm!

Unner's Beehme ihre Bääm
Do riecht's besser wie dehääm,
unn die Rhei'luft is am Rhei'
Noch emol so fei', wie drei'.
Ihr Geruch is Werkdags nie
Frei vun Teer unn Induschtrie.
Awwer Sunndags riecht se kloor
Nooch gebutzte Mensche noor,
Unn dann hockt »die städtisch Crem'«
Unner's Beehme ihre Bääm!

Unner's Beehme ihre Bääm
G'falle auch die Mädcher ämm,
Blond, unn braun, unn rot unn schwatz,
's Herzje uff'm rechte Platz,
G'sund unn frisch, wie Milch unn Blut,
Goldig, herzig, lieb unn gut,
Immer schick, fidel unn froh,
Unn net annerscht als wie so,
Zeige sich die Mädcher ääm
Unner's Beehme ihre Bääm!

Unner's Beehme ihre Bääm
Krieht m'r leicht mit Mädcher Kräm'.
Sinn's aach Bosse erscht unn Späss',
Im »Verhältnis« macht sich des,
Unn ball werd am Plauderdisch,
Schun vun Braut unn Brauterich,
Dischkuriert unn Sprich gekloppt,
Bis m'r werklich is verlobt,
Unn dann gratuliert m'r ääm
Unner's Beehme ihre Bääm!

Unner's Beehme ihre Bääm
Hock ich owends als unn trääm,
Guck enunner uff de Rhei',
Unn seh all die Lichter drei',
In de Fern, die letscht Ladern
Seh' ich drei' unn Mond unn Stern,
Bis es Dunkel wird unn Nacht,
Bis die Sunn dann widder lacht
Unn mich weckt aus meine Trääm
Unner's Beehme ihre Bääm!

RUDOLF HEILGERS (1868–1932), dessen Nachname unbedingt »Heilschers« auszusprechen ist, kann als Klassiker der Wormser Dialektdichtung gelten. Zwar kein Wormser von Geburt, sondern ein Mannheimer (was dialektgeografisch gesehen einen erheblichen Unterschied macht), lebte Heilgers von Kindheit an in Worms. Seine Gedichte, vor allem die seines Haupt- und Meisterwerks *Dreimol hoch mei Muttersproch* aus dem Jahr 1911, sind alle mit einer kräftigen Dosis Lokalpatriotismus gewürzt, doch wird meistens eine bekömmliche Prise Selbstironie beigemischt. So in der heiteren Lobeshymne auf die *Wormser Lewwerwerscht,* so auch in der satirischen Geschichte vom Wormser Schlawiner, der ahnungslose englische Touristen durch Worms zerrt. Für den Akzent der Briten hat Heilgers ein feines Ohr.

Das gute Gehör für Klangqualitäten zeichnet auch Heilgers' Behandlung des Wormser Dialekts aus: »Gri' is do de Rhei unn gri' / Sinn die Wiese wissawie« – wortspielerisch-lautmalerische Zeilen wie diese hat er viele geschrieben, und so ist es kein Wunder, dass viele seiner Verse sich aus ihrem ursprünglichen Zusammenhang gelöst haben und (zumindest zwei bis drei Generationen lang) Wormser geflügelte Worte geworden sind. Selbst als die Gaststätte am Rhein, die Heilgers einst bedichtete, schon längst »Rheincafé« hieß, wurde noch zitiert: »Unner's Beehme ihre Bääm / Hockt m'r kiehl unn a'genähm.« Nichts spricht dagegen, die Zeilen auch heute noch zu gebrauchen, auch wenn dieses alte Gasthaus am Rhein, das Victor Hugo schon gekannt (wenn auch nicht besucht) hat, heute »Hagenbräu« heißt.

Rudolf Heilgers war nicht nur Heimatpoet, sondern auch Fastnachter. In der Wormser »Narrhalla« trat er als gefragter Büttenredner auf und gehörte jahrelang dem Elferrat an. Auch das Traditionslied des Vereins, *Der Rhei'adel,* stammt ursprünglich von Heilgers, wenn auch der Text später mehrmals modifiziert wurde. Es waren nicht zuletzt die närrischen Nachfolger, die Heilgers'

Andenken hochgehalten haben. Jean Völker, genannt Kabausche, der nicht minder beliebte Büttenredner der nächsten Generation, zitierte gerne Heilgers-Verse. Auch das Ehepaar Rolf und Ilse Bindseil, das sich von den Fünfzigern bis in die Achtzigerjahre um eine literarisch ambitionierte Dialekt- und Fastnachtspflege verdient gemacht hat, ehrte den großen Vorläufer mit einer Neuausgabe seiner Gedichte und diversen Hommagen in den eigenen Texten. Die Bindseils hatten mit Heilgers nicht nur die Narhalla gemeinsam, sondern auch die *Wormser Zeitung*: Rolf und Ilse Bindseil waren dort als Journalisten tätig, Rudolf Heilgers hingegen war im Brotberuf bei der *Wormser Zeitung* Leiter der Anzeigenabteilung.

Text aus | Rudolf Heilgers: Dreimol hoch mei Muttersproch. Gedichte in Wormser Mundart. (Erstmals 1911). Ausgewählt von Rolf Bindseil, mit einem Vorwort von Ilse Bindseil. Worms 1978, S. 13f. bzw. S. 69–72 und S. 36–39.

Literatur | Rolf Bindseil: Worms uff die Schipp genomme. Humor in 150 Narrhalla-Jahren. Worms 1989 (zu Heilgers vor allem S. 29–41).

RICHARD KIRN

WORMS, EINE ERINNERUNG

Wie einem plötzlich so etwas in Erinnerung kommt, vielleicht nur, weil man in einem Buch ein Wort gelesen hat, das alles auslöst. Plötzlich stand ich wieder, es war Herbst 1944, in Worms in der Speyerer Straße; sie war noch heil. Die schmale Gasse war leer, wie in Träumen, alles saß in den Kellern. Hinter den Domtürmen hingen die gelben Kugeln der hastig hochgeleierten Ballonsperre. (Beim ersten Angriff sollte sich zeigen, dass sie nichts verhindern konnte.) Ich starrte in den Laden des Sattlers Sch., vor dem ich als Kind so oft die geflochtenen Peitschen, die glänzenden Pferdegeschirre, die komischen Krawatten aus schwarzem Leder bestaunt hatte. Im Hintergrund arbeitete der Meister, offenbar hielt er nichts vom Keller. Einen Monat später erzählte mir mein Freund Jakob, beim Luftangriff sei Meister Sch. von einer Bombe erschlagen worden. Aber auch von seinem Laden und von der ganzen Gasse blieb nur Staub.

In meinem Kopf lebt die kleine Stadt Worms weiter, längst tote Menschen. Der Herr Apotheker mit den roten Mensurschmissen geht federnd dahin, ein starkes Mannsbild; Frau Stern, die Buchhändlerin lächelt ihr tausendmal geübtes Ladenlächeln; mit eisgrauem Stichelhaar und rot angelaufenem Gesicht verjagt der Papierhändler Sch. die Buben von der Theke, die doch nur Hauchblättchen und Heftchen klauen wollen; eierköpfig und heiter füllt der Drogist W. eine Tüte mit Lindenblütentee ab und hat noch keine Ahnung, dass er elend sterben muss, weil er einen Grashalm in den Mund genommen hat: Strahlenpilz.

In Worms in der Speyerer Straße, diesem schmalen, langen Wurm, fing für das Kind die städtische Welt an. An der Ecke Hochstraße hatte Herr Glöckner seine Wirtschaft, dort gab es 1909 etwas Neues: ein Grammofon; aus safrangelbem Trichter plärrte es: »Puppchen, du bist mein Augenstern, Puppchen, hab dich zum Fressen gern.« Ein paar Schritte weiter in die Straße hinein hatte Herr Schweyer seinen Eisenwarenladen, hinter dem Haus (im »Gässje«) rollte er mit seinen Lehrbuben manchmal Drahtrollen auf, die Bauern für die Umzäunung ihrer Hühnerställe bestellt hatten. Aber weiter: dann kam Herr Westerhaus, der Fotograf. Er trug eine braune Samtjoppe, eine schwarze Lavallierekrawatte; in seinem Fenster hingen Hochzeitspärchen und Konfirmanden. An der Ecke Südanlage wohnte der Dr. Briegleb, ein Richter, und auf der anderen Seite hatte Frau Löwe ihren grünen Kiosk, Ständchen sagten wir dazu. Dort kaufte ich meinen ersten Amerikaner, er kostete fünf Pfennig. Amerikaner waren ein flaches, billiges Gebäck; mit Zuckerguß bestrichene Schokoladenrippen, die zwischen den Zähnen ein bisschen sandig knirschten, waren auch nicht teuer. Auch gab es Liebesperlen und Lakritzstangen. Vom Ständchen aus konnte man in die Schönauer Straße hineinschauen, die ganz und gar von den gelben Gebäuden der Lederwerke D&R beherrscht war. Zwischen dem Ständchen der Frau Löwe und dem »Räppchen«, wie das Wirtshaus zum Rappen genannt wurde, lag ein Ziergarten. Er gehörte den Valckenbergs, Weinhändlern, deren Patrizierhaus geheimnisvoll und sehr herrschaftlich genau gegenüberlag. Im Garten drehte sich sommers ein Spritzbrunnen über Rosenbeeten.

In diesen Wasserschwall der herumgeschleuderten Fontäne starrte ich oft hinein: Ein Regenbogen war darin sichtbar. Zwischen Garten und Wohnhaus der Valckenbergs lag die geteerte Straße, über die eine Tram mit dem gelben Schild »Vorstadtbahnhof« zog. Jeden Mittag um fünf verließ ein feingekleideter Herr mit Embonpoint und weißem Zeppelinschnurrbart das Haus, er schwang einen Spazierstock mit Silbergriff. Es hieß, er sei im Leben nicht recht mitgekommen. Das »Räppchen« hatte einen tiefen, bäuerlichen Hof. In den Ställen schirrten die Bauern, die zum Wochenmarkt kamen, ihre Gäule ab. In der Weihnachtszeit standen Christbäume vor dem mächtigen Hoftor. Genau gegenüber ging es in die Gerbergasse, die in schlechtem Geruch stand. Einmal, weil dort »die« Gerberbach durchfloss, eine braune Brühe, zum anderen, weil dort eines der beiden Lupanare der Stadt war, ein äußerlich sehr properes Haus mit grünen Fensterläden und einer riesigen goldenen 33 über der Tür mit dem roten Licht. Aber begeben wir uns aus dieser, wie gesagt, etwas anrüchigen Gegend zurück, in die honorige Speyergass. An der Ecke Gerbergasse hatte der Drogist Baumann seinen Laden, ein tiefes, schmales Gewölbe. Im Fenster lagen Schwefelstangen aus, Zwerge bemalten einen Felsblock mit Goldbronze, aus Papphüllen quollen Stahlspäne, und Kristallflaschen leuchteten violett und rosa.

Ein Stück weiter, auf der rechten Straßenseite, war eine Toreinfahrt wie zu einem Bauernhof, dort waren die Kissels zu Hause, eine Wagnerei. Wenn man einen Handkarren leihen wollte, einen sogenannten Drückkarsch, dort bekam man ihn, für eine Leihgebühr von 15 Pfennig. Beim Metzger Metz stand der Meister manchmal vor der Tür, rosig, wie fast alle Metzger, in weißer Schürze. Wenn ich mit meiner Mutter in den Laden kam, fiel immer eine Scheibe Fleischwurst für mich ab. Nach den Kissels kam das »Goldene Kreuz«, das Vereinslokal der Wormatia, dessen Wirt der Scharrermichel war. Beim Michel habe ich meine ersten Fußballberichte geschrieben. Im November 1923 zahlte ich dort für ein Glas Bier 200 Milliarden Mark. Das »Goldene Kreuz« ist ein Roman für sich, ein Fußballroman. Dann aber kam der erregendste Laden der Straße, sein Besitzer hieß Kreuzer, er hinkte, schnappte, wie man in meiner Stadt sagte. Auf der Ladenscheibe war ein riesiges farbiges Abziehbild, das einen Cowboy mit einer Pistole zeigte. Die Pistole verfolgte einen, immer zeigte die Mündung auf einen, ob man aus der Stadt kam oder von Frau Löwes Ständchen her.

Der Kreuzer. Mann, war das ein Laden! Verrucht. Störtebeker und Old Wawerly, Wildwest-Mary und Texas-Jack und Nat Pinkerton, jedes Heft einen Groschen; dann die doppelt so großen Nick Carter und Lord Lister, genannt Raffles, der Meisterdieb. Die Robert-Kraft-Serien »Atatanta oder die Geheimnisse des

Sklavensees« und »Die Verfolgung um die Erde«, dazu schwefelgelbe Hefte vom Schinderhannes, dem Räuber Leichtweiß und der verstoßenen Köhlertochter. Am 1. August 1914 wurden alle blutrünstigen Hefte durch das 18. Generalkommando verboten. Das Blutvergießen fand jetzt in einem Umfang statt, dass die Heftchen ein wenig lächerlich wirkten. Ach, sie waren auf immer dahin: der Weltraumschiffer Kapitän Mors, der Indianerhäuptling Sitting Bull, nur Robert Kraft, der Pfadfinder, durfte weiter erscheinen, und dem Fremdenlegionär Heinz Brand gelang die Flucht zu den Deutschen, und wir konnten nun seine Heldentaten aus dem Argonnerwald lesen.

Neben dem Moritatenhändler Kreuzer kam bald der Metzger Illert. Er hatte eine wohlgewachsene, schöne Tochter mit Haaren, schwarz wie Rabenflügel. Wir Buben im Pubertätsalter starrten sie immer nur so an, dann heiratete sie ein Studienrat, ein allezeit heiterer Mann, der auch gern einen Schoppen petzte, wie man bei uns sagte. Vielleicht nahm sie ihn seiner Heiterkeit wegen. Der Friseur Lay war ein Buckelchen (auch etwas, was ausstirbt, glücklicherweise). Aber Herr Lay war immer guter Dinge, die Schere klapperte, während ich die »Meggendorfer Blätter« vom Haken holte. Lay und May! Ja, neben dem Friseur Lay war die weiträumige Bäckerei des Herrn May, eines Mannes, den man immer nur mit mehlbestäubtem Haar sah, freundlich und geschäftig. Den Mays, jüdischen Leuten, ging es gut, die Söhne besuchten das Gymnasium. Gott gebe, dass sie dem Morden entgangen sind. Dann kam Schwemmler Futtermittelhandlung (bunte Blechplakate: Spratts Hühnerfutter), deren Inhaber ein Herr Müller war. Dort holten die Wormser am 1. August, als der Krieg ausbrach, Mehl säckeweise, als dauere der Krieg nur ein paar Wochen. Bei Müllers standen in den Korridoren edle Schränke. Die Speyerer Straße war immer von kleinen Gässchen unterbrochen, so auch beim Schwemmler: Auf der anderen Seite kam der Sattler Schäfer. Aber gehen wir erst mal rüber, wo der Buchhändler Bros wohnt.

An der Ecke Andreasstraße gegenüber der Wormser Zeitung, im Gasthaus zum Goldenen Hirschen, saßen die Honoratioren beim 6-Uhr-Abendstammtisch, unter ihnen der Dr. Loos, weißer

Schnurrbart, Praxis im Wambolder Hof. Vor seinem schmalen Lädchen mit Textilien stand der kleine freundliche Herr Sally Pehm. Dann kam der Buchhändler Bros. Dort war mein Kindheitsparadies. An der Decke standen, nur mit Leitern erreichbar, sämtliche Nummern von »Reclams Universal-Bibliothek«, 20 Pfennig die Nummer. Heft 1 war »Faust«, 1. Teil, Heft 2 »Faust«, 2. Teil; auch wenn es den Umfang von drei Heften hatte, kostete es doch nur 20 Pfennig. Im Fenster lagen: Rudolf Hans Bartsch, »Zwölf aus der Steiermark«, Clara Viebig, »Das schlafende Heer«, Rudolf Haas, »Matthias Triebl«, Walter Bloem, »Der krasse Fuchs«, Rudolf Herzog, »Die Stoltenkamps und ihre Frauen«. Auch Hedwig Courths-Mahler: »Ich lasse dich nicht!« Der Herr Bros hatte drei Söhne, einer ging zu mir in die Klasse, er hieß Ernst, spielte Klavier, und durch ihn kam ich zu den Konzerten im Casino, in denen die Frau des Bürgermeisters Metzler Arien sang. Von Bros ein Stück weiter lag behäbig die Weinhandlung Valckenberg, dann kam der Schneidermeister Münstermann und dann die Geschäfte des Herrn Jausel, Schreibwaren, mit grellfarbenen Bilderbogen, Hauchblättchen, Märchenheften, daneben ein Geschäft mit Schusterartikeln und dann eine Wirtschaft, aus der es morgens sauer nach Bier roch. An einem der sehr breiten Fenster lag eine fette blonde Kellnerin, sie lachte über etwas, was ein Mann ihr zurief, der Knabe witterte Geheimnisse und errötete.

Am Marktplatz, an Werlings Eck, unter dem roten Handschuh, der symbolisierte, was da verkauft wurde – wie ein riesiger goldener Zwicker am Optikerladen hing, ein schwarzer Zylinder beim Hutmacher – an Werlings Eck standen die starken Männer, der Gammenthaler und der Ditze-Moppel, Angehörige des ausgestorbenen Geschlechts der Klaviertransporteure. Gegenüber hatte Herr Spira seinen Zigarrenladen; auf seiner Glatze war sonderbarerweise ein kleiner schwarzer Fleck, von Weitem konnte man meinen, es sei das Loch, das eine Pistolenkugel gemacht hatte. Vor dem Automaten stand sein Besitzer, ein Mann mit melancholischem Chinesenschnurrbart, drinnen strullte grüne Limonade aus Messinghähnen, Bier schäumte hinein, im Winter Glühwein, alles um einen Groschen. Ein Schinkenbrötchen war nicht teurer, es ruckte in einer

Glasschüssel mit Porzellanfächern heran, wenn man das Geldstück eingeworfen hatte. Manchmal kam ein halblahmer junger Mensch angeschlappst und hielt einem aufgefächerte Karten hin: »Poschkaate«, sagte er, »Aasichtskaate, Kinschtlerkaate!« Die Apotheke gehörte dem Herrn O., man sagte, er habe sich totgetrunken. Sein Sohn griff fremde Gelder an und ging in die Legion. —

Worms hatte damals zwei Kaufhäuser: Goldschmidt und Landauer. Goldschmidt war feiner, schwingende gläserne Türen mit breiten Messinggriffen. (Einmal stand zehn Tage ein Farbiger als Portier vor dem Portal. Die Kleinstädter sagten: »Ein Neschäää.« Der Afrikaner als Trophäe, als Ware, beinahe als Sklave.) Das andere Kaufhaus war einfacher, die Türgriffe aus Eisen. Meine erste Erinnerung: knisternde Bogenlampen, Kohlenstifte verspritzten weißblaues Licht, manchmal verzichten sie, dann erlosch das Licht. Damals war 95-Pfennig-Woche. Man sollte nicht für möglich halten, was man für 95 Pfennig alles bekam; als Zugabe konnte jede Käuferin wählen zwischen einem Strauß frischer Maiglöckchen und einer dicken Rolle Garn. Die Ladnerinnen trugen schwarze Schürzen, eine Elle an der Hüfte, zumindest die Mädchen in der Stoffabteilung. Das war 1911, und damals wurde um den Achtuhr-Ladenschluss gekämpft.

Die frühesten Erinnerungen haften am stärksten. Ich war, als Kind von sieben oder acht, mitgenommen worden ins Café Odeon, das nobelste der kleinen Stadt. Es gehörte einem kleinen, plattfüßigen Mann namens Schmeidler, er hatte einen Schnurrbart wie Chaplin. Auf einmal liefen alle Leute ans Fenster: Drunten bewegte sich ein Zug von Männern in dunklen Anzügen und dunklen Hüten, einige trugen rote Fahnen. Es war der 1. Mai, und es goss in Strömen. Nicht alle Demonstranten hatten Schirme, manche wurden elend nass. Die Leute an den Kaffeehausfenstern lachten. Natürlich verstand ich nicht viel von diesem Umzug, aber doch schon einiges, und ich weiß noch, wie es mich fuchste, dass man die Leute dort unten auslachte.

Ich habe als Kind stundenlang vor einem Uhrenladen gestanden, weil dort, unter einem Glassturz, eines jener Chronometerwunder zu sehen war, bei dem sich zwei goldschimmernde Messingklöppel ewig in Schwingung befinden. Ich lauerte auf den Augenblick, in dem sie stillstehen würden. Niemals standen sie still. Am liebsten hätte ich nachts nachgeschaut, was sie da trieben, aber nachts konnte ich die Wohnung nicht verlassen, und als ich soweit war, dass ich es gedurft hätte, interessierten mich die schwingenden Kugeln nicht mehr im gleichen Ausmaß wie einst.

Neuerdings erwische ich mich wieder dabei, dass ich vor ihnen stehen bleibe. Ich bin heute weniger verwundert, als erschüttert. Die Jahre, denke ich, die Jahre. Wie gehen sie dahin! Sachte gleiten die Zeiger über das Zifferblatt aus Emaille. Die Kugeln schwingen. Die Zeit beginnt zu sausen.

RICHARD KIRN (1905–1979) stammte aus Worms, wo 1927 seine lange journalistische Laufbahn in der *Wormser Volkszeitung* begann. Wie viele Sozialdemokraten wurde auch er im Januar 1934 im Konzentrationslager Osthofen interniert, aber wieder freigelassen. Nach seiner Inhaftierung zog er nach Frankfurt am Main, wo er für den Rest seines Lebens wohnte. Auch in Frankfurt blieb er Journalist, arbeitete während des Nationalsozialismus und danach bei verschiedenen Zeitungen als Sportreporter, Lokaljournalist und Theaterkritiker. Die *Frankfurter Neue Presse* wurde von 1946 an seine journalistische Heimat, bis 1972 leitete er dort die Lokalredaktion, schrieb Literatur- und Theaterkritiken und war zeitweise auch stellvertretender Chefredakteur der Zeitung. 1971 veröffentlichte Kirn im Frankfurter Societätsverlag ein *Tagebuch*, in dem er Gedanken, Beobachtungen und Notizen zur Zeit und zum Vergehen derselben notierte. Er beobachtete kritisch die Veränderungen der Stadt Frankfurt, schilderte Reisen und Begegnungen mit vielerlei Menschen. In diesem ansprechenden feuilletonistischen Rahmen sind auch die beiden Worms-Texte enthalten, in denen sich Richard Kirn an die Stadt seiner Jugend erinnert. Sein Andenken wird in Worms gepflegt: In Worms-Hochheim gibt es eine Richard-Kirn-Straße.

Text aus   Richard Kirn: Tagebuch. Von Mädchen und Männern, Blumen und Bäumen, Tätern und Träumen, Hunden und Katzen, Alltag und Abenteuern. Frankfurt 1971, S. 22–28. Abdruck mit freundlicher Genehmigung von Thomas Kirn, Frankfurt.

Literatur   http://de.wikipedia.org/wiki/Richard_Kirn_(Journalist); mehr über Richard Kirn ist im Essay von Volker Gallé in diesem Buch zu finden.

FRIEDRICH M. ILLERT

WORMS AM RHEIN

Zwischen Odenwald und Hardt liegt eine weite fruchtbare Ebene, durchzogen von dem breiten Band des majestätischen Stromes und überwölbt von einem unendlichen Himmel. Die Bergketten treten weit zurück und umschließen nur wie ferne schützende Wälle den großen Schauplatz, auf dem seit Jahrtausenden Lust und Leid eines großen Geschehens sich entfaltet. Inmitten dieses uralten Kulturlandes liegt Worms. Schon von weitem grüßt die türmereiche Silhouette dieser ältesten Stadt Deutschlands auch heute noch den Wandrer, und über alle Türme und Giebel hinaus grüßt die sechsfache Stadtkrone des gewaltigen Domes, des Wahrzeichens dieses ganzen Gaues. Es gab eine Zeit, wo selbst Mainz zum Wormsgau zählte und hier die Macht »des gewaltigsten Erzbistums durch ganz Germanien« ruhte. Es gab eine Zeit, wo hier die königliche Pfalz stand und Kaiser und Könige ein- und ausgingen und der ganze helle Glanz des alten Deutschland über dieser Stadt lag, wie kaum über einer andern sonst. Immer wieder sind es diese Erinnerungen, die bei der Nennung ihres Namens aufwachen, Erinnerungen, wie jene fremden Mythen von Troja und Karthago, und doch um vieles herzlicher und ergreifender, weil dieses da unser deutsches Land und Worms unsre deutsche Stadt ist.

Unter den neugewordenen Stadtvierteln und den fruchtbaren Feldern schlafen, tief in die Erde gebettet, längst verwehte Kulturen. Nur das Lied singt von alten und jungen Helden, von Königinnen und von Rosen und Küssen, von großem Leid und der Not des Unterganges. Zerstört ist die ganze Pracht der mittelalterlichen Stadt mit ihren zwölf gewaltig aufragenden Stadttoren, ihren sechzig Mauertürmen, ihren fünfzig Kirchen, ihrem Rathaus, Zeughaus, Tanzhaus, Münze, Kaufhaus, ihren Zunfthäusern, der bischöflichen Residenz, der glanzvollen Stätte so vieler Reichstage, mit ihren Klöstern und Stiften, Ritterhöfen und Patrizierhäusern – diese Stadt ist vergangen in jener furchtbaren Zerstörung, die kein Haus verschonte und nur das Quaderwerk der Kirchen stehen lassen musste, bis auch die meisten von ihnen dem Unverstand und der Not zum Opfer fielen. So sank Worms, einst jahrhundertelang eine der führenden Städte, hunderttürmig aufragend, unter den Schlägen des Dreißigjährigen Krieges, des Pfälzischen Erbfolgekrieges und der unseligen Zeit deutscher Ohnmacht und deutschen Unterganges zu einem Landstädtchen ohne Bedeutung herab.

Doch unvergesslich bleibt der Ruhm der Stadt der Burgunder, der Residenz der ostfränkischen Könige, die Stadt der Kaiser, Heinrichs IV., des Konkordates, Barbarossas, der Reichstage, des Ewigen Landfriedens und der Reformation, der hochberühmten freien Reichsstadt und fürstlich-bischöflichen Residenz. Und immer wieder wachen die alten feierlichen frohen und leidvollen Erinnerungen auf, wenn wir durch die Straßen gehen, weil immer wieder alte Monumente oder Ruinen inmitten all der neuen Dinge stehen und weil alles Neue auf dem schwergeformten Fundament vergangener Größe ruht.

Wenn man heute nach Worms kommt, so ist es zunächst, als ob man in eine ganz junge und neue Stadt käme. Es ist alles wie überall, und man ist vielleicht enttäuscht, an Stelle des erwarteten türmereichen und vielgiebeligen Worms eine Stadt mit klein- und großstädtischen Straßen, Anlagen und Unternehmungen zu finden, wie anderswo auch. Und doch ist nicht alles verloren, was diese Stadt vor andern auszeichnete. Ja, es ist sogar noch eine Fülle von großen Dingen vorhanden, die nur deshalb klein und arm erscheint, weil es nur noch die Reste eines einst vielmals größern Reichtums sind. Da steht noch rätselhaft und schön die Pauluskirche mit ihrem Kreuzgang inmitten enger Gassen und erzählt von den Kreuzzugsträumen, die in der seltsamen Formung ihrer

Türme sich gestaltet haben. Da steht noch St. Martin, die kleine, sagenumwobene romanische Basilika, die Andreaskirche mit ihrem malerischen Kreuzgang, St. Magnus, die als erste Kirche nach der Reformation der evangelischen Gemeinde zugesprochen wurde. In lauter Weinbergen steht, welt- und gottselig in ihrer gotischen Anmut, die Liebfrauenkirche. Auf dem Markt ragt groß und stark die Dreifaltigkeitskirche, das stolze Zeugnis eines imponierenden Willens zum Wiederaufbau der zerstörten Stadt, und in der Römerstraße liegt bescheiden die Friedrichskirche, die einst von der reformierten Gemeinde errichtet wurde. Und über alle diese Kirchen ragt noch majestätisch und erhaben der Dom und schließt in seinen gewaltigen Mauern und Wölbungen eines gotischen Meisters seine Skulpturen und Balthasar Neumanns Altarwerk aus Marmor und Gold ein. Es liegt noch altes Wesen in den engen Gassen der Altstadt, in den Gettostraßen und um die Synagoge des Judenviertels, um die verwitterten Grabsteine des tausendjährigen Judenfriedhofes und um die Reste der alten starken Stadtmauern, die hie und da zwischen Weinbergen und in Gassen stehen geblieben sind und bei den Tortürmen an der Rheinseite noch ein ganzes Stück alter Zeiten in die Gegenwart hinübergerettet haben ...

Heute ist Worms in seiner Ausdehnung größer, als es je war, und seine Straßen und Häuserreihen ziehen weit ins gesegnete Land. Längst sind die verödeten Plätze wieder mit stattlichen Bauten geziert. Eifrige Hände waren am Werk, um die verlorene Schönheit wieder erstehen zu lassen. Der große Rundbau des städtischen Spiel- und Festhauses (Stadttheater), der malerische Repräsentationsbau des Cornelianums mit seinem stimmungsvollen Nibelungensaal und dem Siegfriedbrunnen, das breit gelagerte Rathaus, das reichhaltige und tausend Erinnerungen an die vergangene Herrlichkeit bergende Paulusmuseum, das festlich-große Lutherdenkmal, das größte Reformationsdenkmal der Welt, die städtische Gemäldegalerie und das demnächst erstehende bedeutende Kunsthaus Heylshof, die umfangreiche und vielbesuchte Stadtbibliothek mit ihren Lesesälen, das beruhigte Stilleben des reichsstädtischen Archivs, die neue imposante

Lutherkirche, die mit monumentalen Fabrikbauten sich immer stattlicher auswachsenden Viertel der Ledergroßindustrie, das lebhafte Industrieviertel am Rhein, die zahlreichen vorbildlichen Schulbauten, die Parkanlagen, der Wasserturm – sie alle erzählen von neuer Kraft, die eine neue Schönheit aus den Ruinen schuf. Es hastet arbeitsames Leben durch die Geschäftsstraßen, und Maschinen hämmern und sausen, wo einst stille Klosterkirchen und Kapellen zu frommer Andacht mahnten. Es blitzen elektrische Funken über die alten Römerstraßen und Plätze der Kaiser und Bürger. Zwei mächtige Brücken spannen sich über den Rhein, deutsches Land über deutschen Strom mit eisernen Klammern verkettend. Es rauschen neue Brunnen auf den alten Plätzen und durch die Gassen, und über die Türme weht und singt das Lied vergangener Zeiten – rheinisches Lied von Lust und Leid, von Wein und blühendem deutschen Land. Das klingt durch alle Zeiten und klingt zu uns und will in die Zukunft klingen.

FRIEDRICH MARIA ILLERT (1892–1966). Wie kommt ein Text von ihm in dieses Buch? Wurde nicht im Vorwort erklärt, dass hier ganz bewusst *keine* Sammlung geschichtswissenschaftlicher Texte angestrebt werde? Und war Dr. Friedrich Maria Illert nicht jahrzehntelang der Wormser Stadthistoriker schlechthin? Doch, das war er. Als Archivar, Bibliothekar, Vorsitzender des Altertumsvereins und Direktor der 1934 (eigens für ihn) eingerichteten »Wormser Kulturinstitute« verfügte er über Macht, Einfluss und Reputation. Es ist bekannt, dass er an der Rettung jüdischer Archivalien und an der Erhaltung des jüdischen Friedhofs in der NS-Zeit beteiligt war, ebenso bekannt ist jedoch auch, dass er, der nationalkonservative, reichsnostalgische Bildungsbürger, den Nationalsozialisten keinen prinzipiellen Widerstand entgegengesetzt hat.

Es ist hier nicht der Ort, die Stärken und Fragwürdigkeiten dieser bedeutenden Wormser Gestalt ausführlich zu diskutieren. Bedenkenswerte Ansätze dazu findet man in einigen Beiträgen zur 2005 erschienenen, großen Wormser Stadtgeschichte. Gerold Bönnen schreibt dort unter anderem: »Illert kann als Prototyp des intelligenten, wendigen und wertkonservativen Gebildeten gelten, der es durch sein ambivalentes, an der ehrgeizigen Verwirklichung eigener Ideen und Vorstellungen orientiertes Verhalten den neuen Machthabern ermöglicht hat, auch den Bereich der Kultur zu beherrschen.« Dem ist allenfalls hinzuzufügen: Im Nachkriegs-Worms blieb Illert der einflussreiche und angesehene

Mann, der er in der NS-Zeit, aber auch in der späten Weimarer Republik schon gewesen war. Das mag man einerseits der erwähnten »Wendigkeit« zuschreiben, andererseits beweist es jedoch auch, dass sich dieser Geschichtsschreiber sozusagen »regimeübergreifende« Verdienste erworben hat: In unzähligen Detailstudien, aber auch in Büchern wie *Worms im wechselnden Spiel der Jahrtausende* und *Am Kreuzpunkt der Weltstraßen* hat er die stadthistorischen Vorstellungen vieler Wormser mehrerer Generationen entscheidend geprägt.

1926 erschien in einem *Heimatbuch* des Landes Hessen (das damals ein sozialdemokratisch regierter »Volksstaat« war) ein kleiner Aufsatz des 34-jährigen Illert. Hier spricht kein sachlich forschender Historiker, sondern ein – gewiss pathetischer, aber auch gewandter – Schriftsteller. So viele Worms-Reisende waren von ihrem Besuch enttäuscht, weil sie die große Tradition, die sie aus Büchern kannten, nur schwer in Einklang bringen konnten mit jener kleinen, unspektakulären, modernen Lederindustriestadt, die ihnen vor Augen lag. Friedrich Maria Illert schafft diesen Brückenschlag mühelos, indem er im Treiben und Schaffen der neuen Stadt denselben Geist am Werke sieht, der immer schon die Stadt geprägt hat. Wissenschaftlich gesehen, wird man an diesem Text wahrscheinlich vieles aussetzen können. Aber wenn man ihn als persönliche Vision eines guten Kenners und großen Liebhabers der Stadt Worms auffasst, darf man ihn durchaus zu den literarischen »Wormser Fundstücken« zählen.

Text aus   Karl Esselborn (Hrsg.): Hessen-Darmstadt. Ein Heimatbuch. Leipzig 1926, S. 430–433.

Literatur   Geschichte der Stadt Worms. Herausgegeben im Auftrag der Stadt Worms von Gerold Bönnen. Stuttgart 2005, Zitat S. 586.

ANNE MARX

ELEGY FOR THE VICTIMS
OF THE HOLOCAUST FROM WORMS

We are the remnants, unravelled and torn
from fabric once sturdy, a proud congregation.
We, the survivors, returned here to mourn
those others, the doomed ones. We seek consolation
in reviving their names, recording their end
on a tablet for new generations to view:
Whether relative, neighbor, stranger or friend,
each of these victims was from Worms – and a Jew.

Age learns accepting but never forgetting:
time is a healer though scars shall remain
as constant reminders, lest the callous be letting
bygones be bygones, lest they blot out the stain.
Who can imagine how six million perished
when even six hundred should stagger the mind?
Theirs are the names from a City they cherished –
this fraction our portion, forever enshrined.

ELEGIE FÜR DIE OPFER
DER JUDENDEPORTATION IN WORMS

Hier sind wir, gerissen aus festem Gewebe,
einer stolzen Gemeinde zerfaserte Reste,
zu trauern gekommen sind wir, die wir leben
um die Andern, Verlornen. Wir suchen zu trösten,
wir beleben die Namen, erinnern ihr Ende
auf der Tafel als Zeichen für Generationen:
Ob Verwandter, ob Nachbar, ob Freund oder Fremder,
jedes der Opfer aus Worms – und ein Jude.

Alter nimmt hin, doch lehrt nicht das Vergessen,
die Zeit heilt die Wunden, doch die Narben, sie bleiben
als dauernde Mahnung, dass kein stumpfes Gewissen
versuche, die Schande getrost zu begraben.
Begreift man, dass sechs Millionen umkamen
wo doch schon sechshundert undenkbar erscheint?
Zur Stadt, die sie liebten, gehören die Namen –
zu wahren dies Bruchstück – das sei unser Teil.

CLASS REUNIONS

I. AMERICA: 1939–1979

When other women were reunion-bound,
I watched the way they walked and how they dressed
feeling a curious envy, well suppressed,
of them who shared landscapes of common ground.
My past had been suspended without sound,
its faces blank, erased; those loved the best
eradicated most, scars to attest
my first, my German skin had been unwound.

America grew me a second skin
I wore a lifetime, never looking back
with sentiment. Where others had a past
to cherish, mine was a vacuum within
by choice. Cushioned in love, I claimed no lack,
disclaimed a role in my initial cast.

II. GERMANY: SUMMER 1979

Cradled by linden, it retained its grace,
center of culture where we danced, so young
a life ago. I entered as my tongue
tasted the sudden sweet, as froth of lace
pink-layered a favorite gown before my face
to make me move in tango trance among
ghosts of the past, a ladder's missing rung
I skipped too long, now in its proper place.

Inside, old friends had rallied anxiously
to count at this reunion, undirected
by some authority, to make it clear
by word and deed they kept the memory
of old allegiances warm, unexpected,
bridging the gap. The missing link was here!

III. AMERICA: AUTUMN 1979

Back home once more, how could I now explain
belated change-of-heart? How would I tell
of signals that revealed a wordless well
of friendship, despite recurrent pain
of holocaust wounds? (Like those who still remain
foes of the fatherland, of all who dwell
on tainted soil, I used to share that hell
of unforgiving hate, an endless chain)

Now I had late reunions with my youth
judging old friends by what they had become —
wistfully aging women sharing guilt.
Like me, they lived decades finding the truth
too hard to bear, letting all senses numb.
With me, at last, foundations were rebuilt.

KLASSENTREFFEN

I. AMERIKA 1939–1979

War für die Andern Klassentreffens-Zeit
prüfte ich ihre Kleider, ihren Schritt
verbarg die Eifersucht, an der ich litt
vor dieser Landschaft der Gemeinsamkeit.
Klanglos verging mir die Vergangenheit:
leere Gesichter, nichts verschont vom Schnitt,
was ich geliebt. Und Narben teilen mit,
von meiner deutschen Haut war ich befreit.

Als zweite Haut wuchs mir Amerika.
Ich trug sie lang. Zurück schaute ich nie.
Im Vakuum zu leben, stand mir frei.
Erinnerung – war für die Andern da,
doch kannt ich keinen Mangel ohne sie,
geliebt, geschützt, verkannt ich, wer ich sei.

II. DEUTSCHLAND, SOMMER 1979

Anmutig wiegte sich der Lindenbaum
noch vor dem Festspielhaus: Dort hatten wir –
ewig ist's her – getanzt. Gleich schmeckte mir
die Zeit: Brüsseler-Spitzen-Saum
ein heißgeliebtes Kleid, ein rosa Traum
vergess'ner Tango-Trance. Und all das hier
zwischen Gespenstern. Was geschah mit mir?
Das lange Gemiedene fand seinen Raum.

Viel alte Freunde waren hier beisammen
bemüht, für solch ein Treffen frei zu sein.
Von keinem Amt verpflichtet und geschickt
erwärmten sie in Wort und Tat die Flammen
alter Erinnerung neu. Und so traf ein,
was ich nicht mehr erhofft: Verbindung war geglückt.

III. AMERIKA: HERBST 1979

Wieder daheim: Wie kann ich nun erkunden
was mir so spät geschah? Wie stelle
ich Zeichen dar, die jene tiefe Quelle
der Freundschaft zeigten, trotz verborgner Wunden?
(Zu lange war ich nur als Feind verbunden
dem Vaterland, fühlte mich als Geselle
der Unversöhnlichen, die um die Hölle
des Hasses Ketten mehrfach sich gewunden.)

Jetzt, da ich meine Jugend wiedersah
urteile ich nach dem, was heut ich fand –
die Trauer schuldbewusster älterer Fraun.
Sie brauchten lang – wie ich – zu sehen, was war:
es war so schlimm, dass jeder Sinn verschwand.
Mein Fundament: jetzt kann ichs wieder baun.

ANNE MARX (1913–2006) wurde in Bleicherode am Harz geboren. Ihre Eltern starben früh. Da ihre Mutter aus Worms stammte, kam das Kind 1925 hierher. Ihr Großvater Julius Weinberg war Mitinhaber der Firma Weinberg & Berliner, Stoffe und Schneidereibedarfsartikel in der Kämmererstraße. 1932 bestand Anneliese Löwenstein an der »höheren Töchterschule«, dem heutigen Eleonorengymnasium, das Abitur. Von 1932 an studierte sie Medizin in Berlin und Heidelberg, 1934 wurde sie, wie alle jüdischen Studenten, am

Weiterstudieren gehindert. Sie konnte aber noch eine Ausbildung zur Physiotherapeutin abschließen, und 1935 erschien im Frankfurter Verlag N. Kaufmann unter dem Titel *Ein Büchlein vom Schauen, Sinnen und Weitergehen* ihr erster Gedichtband. Es sollte ihr einziges Werk in deutscher Sprache bleiben.

1936 emigrierte Anneliese Löwenstein in die USA, wo sie ein Jahr später den Geschäftsmann Frederick E. Marx heiratete. Der amerikanische Ehemann und ihre beiden Söhne, 1938 und 1941 geboren, trugen sehr wesentlich dazu bei, dass das Englische zu ihrer eigentlichen Sprache wurde. Im Lauf der Jahre erarbeitete sie sich die Fähigkeit, in der neuen Sprache Gedichte zu schreiben: Anne Marx wurde zur amerikanischen Lyrikerin, die im Laufe ihres langen Lebens mehr als zweitausend Gedichte veröffentlichte und in mehreren literarischen Gesellschaften als Literaturfunktionärin aktiv war. Sie wurde für ihr Werk mit zahlreichen Preisen geehrt. Ihr Nachlass liegt in der »manuscripts and archives division« der New York Public Library.

Wie Anne Marx in ihrem dreiteiligen Gedicht *Class Reunions* darstellt, hatte sie sich lange Zeit damit abgefunden, heimat- und wurzellos zu leben. Je älter sie wurde, desto dringlicher wurde jedoch der Wunsch, die verdrängten Jahre der Wormser Jugend wieder ins Bewusstsein zu heben. Deshalb nahm sie 1979 erstmals an einem Treffen ihrer ehemaligen Mitschülerinnen in Worms teil und besuchte die Stadt danach noch häufiger. Durch Begegnungen mit Wormser Bürgerinnen und Bürgern, die sich dem Verbrechen des Holocaust stellten, aber auch durch eine neue Beschäftigung mit der deutschen Kultur und Tradition fand Anne Marx zu einer versöhnlichen Haltung: Sie wollte den Deutschen, die sie einst aus ihrer Heimat verjagt hatten, verzeihen, wollte sie verstehen, zugleich aber bestand sie darauf, dass das geschehene Unrecht nicht vergessen werden dürfe. In ihrem Gedichtband *Hurts to Healings* aus dem Jahr 1984 reflektierte sie diesen Trauer- und Bewältigungsprozess in einer Reihe von Gedichten.

Karl und Annelore Schlösser, die in jahrelanger Arbeit die Ermordung und Vertreibung der Wormser Juden dokumentiert haben, wurden im Lauf dieser Arbeit auch mit Anne Marx bekannt. Also animierten sie ihren ältesten Sohn, den studierten Anglisten Hermann Schlösser, Anne Marx' Gedichtband *Hurts to Healings* ins Deutsche zu übersetzen. In einer zweisprachigen Ausgabe erschien das Buch 1986 im Wormser Verlag The World of Books, und zwei Gedichte daraus sollen nun auch in dem Worms-Lesebuch enthalten sein, das derselbe Hermann Schlösser 28 Jahre später herausgibt.

> **Text aus**   Anne Marx: Hurts to healings / Wunden und Narben, deutsch von Hermann Schlösser, London / Worms 1986, S. 24–25, bzw. S. 52–55.

> **Literatur**   "Anne Marx Papers" unter: http://archives.nypl.org/mss/1887

WILLI RUPPERT

DIE HÖLLE JENES TAGES

21. FEBRUAR 1945

Der Abend senkt sich über Worms. Ein Abend wie viele in diesen letzten Monaten des Winters 1944/1945, unruhig, fiebrig und drohend. Die Stadt erwartet ihr Schicksal ...

Nach 19 Uhr hat der Funk den Anflug starker Bomberverbände auf den Raum »Berta/Dora« gemeldet. Wird es heute sein?

»Die Verbände im Anflug auf den Raum Worms ...«, tönt es unheilvoll aus dem Lautsprecher. Längst ist Vollalarm. Die Menschen sind mit ihren Bündeln in die Keller geeilt, wie so oft in diesen letzten Monaten. Ausgestorben liegen die dunklen Straßen, als in der Ferne Scheinwerfer zu spielen beginnen. Dumpf und drohend rollen die Formationen heran, näher und näher. Am Südrand der Stadt blitzt das erste Richtungszeichen auf, gleich danach ein zweites. Zischend prasseln die Brandbomben und Kanister auf das Gebiet zwischen Horchheim und der Vorstadt. Unheimlich schnell wälzt sich die Feuerwelle auf die Stadtmitte zu. In das gurgelnde Prasseln der Brandbomben mischen sich die Detonationen der schweren Kaliber, die dazwischengestreut sind, um das Inferno zu vergrößern, um den Brand auseinanderzureißen, der sich in Minutenschnelle über die Stadt ergießt.

In den Kellern ducken sich die Menschen, schreien, weinen, beten. Ist dies nun das Ende?

Neue Detonationen, das dumpfe Klatschen der das Feuer bringenden Bomben. Schreckensrufe überall: »Es brennt, es brennt ...!«

Schreckensrufe in den Kellern des Stadtkerns, wo die Flammen sofort reiche Nahrung finden. Schreckensrufe in den engen Vierteln zwischen den Lederfabriken im Süden und der Vorstadt, links und rechts der Römerstraße bis hinunter fast an den Rhein. Die Erfahrungen aus anderen Städten fallen den Gehetzten und Gequälten in diesen grausamen Minuten ein: Hinaus ... fort aus der Altstadt ... die Hitze wird uns verbrennen ... nur hinaus ...!

Und es beginnt das Hasten und Rennen um das nackte Leben. Hoch lodern links und rechts die Brände; wie Fackeln stehen die alten Häuser an den Straßen, in denen die Hitze immer unerträglicher wird. Nur nicht verbrennen ... Was machts, dass Bomben fallen? Detonationen zerreißen die Luft, die in den engen Gassen der Altstadt glüht.

Dann kommt der fürchterliche Sturm auf, hervorgerufen nicht durch Wind, sondern von den Flammen verursacht, die der Luft den Sauerstoff entziehen. 28 Minuten hat der Angriff gedauert. Sie haben genügt, um die bis dahin einigermaßen glimpflich davongekommene Stadt in ihrem Kern zu vernichten. Noch in der letzten Phase des Infernos ist zu erkennen, dass sich ein Flächenbrand ausbreitet, der nicht lokalisiert werden kann.

Später wird man sagen, dass die Zahl der Opfer, gemessen an dem Grad der Zerstörung, bezogen auch auf die anderer Städte, gottlob nicht allzu groß ist. Es ist dem Umstand zu danken, dass die Menschen frühzeitig auswichen, und dass sie die Glut jener Nacht nicht in den Kellern erwarteten. Man wird dann auch wissen, dass der Todesstreifen, den fast 800 englische Flugzeuge über die Stadt legten, lang und schmal war und so ein Ausweichen nach Westen und Osten ermöglichte.

Als um 20.26 Uhr alles auf die brennende Erde niedergeprasselt ist, haben 1100 Sprengbomben und weit über 100 000 Brandbomben und Kanister mit Phosphor städtisches Gebiet getroffen, Häuser, Straßen und Fabriken, Kirchen, Plätze und Gräber. Sie haben Säuglinge getötet, Achtzigjährige, werdende Mütter und ganze Familien. Noch ist in dieser Nacht das ganze Elend nicht abzusehen.

Der Todesstreifen ist nicht zu durchbrechen, will jemand, Feuerwehrleute, junge, tapfere Melder, Sanitäter und andere Männer, die die Pflicht zur Gemeinschaftshilfe an die Befehlsstellen ruft, von Osten nach Westen, aus dem Westen durch die brennende Altstadt. Die Wollstraße ist ein Flammenmeer. Glühen ist in der Petersstraße und in der Hagenstraße. Bis hinunter zur Rheinstraße, wo der äußere Rand des Flächenbrandes wütet, ist kein Durchkommen. Vom Süden zum Norden ist der Tod über die Stadt gerollt, Vernichtung hinter sich lassend. Grauen und verzweifelte Bewohner, die von der Peripherie des brennenden Stadtkerns auf das Flammenmeer schauen. Im Süden ist ein einziger Feuerball. Um die Längsachse Valckenbergstraße brennen die Häuser alter Wormser Bürgerfamilien, neuere Wohnbauten, Fabrikanlagen, Kirchen und das Museum. Eine weite Glocke aus Feuer und Asche wölbt sich über Worms. Auch der Dom brennt, das Sinnbild des Ewigen.

*

Es gibt unzählige Beispiele menschlicher Größe in dieser Nacht. Das eigene Leben missachtend, wühlen sich Männer und Frauen und Kinder durch die brennenden Trümmer zum Nachbarhaus, um Eingeschlossene zu bergen und Verletzte zu retten. Wer aber will d i e richten, denen das Ich alles ist? So nah ist der Tod, dass jede Anklage vor dieser Nähe zusammenfällt. Das Blatt, auf dem die Rettungsarbeiten dieser Nacht verzeichnet stehen, enthält keine Namen. Es nennt auch nicht die Namen derer, die sich in den Uniformen der Feuerwehr, der Nothilfe, des Luftschutzes und des Roten Kreuzes – um nur die wichtigsten zu nennen – dem Glühen entgegenwerfen. Wenn auch ihre Heime brennen, die meisten bleiben dort, wohin sie der Befehl des Gewissens gerufen hat. Alle, die sich in diesem Grauen der Kranken annehmen, tun mehr als ihre Pflicht.

*

Gegen Mitternacht wütet der Flächenbrand in unverminderter Stärke. Die Einsatzleitungen in der Polizeidirektion und die Befehlsstelle der Feuerwehr in der Stadtmauer haben durch den Äther um Hilfe gerufen. Kann es überhaupt Hilfe geben? Kann noch etwas gerettet werden?

Ja. Die anderen Stadtteile gilt es abzuschirmen, denn das Feuer leckt unbarmherzig weiter. Mit vier motorisierten Löschfahrzeugen, Rüstwagen, Zusatzgeräten, Leitern und Mannschaftswagen nimmt zuerst die Wormser Freiwillige Feuerwehr, deren Angehörige in diesen Kriegsjahren dienstverpflichtet sind, den ungleichen Kampf auf. Er ist aussichtslos.

Der Brand schmilzt die Telefondrähte. Schon ganz zu Beginn des Infernos war das Licht verlöscht. Und dann das Schlimmste: Die Leitungen geben kein Wasser. Die nicht zerstörten Löschteiche sind bald leer. Mit dem Eintreffen der Wehren aus der unaufgefordert zu Hilfe verpflichteten 15-km-Zone bessert sich die Lage. In fieberhafter Eile werden Schlauchleitungen zum Rhein hinunter gelegt. Doch es müssen Relais-Stationen eingerichtet werden, die das Wasser auf dem langen Weg weiterpumpen. Aus der Pfrimm wird Wasser gepumpt und aus dem für diesen Zweck vorbereiteten Kanalnetz.

Auf den dringenden Hilferuf aus der brennenden Stadt eilen Feuerwehren aus allen Himmelsrichtungen herbei, aus dem Raum Frankfurt-Darmstadt, aus Rheinhessen, vom Odenwald und aus dem Ried, pfälzische Feuerwehren und eine gut ausgerüstete Spezialeinheit der Luftwaffe, die im Raum Heidelberg stationiert ist. Mehr als 1000 Feuerwehrleute stemmen sich gegen den Brand, der als Riesenfackel über dem Land am Rhein steht. 250 Kilometer Schlauchleitungen liegen in den nassen, verschlammten Straßen, die die Schleusen zum lodernden Stadtkern sind. Unter den 35 Motorspritzen sind 25 Löschgruppen aus den Gemeinden des Kreises Worms. Sie sind ohne Ausnahme gekommen, um der brennenden Stadt in ihrer Todesstunde beizustehen.

In der örtlichen Luftschutzleitung bemüht sich der Wehrführer Karl H o c h um die Steuerung des Masseneinsatzes. An der »Front« tun es der Bereitschaftsführer Wilhelm W o r s t e r und

sein Stellvertreter Martin Eschenfelder, der später Branddirektor wird.
Die Wormser Wehr – und die Betriebsfeuerwehren helfen, wenn sie nicht zwischen den brennenden Fabrikanlagen gebraucht werden – bewährt sich im größten Einsatz ihrer hundertjährigen Geschichte.

*

Gegen Morgen flackern hier und dort neue Feuer auf. Wo sie nicht sofort bekämpft werden können, weil der Schutz der Wohnsiedlungen vordringlich ist – wie beim Festhaus – fressen die Flammen noch Stunden nach dem Angriff weitere wertvolle Gebäude.

Der Morgen des 22. Februar kommt grau herauf. Und blutrot über der Stadtmitte. Tausende wandern zurück zu den Heimstätten. Und Tausende stehen vor brennenden und verglimmenden Ruinen. Hier und da können noch Möbel gerettet werden. Sie stehen zwischen rauchenden Balken in Höfen und auf Straßen.

Meist ist die Vernichtung total.

Vermisste werden gesucht, gefunden und auch nicht. Die ersten Ermittlungen ergeben, dass über 200 Wormser in den Flammen umkamen. Später wird die Zahl 239 genannt.

Am dritten Tag nach jenem Abend glimmen die Ruinen noch immer. Rauch zeigt noch lange die Hölle des 21. Februar 1945 an. Die geschwärzten Trümmer verschwinden nicht mehr, bis zum nächsten Angriff dieses Schlussaktes im grausigen Drama Krieg...

Rauch und Ruinen
18. März 1945
»Ein sonnenklarer Sonntag, blauer Himmel, also Fliegerwetter. Früh 8.10 Uhr Alarm. Gegen neun Uhr kamen Großbomber von Norden. Die erste Bombe fiel Luperkusstraße 34, die zweite Stralenbergstraße 8. In Abständen von 20 Minuten kamen weitere Wellen. Da sprangen wir, Schwager Jakob aus Berlin und unser Freund Franz, in den Unterstand. Die Bomben heulten über uns hinweg.

Richard Stumm, Dreifaltigkeitskirche und Cornelianum in Trümmern.
Künstlerbiographie S. 263.

Ich machte Freund Franz den Vorschlag, nach Hause zu gehen und schickte Jakob zu Mina, denn für vier Personen war der Unterstand zu klein. Dieser Vorschlag rettete zwei Menschenleben. Das Schicksal hat es so gewollt.

Neue Wellen, neue Einschläge: Pfrimmanlage, Werk Liebenau, Bebelstraße. Wieder eine neue Welle. Nicht so hoch wie die vorhergehenden. Ueber Liebenau lösten sich die ersten Bomben aus den Flugzeugen. Es wurden immer mehr, sie waren gut zu sehen. Ich ging, eine Zigarette rauchend und beobachtend, langsam in den Unterstand. Zu Lenchen, die auf einem Faltbootstühlchen im Unterstand saß, sagte ich: Es war sicher die letzte Zigarette, die Bomben kommen auf uns zu. Es war 10.32 Uhr. Ich setzte mich, während das Heulen stärker wurde und die ersten Erschütterungen die Erde schüttelten. Lenchen legte den Kopf auf meinen Schoß und sagte leise, jedoch mit fester Stimme: Wir wollen noch nicht sterben.

Sekunden verrannen. Die kleine Hoffnung…

Da, ein Beben im Unterstand, die Längswand kam im Zeitlupentempo auf uns zu. In diesem Moment setzte sich Lenchen schnell hoch, und das war ihr Glück. Die Doppelwand war gebrochen, wie Spieße stachen die Rundhölzer zwischen uns. Ein Rundholz rutschte an meinem Stahlhelm nach rechts ab. Das war meine Rettung.

Es war Nacht. Von beiden Seiten waren wir durch Erde und Rundhölzer eingeklemmt. Brummen im Kopf, ein fürchterlicher Druck in den Ohren. Wir riefen um Hilfe. Ich weiß nicht, wie oft und wie laut. Sicher hörte es niemand. Wir konnten uns nicht helfen, uns nicht bewegen. Alles war ruhig, dunkel. Da, wieder Einschläge in der Nähe. Erde rutschte nach. Die Situation wurde immer schlimmer. Und Hilfe: Lebendig begraben…

Endlich nach einer Ewigkeit, hörten wir, die wir kaum noch atmen konnten, in der Nähe Schläge. Dann, wie von weither, Menschenstimmen. Sollte es noch Rettung geben? Rufe nach Lenchen und mir, näher, immer näher. Die Gedanken hämmerten: Aushalten, aushalten, grabt doch, aushalten, leben, Hilfe.

Hilfe, Hilfe… presste ich hervor, denn Lenchen gab keine Antwort mehr. Getrampel war dann zu hören, viele Menschen mussten es sein, denn ich hörte Stimmen, das Geräusch von Spaten und Pickeln.

Holzteile wurden weggerissen, Erde rutschte, da, ein Lichtloch, ich konnte Minuten später mit Mina sprechen. Dann sah ich sie endlich, die Retter. Abgeschaffte Männer, Erwin, Jakob, Franz darunter. Zurufe sollten uns aufmuntern, Lenchen gab keine Antwort mehr.

Eine Stunde und 50 Minuten hatten die Treuen gegraben und geschafft. Ich wurde bewusstlos an das Licht, an die Sonne gezogen. Nach einer weiteren halben Stunde war Lenchen geborgen. Sie war verletzt. Gottlob, sie lebte aber ...«

*

Fritz Muhl aus Worms-Neuhausen hatte nach diesem Angriff seine Wohnung schwer beschädigt vorgefunden. Aber er und seine Frau lebten. 141 Wormser, Männer und Frauen und Kinder, haben die rollenden Angriffe dieses sonnig-klaren Sonntags nicht überstanden. Sie mussten in den Tod gehen, in einen irrsinnigen Tod.

Es war vor dem Ende dieses Krieges, der mehr Blut und Tränen über diese Erde brachte als alle anderen Kriege der Geschichte. Es waren die l e t z t e n Bomben, von Einzelabwürfen abgesehen, die auf Worms fielen. Sie haben noch einmal die Trümmer umgewühlt, die der 21. Februar hinterlassen hatte, haben neue Ruinen geschaffen aus Wohnhäusern, Fabrikanlagen, Werkstätten und Bürogebäuden. Fast fünf Stunden lang waren Bomber, diesmal amerikanische Flugzeuge, über die Stadt, den Westen, den Norden und die Vororte geflogen, hatten Tod und Verderben auf die Stadt geschickt, in der noch die Trümmer aus der Vernichtungsstunde des 21. Februar rauchten.

*

Zusammengeschlagen sind ganze Stadtviertel, besonders die Altstadt zwischen Bahnhof und Rhein. Trichter machen das Durchkommen unmöglich. Wirr zerfetzt hängen die Leitungen und Drähte von umgeknickten Masten. Mühsam bahnen sich die nicht aus der Stadt und vor dem Grauen geflohenen Menschen, in deren Gesichtern das Entsetzen steht, einen Weg durch den Schutt. Die Angst nimmt den Menschen das Gefühl für Hunger und Kälte, Not und Hilflosigkeit.

Auf einmal ist Ruhe, unheimliche Ruhe. Seltsame Kontraste werden offenbar. Noch vor Kurzem die lodernden Brände, jetzt die blasse Nacktheit der Trümmer und Ruinen, wohin das Auge blickt. Familien werden getrennt, die Menschen hausen in Löchern, die ein Kistenbrett, ein Stück Blech vor den Fenstern und Eingängen zudecken. Man kriecht zu Verwandten, Freunden und Bekannten. Wer sein Heim behalten hat, ist glücklich, auch wenn das Wasser durch Decken und Risse tropft, auch wenn ein Loch gähnt, wo einst eine Tür war. Wer zu klagen beginnt, wird still, wenn er die öden Felder in der Stadtmitte sieht, dort etwa, wo einst die stolzen Bürgerhäuser der Kämmererstraße standen oder draußen in der Vorstadt nach Süden, wo im Bereich der Valckenbergstraße alles niedergelegt ist.

Es ist unheimlich still in der Stadt. Denn noch ist Krieg. Er ist sogar nahe, sehr nahe. Die Amerikaner haben die Nahe überschritten, Panzer wälzen sich durch Rheinhessen auf die Nibelungenstadt zu. Die letzten deutschen Soldaten passieren die Stadt. In Hochheim fällt noch eine ganze Gruppe. Jagdbomber preschen über die Trümmer, jagen die verängstigten Menschen zurück in die Keller und Ruinen, in denen es kein Wasser gibt, kein Licht und kein Gas. Ärzte bemühen sich um die Verletzten. In den Krankenhäusern sind Notdienste eingerichtet. Stiller Heldenmut wird an einer grausamen Front geleistet. Nie wird die Geschichte dieses Heldentums in allen Phasen und Einzelheiten zu schildern sein.

Lange erst nach diesen Tagen, Monate später, kann das Ausmaß der Zerstörung mit dem Rechenstift festgehalten werden. Was an Erinnerungen unterging in Häusern und Wohnungen, ist nie registriert worden. Was an Steinen zerstört wurde, die in dieser alten Stadt Worms Geschichte atmeten, ist nie mehr aufzubauen, bleibt die grausame Folge einer irrsinnigen, unseligen Zeit. Schuld und Sühne – Worte, von denen in den kommenden Jahren noch so oft zu hören ist – sind nicht zu messen. Es fehlen die Maßstäbe.

In nackten Zahlen sei hier das aufgeschrieben, was Worms und seine Bürger im Krieg und durch den Krieg an messbaren Sachwerten verloren haben.

Für das gesamte Stadtgebiet ergibt sich folgendes Bild:
Total zerstört 2 200 Wohnhäuser mit 5 100 Wohnungen,
Schwer beschädigt 800 Wohnhäuser mit 1 800 Wohnungen,
Leicht beschädigt 1 000 Wohnhäuser mit 2 300 Wohnungen.

Betroffen wurden demnach 4 000 Wohnhäuser, das sind bei 6 300 Wohnhäusern am 1. Januar 1945 64%, in denen rund 35 000 Menschen oder mehr als zwei Drittel wohnten, 35% aller Wohnhäuser der Stadt Worms wurden total zerstört und nur 36% der Häuser blieben unbeschädigt. Hierbei ist zu berücksichtigen, dass insbesondere das Gebiet östlich der Bahnlinie, und hier wieder vorwiegend die Altstadt, schwer gelitten haben.

Eine Zusammenstellung der Brandversicherungswerte (Friedenswert vor 1914) hat ergeben, dass der Schaden allein an den Gebäuden der Altstadt 31 Millionen Mark beträgt.

Die Altstadt ist auch städtebaulich gesehen das Herz der Stadt. Sie wird umschlossen von den Grünanlagen, den Resten der Stadtmauer und im Südosten von der Linie Schönauerstraße–Pfauentorstraße–Ludwigstraße–Wallstraße. In diesem 59 ha großen Gebiet wohnten vor der Zerstörung 11 040 Menschen in 3 380 Wohnungen. 2 300 Wohnungen waren nach dem 21. Februar und dem 18. März unbewohnbar, weil sie total oder schwer zerstört waren. 8 000 Menschen wurden mit dem Verlust von Haus und Wohnung betroffen.

Nur 88 Wohnhäuser blieben unbeschädigt. Allein diese Zahl stellt das erschreckende Ausmaß der Zerstörung heraus.

Industrie, Handel, Handwerk und Behörden verloren überdies im Altstadtgebiet 265 Gebäude ganz, 140 wurden schwer getroffen und nur 16 waren unzerstört und nicht beschädigt. Nur noch in der Hagenstraße und am Ostrand der Altstadt waren geringe Teile verschont geblieben.

*

Es zeugt von dem Lebenswillen der Menschen in dieser Stadt Worms, von der Kraft und dem nie erlahmenden Eifer, dieses Schicksal zu wenden, aber auch von dem Glauben an das Gute in der Zukunft, wenn am »Tag X« im Juni 1948 bereits wieder 1 975 Wohnungen instand gesetzt waren.

Über allem jedoch steht der Schmerz um diejenigen, deren Leben die Bomben auf eine so grausame Weise auslöschten. Einzelschicksale verblassen bei einer summarischen Feststellung der Opfer des Bombenkrieges, obwohl viele Wormser Familien zwei und drei Tote zu beklagen haben.

Die genaue Zahl der Opfer ist nicht zu ermitteln, da zahlreiche Verletzte und Kranke trotz eines späteren Todestages unter die Opfer jener Tage und Stunden zu zählen sind. Ohne die Wehrmachtsangehörigen haben

512 Menschen dieser Stadt Worms

1944 und 1945 ihr Leben durch Bomben und Feuer lassen müssen. Mit den Toten aus den früheren Jahren haben insgesamt

fast 700 Zivilisten in Worms

und allen Vororten das Leben eingebüßt.

Um einen Vergleich zu geben, sei festgestellt, dass nur 30 Städte in Deutschland eine größere Zahl von Opfern zu beklagen haben.

*

Der Tod unserer Mitbürger soll den Lebenden Mahnung und Verpflichtung sein für alle Zeiten ...

WILLI RUPPERT (1921–2001) war ein angesehener Wormser Bürger, der auf unterschiedliche Weise am städtischen Leben beteiligt war. In erster Linie war er ein namhafter Journalist, der zum Beispiel 1954 den Prozess gegen die damals berühmt-berüchtigte Wormser Giftmörderin Christa Lehmann publizistisch begleitete. Er arbeitete in der Lokalredaktion der *Wormser Zeitung* und war viele Jahre lang deren Chefredakteur. Wie viele Menschen aus dem Umfeld der *Wormser Zeitung* war Ruppert auch in der Wormser Narrhalla als Fastnachter aktiv. 1986 wurde ihm für sein vielfältiges Wirken der Ehrenring der Stadt Worms verliehen.

Das größte stadthistorische Verdienst Rupperts ist wohl das Buch »*... und Worms lebt dennoch*«, das als Untertitel die schlichte Bezeichnung »Ein Bericht« trägt. 1955, als sich das Ende des Zweiten Weltkriegs zum zehnten Mal jährte, resümierte Ruppert im Stil des unmittelbar beteiligten Berichterstatters die Zerstörung und den Wiederaufbau der Stadt Worms. Er fasste zusammen, welche Schäden durch zwei kurze Luftangriffe angerichtet wurden und wie vieler Anstrengungen es bedurfte, sie wieder zu beheben. Das Buch, das mit einem Geleitwort des damaligen Wormser Oberbürgermeisters Heinrich Völker erschien, ist zum einen eine bedeutsame historische Quelle, zum anderen aber auch eine gut gemachte journalistische Reportage, die vor allem in den Kapiteln über die Zerstörung eine anschauliche Vorstellung von den Schrecken des Bombenangriffs vermittelt.

Text aus Willi Ruppert: »... und Worms lebt dennoch«. Ein Bericht 1945–1955. Worms 1984 (Neuauflage), S. 9–21. Abdruck mit freundlicher Genehmigung von Rosemarie Ruppert, Worms.

HANS-JÖRG NEUSCHÄFER

ICH UN DIE AMERIGANER

Wir wussten schon seit Tagen, dass sie kamen. Zuerst hörte man sie nur; ganz weit im Westen war das Donnergrollen der Artillerie; da gab es offenbar noch Widerstand. Dann hörte man eine Zeit lang nichts mehr, und plötzlich sah man sie. Es war, wie ich jetzt weiß, der Morgen des 21. März 1945. Fast alle Hausbewohner standen auf der Straße, darunter meine Mutter und ich, auch meine Tante Gisela mit den Kindern (jedenfalls den ›größeren‹, 5- und 6-jährigen), die erst vor Kurzem hinzugekommen waren, ausgebombt in der Nacht des 21. Februar. Man sah zunächst nur ein kleines Flugzeug, das in niedriger Höhe immer im Kreis herum flog und langsam näher kam. Bald wurde klar: Es kreiste über dem anrückenden Truppenverband, der sich auf der Landstraße aus Richtung Monsheim-Pfeddersheim näherte (der heutigen B 47).

Wir wohnten direkt an dieser Straße, noch genauer: in einem großen, aus dem Anfang des Jahrhunderts stammenden Miethaus an der Alzeyer Straße 160 (es steht da noch heute), gegenüber dem Wormatiastadion (damals noch »Adolf-Hitler-Kampfbahn«), an der Ecke zur Ulmenallee (heute Rudi-Stephan-Allee). Es war das letzte Haus im Wormser Stadtgebiet, jedenfalls auf der von Worms aus gesehen rechten Straßenseite. (Links lag schon die ›Siedlung‹, ein noch kurz vor Kriegsbeginn fertiggestelltes Wormser Neubaugebiet). Auf ›unserer‹ Seite aber gab es eine weite, nur spärlich bearbeitete Ackerfläche mit freiem Blick bis zur Nievergolt-, teilweise sogar bis zur Brunnerstraße, die schon in Pfiffligheim lagen. So konnten wir die

Annäherung der Amerikaner sozusagen aus der ersten Reihe beobachten.

Ich kann mich nicht erinnern, dass dabei große Aufregung herrschte, eher gespannte Neugier; bei mir selbst, der ich eben noch ein großer Angsthase war, sogar hoffnungsfrohe Erwartung. Man war darauf vorbereitet und man wusste, dass von den amerikanischen Bodentruppen (im Gegensatz zu den Angriffen der Air Force) nichts wirklich Schlimmes zu befürchten war, vorausgesetzt, dass nicht ein irrwitziger Durchhaltefanatiker den Widerstand bis zur letzten Patrone befahl. Aber das war in Worms nicht zu erwarten, weil sich die dafür in Frage kommenden Herrschaften (das hatte sich blitzschnell herumgesprochen) schon einige Tage zuvor abgesetzt hatten, nicht alle mit Erfolg übrigens, denn die von ihnen angeordnete Sprengung der Straßenbrücke über den Rhein, deren Detonationen noch die Häuser im Westend hatten erzittern lassen, war zu früh ausgelöst und eines ihrer Fahrzeuge mit in die Tiefe gerissen worden.

Die weißen Fahnen lagen also gefahrlos über den Fensterbänken; die SA-Uniform des Hauswirts war schon zu Asche verglüht (in der ›Vorsorge‹ seien die Deutschen unschlagbar, meint meine Frau, die aus einem Land stammt, wo man es damit weniger ernst nimmt). Als Nächstes ließ sich das Rasseln der Panzerketten vernehmen. Zu sehen war noch nichts, aber dass sie nun schon in Pfiffligheim waren, konnte nicht mehr bezweifelt werden. Dann erschien in unserem Blickfeld ein im Schritttempo fahrender Jeep (das Flugzeug kreiste inzwischen schon über dem Stadtgebiet) mit einem aufmontierten Maschinengewehr und einem Lautsprecher, aus dem in deutscher Sprache weit schallend »Deutsche Soldaten, ergebt Euch!« wiederholt verkündet wurde. Neben dem Jeep trabte gemächlich, von fußläufigen GIs locker bewacht, mit nur halb erhobenen Händen, ein entwaffneter deutscher Soldat, dem man es ansah, dass er über seine Gefangennahme heilfroh war. Wenn ich es heute bedenke, war es womöglich sogar ein aus dem Versteck geholter ›Deserteur‹, wie man diese Menschen, die instinktiv das Richtige taten, gedankenlos immer noch nennt. Unmittelbar danach folgten die ersten Panzer, worauf die

Erwachsenen beschlossen, vorsichtshalber in den Keller zu gehen. Ich war zu diesem Zeitpunkt 11 Jahre und 5 Monate alt und fühlte mich mindestens so erleichtert wie der Soldat.

Kurz darauf bollerte es gegen die Tür. Jemand öffnete. Draußen standen, die MP im Anschlag, drei Soldaten, darunter ein »Neeschee«, der mir angesichts meiner zu diesem Zeitpunkt sehr hinfällig wirkenden Erscheinung beruhigend auf die Schulter klopfte. Das war meine erste und einzige Begegnung mit der ›kämpfenden Truppe‹, die sich fortan nicht mehr für uns interessierte. Für mich war es aber trotzdem eine Begegnung, die meinem Leben eine entscheidende Wende gab und es gewissermaßen in ein ›vorher‹ und ein ›nachher‹ teilte. Warum, werde ich später noch erzählen.

Wir wurden also uns selbst überlassen, gingen wieder raus und reihten uns in die jetzt schon größere Zahl von Schaulustigen ein, die der nicht enden wollenden, Richtung Stadtmitte fahrenden Karawane aus Panzern, Lastautos, fahrbaren Pontons, Krankenwagen und immer wieder Panzern gebannt zuschaute: Einen derartigen Auftrieb an Material, hinter dem die Soldaten fast verschwanden, hatten wir im Leben noch nicht gesehen.

Bis an diesen Punkt habe ich ein klares Bild, oder besser: einen zusammenhängenden Film im Kopf, sodass ich überzeugt bin, zumindest nichts hinzugedichtet zu haben.

Von da an sind es immer wieder einzelne mehr oder weniger lange Sequenzen, zum Teil auch nur Bildschnipsel, die mir klar vor Augen stehen, und ich werde sie wohl oder übel durch zusammenfassende Vermutungen ergänzen müssen, die den Tatsachen – so hoffe ich – trotzdem nicht widersprechen. Man erinnert eben immer nur Bruchstücke, nie Zusammenhänge, wie jeder weiß, der sich ehrlich zurückbesinnt und die Erinnerung auch als eine raffinierte Betrügerin kennt.

Das Nächste, was ich wieder detailliert erinnere, ist die Stimme von Onkel Adolf (der wesentlich älter als der ›Führer‹ war und seinen jetzt nicht mehr passenden Vornamen weit vor dessen ›Machtergreifung‹ verpasst bekommen hatte). Was er ständig vor sich hin murmelte, war das Wort »Artillerieduell«, und zu hören war es auch nur dann, wenn der ohrenbetäubende Lärm der amerikanischen Batterien, die den Rheinübergang mit einem höllischen Trommelfeuer vorbereiteten, für einen Moment verstummte. Wahrscheinlich ging es vor allem darum, die Pioniere zu schützen, die bereits mit dem Bau einer Pontonbrücke beschäftigt waren, durch die in kürzester Zeit die zerstörte Straßenbrücke ersetzt und die Verbindung zum rechten Rheinufer wiederhergestellt wurde. Von einem Duell konnte freilich keine Rede sein, denn es kam Gott sei Dank kaum etwas zurück. Jedenfalls vernahmen meine durch viele Bombennächte geschärften Ohren nichts dergleichen. Wir saßen im Keller von Tante Anna, mit der wir weitläufig verwandt waren, während wir ihren spät geheirateten Adolf kaum kannten.

Die Wohnung von Tante Anna lag am Ende der Liebenauerstraße, etwa anderthalb Kilometer von der unseren entfernt. Wann genau und wie wir dorthin gelangt sind, kann ich nicht mehr mit Bestimmtheit sagen; es muss jedenfalls entweder noch am Tag des Einmarsches oder wenig später gewesen sein. Und soviel mir meine Mutter später erzählte, geschah das deshalb, weil die Amerikaner unsere Wohnung für sich requirierten und weil die Geschütze, die das Trommelfeuer veranstalteten, just auf dem freien Feld vor unserem Haus aufgefahren waren. Ob wir beide (der Vater war noch an der ›Ostfront‹) unseren Keller verlassen haben, weil wir bei einem wirklichen Artillerieduell keine guten Karten gehabt hätten, oder nur deshalb, weil der gewiss ohrenbetäubende Lärm der Abschüsse auf die Dauer nicht zu ertragen war, weiß ich nicht. Vermutlich sind wir von meinem Weltkrieg-I-erprobten Onkel Josef geführt worden, Annas Bruder. Aber ich weiß wieder genau und sehe es vor mir, dass wir, als sich die Lage beruhigt und die Kunde vom erfolgreichen Rheinübergang die Runde gemacht hatte, in die Alzeyer Straße zurückkehrten, wo wir sogar wieder in unsere inzwischen unbesetzte Wohnung konnten. Meine Mutter, die das Schlimmste befürchtet hatte – »Wie die wohl gehaust haben werden!?« – konnte es kaum fassen, dass außer verschmutzten Betten und Fußböden kein nennenswerter Schaden angerichtet und dass nichts entwendet worden war – außer der goldenen

Uhr meines Großvaters väterlicherseits; das »gute Besteck« war noch da.

Ein Blick nach draußen zeigte uns, warum die Einquartierung von so kurzer Dauer gewesen war. Auf dem Pfiffligheimer Feld hatte man inzwischen ein großes Camp errichtet, mit einer Unzahl an Zelten verschiedener Größe und Zweckbestimmung, darunter auch ein richtiges Lazarett. Ebenfalls in Zelten schliefen und verpflegten sich die Soldaten; jeden Morgen rückten Lastwagen an, die sie im Überfluss versorgten. Ich bekam einmal ein Frühstückspaket geschenkt, dessen Inhalt allein schon ausreichte, um eine deutsche Familie für einen ganzen Tag zu ernähren. Der darin enthaltene Nescafé schmeckte mir so gut, dass ich bis heute zu Haus keinen anderen Kaffee trinke und mir bei Reisen immer einen Vorrat davon mitnehme, für den Fall, dass es im Hotel keinen gibt. Und wenn wir schon beim Essen sind: An einem anderen Tag fiel eine Büchse Corned Beef für mich ab, die meine Mutter mit Kartoffeln und Mohrrüben verkochte. Das schmeckte so herrlich – in dieser Zeit hatten ja alle ehemaligen ›Volksgenossen‹ wirklich zu darben –, dass auch die von uns »ameriganisch Gadoffelsubb« benannte Götterspeise bis heute zu meinen Lieblingsessen gehört, den aktuellen Halbgöttern in Weiß, den Sterneköchen, zum Trotz.

In den nächsten Tagen erkundete ich, teils allein, teils mit gleichaltrigen oder wenig älteren Kumpels, die nähere Umgebung und stellte fest, dass auch zwischen Lindenallee und Mozartstraße (auch das war damals freies Feld) ein ähnliches, freilich kleineres Camp entstanden war. Kein Mensch kümmerte sich um uns, auch nicht um die Erwachsenen; wir Knaben konnten sogar zwischen den Zelten herumstreunen, bis uns ein knurrender MP-Mann verscheuchte. Die »Amis« ihrerseits (bald schon machte sich diese Kurzform breit) flanierten sorglos über den Bürgersteig. So kam recht bald wieder ziviles Leben in die Alzeyer Straße, sogar mehr als zuvor. Denn jetzt kamen auch Neugierige aus der Stadt, allen voran die »Kibbestecher«, die, teils verschämt um sich blickend, teils entschlossen zugreifend, die oft nur halbgerauchten Zigaretten aufhoben, wobei die kuriosesten Techniken angewendet wurden. Am häufigsten mittels eines umgestalteten Spazierstocks, in dessen Spitze ein Nagel eingelassen war, mit dem die Kippe, ohne dass der ›Spaziergänger‹ sich bücken musste, in würdiger Haltung und gleichsam en passant aufgespießt werden konnte (daher auch der Name »Kibbestecher«).

Zur Belebung der einst so ruhigen Straße trug aber auch bei, dass sich alsbald junge Ladies, zwar nicht in großer Zahl, aber doch unübersehbar, unter die Passanten mischten, was rasch zur Völkerverständigung beitrug. Die Mädels fragten mit unschuldigem Augenaufschlag in mühsamem Englisch *"Have you chewing gum?"*, worauf nicht selten die trotz abenteuerlicher Phonetik klar verständliche Gegenfrage auf Deutsch gestellt wurde: »Fräulein, haben Sie Hosen an?« Das war dann wohl der Beginn des ›Fräuleinwunders‹, das sich trotz des strengen Fraternisierungsverbots nicht aufhalten ließ. Vor allem dann nicht, wenn jemand eine Flasche Wein zum ›Fuggern‹ mitbrachte. Der Flaschenboden wurde von dem damit bedachten amerikanischen Handelspartner so lange an einen Baumstamm gehauen, bis oben der Korken unter lautem Gejohle wie bei einer Sektflasche herausknallte.

Eine wichtige Rolle spielte auch das Wormatia-Stadion, das wenig später, Ende der 40er-Jahre, der Ort meiner glühenden Anhängerschaft wurde, als die »Bachbutzer« auf Augenhöhe mit dem FCK und weit vor Mainz 05 rangierten, und als Fritz Walter einmal noch auf Seppl Fath und regelmäßig auf den unvergleichlichen Bubi Blankenberger traf. In meinem kleinen Tagebuch von 1948 wird nach einem Spiel gegen einen weniger attraktiven Gegner vermerkt, dass »heute nur 2 000 Zuschauer« gekommen seien. Bei den Amis allerdings wurde kein Fußball gespielt, sondern American Football und Baseball. Dort ließ man uns zwar nicht rein. Aber vom Speicher unseres Hauses gab es freien Blick aufs Spielfeld. Und dazu die Lautsprechermusik! Statt martialischer Marschrhythmen oder Barnabas von Géczys Schmalzmelodien, die das Radio zuvor beherrscht hatten, die neuesten Hits von Glenn Miller, die mir sofort in die Glieder fuhren. Seitdem gehört Glenn Miller wie Gadoffelsubb und Nescafé zu meiner amerikanischen Grundausstattung. Von *In the mood* bis *Chattanooga Choo*

Choo kann ich alles noch auswendig und tanze auch im hohen Alter noch »wie de Lump am Stecke« dazu.

Natürlich waren nicht alle Amis freundlich zu uns; manche waren auch abweisend, und die meisten waren gleichgültig. Aber ich sah nie jemanden, der sich daneben benommen hätte, auch wenn es nicht an Gerüchten fehlte, unter anderem auch über gewisse ›Verdienstmöglichkeiten‹ für Jungs in meinem Alter. Für die sichtbare Ordnung sorgten jedenfalls schon die ständigen Patrouillen der Militärpolizei. Was mir am meisten an den Yankees imponierte, war ihre Lässigkeit; das was man heute als ›Coolness‹ bezeichnet. Die legten sie sogar beim Morgenappell an den Tag, der einzigen Gelegenheit, bei der sie eine Art von ›Antreten‹ sehen ließen, ohne Strammstehen mit zusammengekniffenen Pobacken (wie man es uns schon bei den Pimpfen beigebracht hatte) und ohne schneidende oder keifende Kommandostimmen. Und nachdem die Namen abgefragt und mit *"here"* beantwortet waren, flogen schon wieder die Football-Eier hin und her. Das waren tatsächlich freie Bürger, wenn auch umständehalber nur in Maßen, wegen des Zwangs, Krieg führen und dabei gegebenenfalls auch sterben zu müssen.

Am Rand des kleineren Camps Richtung Mozartstraße, direkt am Bürgersteig, sodass es auch die Zivilisten sehen konnten, stand eine großflächige Schautafel, in die Tag für Tag der letzte Frontverlauf eingezeichnet wurde und auf der man auf eine sehr bildhafte Weise mitverfolgen konnte, dass »Großdeutschland« rasch zusammenschrumpfte – wie die Haut in Balzacs *Chagrinleder* (das ich wenig später im Französisch-Unterricht kennenlernen sollte). Schließlich war nichts mehr davon da. Ganz sicher haben die Amerikaner die Kapitulation ausgelassen gefeiert, aber davon gibt es nicht einmal einen Sekundenschnipsel in meinem Erinnerungsfilm.

Auch wann die Camps in der Alzeyer Straße aufgelöst wurden und wann die Amerikaner Platz für die Franzosen machten – das muss im späteren Sommer 1945 gewesen sein – kann ich nicht sagen. Erst als wir erneut aus der Wohnung flogen, diesmal für längere

Zeit, setzt die Erinnerung wieder ein. Beschlagnahmt wurde sie für einen ›Kulturoffizier‹, einen Elsässer namens Spangenberger, nach dessen Auszug meine Mutter – diesmal zutreffend – »Wie die gehaust haben!« sagen konnte. Dass der gute Mann gleichwohl etwas mit Kultur zu tun hatte und jedenfalls ein Literaturkenner war, sah man daran, dass er aus dem Bücherschrank alles mitgenommen hatte, was mein belesener Großvater mütterlicherseits bei seinem Umzug nach Freiburg dem frühreifen Enkel überlassen hatte: von Bernhard Kellermanns spannendem Zukunftsroman *Der Tunnel* bis zu Ernst Glaesers Bestseller *Jahrgang 1902* (mein Vater war Jahrgang 1904). Immerhin hinterließ S., sozusagen im Gegenzug, eine Gesamtausgabe von Schiller, die er woanders hatte mitgehen lassen und die ich noch heute in Gebrauch habe. Aber das alles gehört – wie die frühe Heimkunft des Vaters, dem die Flucht aus einem rumänischen Gefangenenlager gelungen war – bereits zu einem anderen Kapitel: Dies hier war lediglich der etwas harzige Beginn der »Franzosenzeit« (*Ut de Franzosentid* von Fritz Reuter kannte ich damals noch nicht), die für mich nicht weniger wegweisend werden sollte wie die amerikanische.

Ich muss jetzt nur noch nachtragen, warum ich mich durch die Amis so nachhaltig erlöst fühlte und warum auf mich die ideologisch so oft missbrauchte Kriegslegitimation der ›Befreiung‹ wirklich zutraf. Das hängt damit zusammen, dass die Angst vor Luftangriffen für mich nachgerade zur Psychose geworden war. Am Ende – so jedenfalls erinnere ich es, auch wenn die Erinnerung hier wahrscheinlich übertreibt – saßen wir Nacht für Nacht im Keller, und am Tag kamen die Jabos. Ich sehe mich am Drahtfunk hängen und die Luftlage abhören. Hoffentlich kommen sie nicht nach »Siegfried Richard 6«! Das war unser Planquadrat. Am 21. Februar 1945 kamen sie aber doch, und wie sie kamen! Ich hatte es schon geahnt, als im Drahtfunk gemeldet wurde, ein großer feindlicher Kampfverband habe den Rhein nördlich von Straßburg erreicht und schwenke nach Norden ein. Und da ertönte es auch schon, das markerschütternde Heulen der Sirenen, das langsam anschwellende Brummen der Flugzeugmotoren, das Belfern der Flak. Ich sah die ersten ›Christbäume‹ über Worms, wie ich es schon oft über Mannheim-Ludwigshafen beobachtet hatte. Dies noch mit einem letzten Blick nach draußen, bevor wir in die enge Kellerröhre stürzten. Dann kamen die Bombenteppiche und die Luftminen, das Beben der Erde, schließlich sahen wir, als es nach nicht einmal einer halben – einer ewigen halben – Stunde vorbei war, die Stadt in Flammen stehen, bis hin zur Sebastian-Münster-Straße.

Gewiss: Passiert ist mir dabei nichts, auch nicht bei den vielen Angriffen zuvor auf die »Anilin« in Oppau (heute BASF), auch nicht bei einem Jabo-Beschuss, in den ich geraten bin; auch nicht beim zweiten Angriff auf Worms am 18. März. Dass Vaters Geschäft am Marktplatz dabei mit unterging, habe ich erst viel später realisiert. Physisch war ich unversehrt, aber moralisch ... Auf mich traf jedenfalls in vollem Umfang zu, was ich erst viele Jahre später bei einem Witz über die Wirkung der k.u.k. Artillerie begriff: »Wann's trifft, haut's alles z'samm; wann's net trifft, is' zumindest die moralische Wirkung eine ungeheure.« Bei mir war die ›moralische‹, genauer die demoralisierende und traumatisierende, noch zusätzlich durch eine lebhafte Vorstellungskraft vergrößerte Wirkung eine ›ungeheure‹. Ich konnte zum Schluss kaum noch etwas essen, und wenn ich es, abgemagert bis auf die Knochen, trotzdem tat, erbrach ich meistens wieder. Genau deshalb war die Eroberung meiner Vaterstadt durch die Amerikaner tatsächlich eine Befreiung – eine so durchgreifend Leben und Atemluft sichernde Entlastung, dass ich es den Amis nie vergessen habe – trotz McCarthy, Bush junior, Vietnam, Kuba, Irak, NSA *and so on*.

Noch viele Jahre lang wurde ich von gelegentlichen Alpträumen heimgesucht, die mit Sirenengeheul oder Fliegerbrummen begannen. Kein Wunder auch, dass ich schon über vierzig war, als ich mich zum ersten Mal in ein Flugzeug traute, jene Höllenmaschine, die mir so lange als Symbol tödlicher Bedrohung galt.

Vielleicht hätte ich es bis auf den heutigen Tag nicht gewagt, wenn ich meiner Frau anno 1975 nicht versprochen hätte, mit ihr nach Madrid zu fliegen, falls sie den damals begehrtesten spanischen Jugendbuchpreis gewinnen sollte. Das war ein wohlfeiles Versprechen, denn es war mehr als unwahrscheinlich, dass es dazu kommen würde, auch weil es ihr allererstes Jugendbuch war. Es kam aber trotzdem so, und so musste ich, nolens volens, gut mit Psychopharmaka versehen, in Frankfurt zum ersten Mal eine Boeing (727) besteigen, wo doch Boeing auch die Superfortresses, die schweren B-29-Bomber, gebaut hatte! Da ich dabei – ebenfalls wider Erwarten – mit dem Leben davonkam, nahm die Angst von Mal zu Mal ab: bei jedem neuen Flug ein bisschen mehr. Aber es dauerte noch lange, bis ich das Fliegen sogar genießen konnte. Mit der Zeit ließen auch die Alpträume nach, und schließlich verschwanden sie ganz. Begonnen hatte diese ›Langzeit-Therapie‹ aber schon im März 1945, als sich die Kellertür in der Alzeyer Straße öffnete und ich von einem kurzen Handauflegen magisch berührt wurde.

HANS-JÖRG NEUSCHÄFER, geboren 1933 in Worms. Am Altsprachlichen Gymnasium an der Rheinbrücke bestand er 1953 das Abitur. Nach Studium und Promotion in Heidelberg und nach der Habilitation in Gießen lehrte er als Professor für Romanische Philologie und Literaturwissenschaft an der Universität des Saarlandes. Zu seinen Arbeitsgebieten zählen neben der Französischen Literatur des 17. und 19. Jahrhunderts und der Italienischen Renaissance vor allem die Spanische Literatur vom Mittelalter bis zur Gegenwart. Gastprofessuren führten ihn nach Mexiko, Frankreich und Spanien, zuletzt auch nach Kuba und Uruguay. (Mehr Infos auf der Homepage www.hispana.de.) Seine Erinnerungen an das Ende des Zweiten Weltkriegs und den Einmarsch der Amerikaner hat er eigens für dieses Buch niedergeschrieben.

GEORG K. GLASER

DIE LEUTE VON WORMS

Eines der hervorragendsten Häupter des Rheinadels, dieser geschlossenste Herrenclub, der sich unter den Linden neben der Rheinbrücke allabendlich bildet, ist immer noch Hannes. Er braucht nicht viel zu reden und verzehrt beschaulich und geachtet den Ruhm, den er sich in jungen Jahren aus der großen Geschichte gehauen hat. Er war niemals Soldat noch großer Parteikämpfer, im Gegenteil – seine Taten waren Ausdruck seines entschlossenen Willens, von der Weltgeschichte ungeschoren zu bleiben. Vor dem Ersten Weltkriege wurde er zum Heeresdienst eingezogen. In der ersten Minute schon, als ein Feldwebel und einer dieser schweren Eichenschemel, die seinerzeit in keinem deutschen Heeresgebäude fehlten, zur gleichen Zeit in Reichweite von Hannes gelangten, schlug er mit dem einen auf den anderen.

Er wurde zu Festung verurteilt – ich weiß nicht zu wie viel. Im Zuchthaus, sobald er einen Schemel und einen Feldwebel beieinander sah, bang, ließ er sie zusammenstoßen.

Man fand es merkwürdig, verdächtig, man kraute sich hinter den Ohren und beobachtete den Mann. Man überführte ihn in eine Heeresirrenanstalt. Ich weiß nicht, ob man versuchsweise die Schemel durch Stühle und die Feldwebel durch Gefreite ersetzte. Jedenfalls, sobald er einen Schemel und einen Feldwebel im günstigen Abstand voneinander und von sich fand, zerstörte er das Heeresgut am Vorgesetzten. Daraufhin wurde er als dienstuntauglich entlassen und verbrachte beide Kriege zu Hause. Wenn ich nicht weiß, was sie unternommen haben, um seine Krankheit, seinen Schemel-Feldwebel-Komplex, zu studieren, und wie viel Glück und wie viel Schläue des Hannes zu dem guten Ende beigetragen haben; so weil er niemals verraten hat, dass er seine Sache gut berechnet hatte.

Die Ehrensatzungen des Rheinadels sind streng. Die alten Herren haben fast alle erwachsene Söhne, denen sie das Haus überlassen haben, aber nicht ohne ihre Würde mitzunehmen, den wichtigsten Bestandteil ihres Altenteiles. Weil er sie verloren hatte, wurde Schorsch ausgestoßen. Er musste seitdem abseits leben. Morgens stand er auf, wusch sich nackt am Wasserhahn und strich durch die Winkel der Pfrimmmündung, die er alle kannte, schwamm im Rhein, da wo es nicht zu gefährlich für seine siebzig Jahre war. Er war braungebrannt, neugierig, aber die Scham wohnte in seinen Augen.

Er hatte nicht verstanden seine Kinder zu erziehen, gerade streng genug, um ihnen bleibende Achtung beizubringen, aber gerecht genug, um die Liebe nicht zu töten. Er war ein zugewanderter Kuhbumbes und eben kein Wormser, der von Kindesbeinen an die Liebe in der Milch der lieben Frau trinkt. Seine Ältesten hatten sich verstaubt in alle Länder der Welt. Aber der Jüngste, der sie hatte fliehen sehen, wurde groß mit dem einzigen Gedanken: Eines Tages werde ich stärker sein als Du.

Es ist wahr, dass der Alte sich schon an den ersten vieren zu sehr verausgabt hatte, um nicht für den Jüngsten einige Schwächen zu haben. Als der Jüngste um die siebzehn, achtzehn war, wurde die Luft unheimlich zu atmen für die Mutter.

Beide, der Alte und der Junge, waren große, breitschultrige Kerle mit Stiernacken und Weinknochen wie aus Wagendeichseln geschnitten. Sie waren beide wüste Raufer. Vor allem aber waren sie unmenschliche Fresser. Der Alte war nicht gefräßiger der Menge nach, es war wie ein Erbrechen in ungekehrter Richtung, aber er schmatzte und schlurfte rücksichtslos. Das gab den Anlass zu seiner Absetzung, den Vorwand zum Kriege, und es fällt mir ein, dass sie einmal beide drei Monate zusammen in derselben Zelle abgesessen haben, einer Schlägerei mit einer feindlichen Mieterfamilie wegen und dass der Junge aus diesen drei Monaten eine wahre Überempfindlichkeit gegen die Tischsitten des Alten davongetragen hatte.

Also der Junge kam heim, im Blauen, schmutzig und verschnupft, was alles ihn in schlechter Laune ließ, und plötzlich spürte er, dass er keine Minute mehr warten konnte, um dem Alten klarzumachen, dass seine Zeit abgelaufen war. Und er fand besser als Worte – er ahmte das Schlurfen des Alten nach, ein wenig übertrieben, damit ja niemand auf den Gedanken hätte kommen können, es geschehe ohne Absicht. Die Mutter hielt den Atem an. Der Alte runzelte die Brauen. Er wollte tun, als höre er nicht, aber er konnte nicht umhin, sein Schlurfen abwechselnd zu verlangsamen, zu beschleunigen, zu verstärken oder zu schwächen, wie um dieses beleidigende Echo irrezumachen, abzuschütteln oder zu überlisten. Aber es verließ ihn nicht. Und in einer lastenden Stille setzte sich dieser Kampf fort. Schlurf schlurf schlurf schlurf.

Dass er in diesen fünf Minuten nicht aufgefahren war und dem Jungen eine gelangt hatte, das war der Anfang einer glanzlosen, ja erbärmlichen Räumung Abdankung. Und er, der sechzig Jahre nur mit Gewalt und Drohung, mit Geld und Macht gelebt hatte, er wollte nun die Schärfe des Geistes und der Ironie, die Erwiderung des überlegenen Hirns versuchen. Der Junge war verschnupft, und da er keine Zeit und zudem schmutzige Hände hatte, so zog er seine Nase hoch. Und der Alte ahmte nun seinerseits den Jungen nach, sodass aus dem Zweitakt ein Viertakt wurde. Schlurf Schmm schlurf schmm schlurf schmm.

Die Mutter wagte die Deckel ihrer Töpfe nicht klirren zu lassen. Es dauerte fünf Minuten, bis plötzlich der Junge sich hinten über beugte und lachte, lachte, dass ihm die Tränen über die Backen liefen. Da stand der Alte auf, und es sind nun zehn Jahre her, während derer er nicht einmal mehr mit dem Jungen zur selben Zeit am Tisch gesessen hat.

Raufereien sind an der Tagesordnung. Ich habe seinerzeit gesehen, wie sich einer, der zuunterst lag, langsam mit Hilfe seines Messers herausgearbeitet hat, wobei er sechzehn Leute beschädigte. Aber niemals noch seit Menschengedenken, hätte einer vor dem Richter sich einer Sache erinnert oder einen Gegner angeschuldigt. Das geschieht erst heute, so wie bei der Geschichte, wegen der Schorsch mit dem Jungen drei Monate hat absitzen müssen. Fünfzehn Jahre Lehrzeit haben auch den Wormsern die Angeberei beigebracht.

Aus der guten alten Zeit, als es das noch nicht gab, ist der Ausspruch eines Zeugen zu einem Sprichwort geworden. Befragt, was er von einer Rauferei wisse, der er von Anfang an beigewohnt habe – und es war nichts zu machen, er war da gewesen, und man hatte ihn mitgefangen –, sagte er: »Ich weiß nicht. Mir hawen so friedlich beisammegesotze, und uff einmal hot dem Aene sei linkes Aag herausgehanke.«

GEORG K. GLASER (1910–1995) wurde in Guntersblum geboren und hat einige Jahre seiner Jugend in Worms verbracht. Sein Vater, ebenfalls Georg Glaser, ein Postbeamter, war ein autoritärer Prügler, seine Mutter Katharina war lebensklug und liebevoll. Ihr zu Ehren hat der Sohn seinen Vornamen Georg durch das Kürzel K. ergänzt. Michael Rohrwasser, der Herausgeber von Glasers Gesamtwerk, nennt seinen Autor manchmal »Georg Katharina Glaser«.

In den letzten Jahren der Weimarer Republik gehörte Glaser zu den vielen perspektivelosen und etwas verwahrlosten jungen Männern, die sich am Rand der Gesellschaft im wahren Sinn des Wortes »durchschlugen«. Er kannte die »Fürsorgeheime« von innen, die wohl eher Disziplinierungsanstalten waren, und er saß auch eine Zeit lang in Frankfurt-Preungesheim im Gefängnis, weil er einen Polizisten verprügelt hatte. Das wurde »Landfriedensbruch« genannt. Glaser arbeitete in mehreren Fabriken und beschrieb in seinen Romanen und Erzählungen das Arbeiter-Elend in drastischer Deutlichkeit. Ende der Zwanzigerjahre trat er in die KPD ein, und in einem kommunistischen Verlag erschien 1932 auch sein erster Roman, *Schluckebier*, den er im Gefängnis geschrieben hatte und der die verzweifelte und revoltierende Stimmung der Arbeiterjugend in ungeschönter Drastik schildert.

Nach Hitlers Machtergreifung im Jahr 1933 agierte Glaser zunächst im kommunistischen Widerstand, ging dann ins französische Exil, wo er sich von den Kommunisten zunehmend distanzierte. Als »Einzelkämpfer« und »Querkopf« hat er sich später selbst eingeschätzt. 1939 wurde er französischer Soldat, kam in deutsche Kriegsgefangenschaft und war in mehreren Lagern interniert. Von 1945 bis zu seinem Tod 1995 lebte Glaser in Paris, wo er eine Kupfer- und Silberschmiede-Werkstatt betrieb und außerdem schrieb. Sein bedeutendstes Buch ist der Roman *Geheimnis und Gewalt*, der 1951 erstmals erschien und zu den sprachlich eigenständigen und denkerisch unabhängigen Auseinandersetzungen mit dem Themenkomplex Arbeiterbewegung, Exil und Widerstand gehört.

Das Buch beginnt mit einem Satz, der die Sprachkraft dieses Autors markant unter Beweis stellt: »Er hat acht Kinder in die Welt gesetzt und alles getan, um sie wieder abflatschen zu sehen.« (Damit ist der Vater der Erzählerfigur Haueisen gemeint.)

1992 wurde Glaser mit dem Verdienstorden des Landes Rheinland-Pfalz geehrt, und seit 1998 verleiht das Land auch den Georg-K.-Glaser-Literaturpreis.

Der Text »Die Leute in Worms«, der ebenfalls im poetischen und zugleich ganz und gar ungefälligen Ton dieses Autors gehalten ist, stammt aus Glasers Nachlass. Mehr dazu ist in Volker Gallés Essay (vgl. S. 249) zu finden.

Text aus | Georg K. Glaser. Zeuge seiner Zeit, Schmied und Schriftsteller. Eine Ausstellung der Stadtbibliothek Worms, Begleitbuch herausgegeben von KD Wolff, Volker Gallé, Dorette Staab und Busso Diekamp. Basel / Frankfurt 1997, S. 9–13. © Stroemfeld Verlag Frankfurt.

Literatur | Michael Rohrwasser: Georg Katharina Glaser: Die Partei und das Schreiben. In: Michael Rohrwasser: Der Stalinismus und die Renegaten. Die Literatur der Exkommunisten. Stuttgart 1991, S. 242–262; Michael Rohrwasser: Nachwort. In: Georg K. Glaser: Schluckebier und andere Erzählungen. Basel / Frankfurt 2007, S. 323–372.

ILSE BINDSEIL

MIR WORMSER

Mir Wormser sinn e gudi Rass'
Halb Pälzer, halwer Hesse.
Aach Reigerutschte gibt's e Mass',
die sinn uff Worms vesesse.

Mir Wormser mache kää Gedääns,
mir sinn e Stadt for Kenner
un geje Mannem odder Määnz
zwar klänner, awwer schänner.

Uns Wormser gab's schun arisch frieh
als Kelte, Römer, Franke.
Bloß sture Preiße war' mir nie,
aach Bayern net: nää, danke!

Drum kann sich Worms im ganze Land
es ältschte Städtche nenne,
bloß Määnz und Trier, 's is allerhand,
woll'n uns die Ehr net genne.

Doch mancher Kaiser friehrer Zeit
hatt' Worms ins Herz geschlosse
un, annerscht wie's Finanzamt heit,
die Steiern uns erlosse.

Mit annre Herrn, do hatt' mer Lascht,
wu zu Besuch sinn kumme.
Die ham nix mitgebrocht als Gascht,
die ham bloß mitgenumme.

Unn sinn se endlich abgerickt,
ganz ohne sich zu schäme,
do ham mir Wormser uns gebickt,
um widder uffzerääme.

Es meischde vun de alte Pracht
is deshalb längscht gewese.
Mer kann, was die kabuttgemacht,
bloß uff'rer Tafel lese.

Doch unsern Dom, der is noch schää,
's geht aach an Mauern anne,
un in 'me Gaade liet en Stää,
uff dem de Ludder gschdanne.

Uff's Denkmal hammer'n aach gestellt,
umringt vun elf Genosse.
Am Rhei, als Nibelungenheld,
steht Hagen – ganz verlosse.

Doch wann in Worms so manches fehlt:
was nitzt uns heit en Kaiser?
Un unsern wahre Reichtum zählt
aach net nooch alde Heiser.

Dann Mudderwitz und Muddersprooch
sinn bess're Traditione.
Drum trägt de »Star« sein Schnawwel hoch:
in Worms, do kammer wohne.

ILSE BINDSEIL (1931–2012) hat als Redakteurin der *Wormser Zeitung* fast fünf Jahrzehnte lang das kommunalpolitische, gesellschaftliche und kulturelle Geschehen in ihrer Vaterstadt journalistisch begleitet und in dieser Zeit auch zahllose Theater- und Kunstkritiken verfasst. Sie ging stets mit hellwachen Augen durch Worms und gab ihre Beobachtungen über zwanzig Jahre in der Wochenend-Glosse »Bummel durch die Stadt« an die *wz*-Leser weiter. Ihre besondere Liebe gehörte der Pflege und dem Erhalt der Wormser Mundart. Dazu nutzte sie das Medium Tageszeitung, um in der von ihr kreierten Rubrik »Staregebabbel« die Leser mit heiteren Anekdoten im Wormser Dialekt zum Schmunzeln zu bringen.

Von der Muttersprache fasziniert, wagte Ilse Bindseil, die neben dem Germanistik-Studium auch eine Schauspiel-Ausbildung absolviert hatte, 1968 den Sprung auf die Theater-Bühne. Gemeinsam mit ihrem Ehemann, Rolf Bindseil (1924–2000), ebenfalls Journalist und Theaterwissenschaftler, ließ sie eine alte Wormser Fasnachtstradition wieder aufleben: die Mundartposse. Sie schrieb den Text, er führte Regie bei der ersten Posse mit dem Titel *Nor nit schenne*. Engagement und Inspiration des kongenialen Paares lösten eine insgesamt 32 Jahre währende Erfolgsgeschichte mit 17 weiteren Possen aus Ilse Bindseils Feder aus. Zu Spitzenzeiten strömten in einer Fasnachtskampagne über 10 000 Besucher zu den Aufführungen ins Städtische Spiel- und Festhaus.

Hier ist Ilse Bindseil weder als Journalistin noch als Dramatikerin vertreten, sondern als Dialekt-Dichterin, die das Vorbild Rudolf Heilgers nie verleugnen wollte (siehe auch den Artikel zu Heilgers).

Text aus   Ilse Bindseil: Von Affezibbel bis Zwidderworzel. Neues Wormser Staregebabbel. Worms 1986, S. 45f. Abdruck mit freundlicher Genehmigung von Frank Beier, Worms.

Literatur   Johannes Götzen: Mit großer Liebe für ihre Stadt. Nachruf auf Ilse Bindseil. In: Wormser Zeitung 22. 9. 2102, online unter www.wormser-zeitung.de/lokales/worms/nachrichten-worms/mit-grosser-liebe-fuer-ihre-stadt_12443435.htm

PETRA GERSTER

EIN SPIELPLATZ FÜR KÖNIGINNEN

KINDHEIT IN WORMS

Mit der Stadt, in der man geboren und aufgewachsen ist, verhält es sich ähnlich wie mit dem Geschlecht: Man kann sich nicht vorstellen, wie man geworden wäre, wenn man zufällig das andere Chromosom abbekommen und – wie ich zum Beispiel – kein Mädchen, sondern ein Junge geworden wäre. Gewiss wäre ich als Mann jemand ganz anderer geworden, auch mit denselben Eltern und Geschwistern, denn kaum etwas prägt uns so wie das Geschlecht und die Rolle, die unsere Gesellschaft damit verknüpft. Nur Raum und Zeit der Prägung sind wohl ebenso entscheidend – das, was eine Generation am selben Ort oft für lange verbindet. Woher sonst käme die spontane Vertrautheit, die sich einstellt, wenn man mit alten Freunden aus der Schulzeit zusammentrifft? Das Leben hat alle längst in weit voneinander entfernte Galaxien geschleudert, doch die Verbindung über die wenigen gemeinsam verbrachten Jahre in der Heimatstadt schlägt eine Brücke über Jahrzehnte individuellen Lebens, auch wenn die Zeit dazwischen mit jedem Jahr länger wird.

Wer in Worms aufgewachsen ist, kann naturgemäß nicht wissen, wie es gewesen wäre, in Stuttgart groß zu werden. Oder in Ostberlin. Oder in der Eifel. Was hätte eine andere Umgebung aus dem Mädchen P. gemacht? Was wäre aus mir in einem fränkischen Dorf geworden? Oder in einer großen, weltläufigen Stadt? Macht es einen Unterschied, ob man als Kind in einer puppenstubenartigen Fachwerk-Idylle wie Rothenburg aufwächst oder aber sich durch Straßen bewegt, die wie in Wiesbaden von intakten großbürgerlichen Fassaden aus dem 19. Jahrhundert gesäumt sind? Prägen Städte wie München oder Heidelberg bestimmte ästhetische Vorlieben? Oder entwickeln wir gerade zwischen modernen, schmucklosen Zweckbauten jene Sehnsucht nach Schönheit und Harmonie, die wir später an Orten suchen, die verschont blieben von Krieg und Zerstörung? Vielleicht machen so nüchtern wiederaufgebaute Innenstädte wie die in Worms sogar aufmerksamer für das, was sich aus der Vergangenheit erhalten und mit Glück hinübergerettet hat in die Moderne. Sind es nicht gerade die Kontraste, die dem Blick Tiefenschärfe verleihen?

Fragen, auf die es keine Antworten gibt. Und doch helfen Gedankenspiele wie diese manchmal weiter, zum Beispiel bei dem Versuch herauszufinden, warum das Areal in meinem Gehirn, das für visuelle Eindrücke und damit verbundene Emotionen zuständig ist, so merkwürdig einseitig arbeitet, wenn es darum geht, mir die frühen Jahre ins Gedächtnis zu rufen. Denn so, wie das Worms meiner Kindheit aussieht, könnte es glatt als touristischer Werbefilm durchgehen. Ich schäme mich fast es zuzugeben. Und doch ist es die Wahrheit. Meine Wahrheit. Und die blendet alles aus, was nicht zu meinen Bildern passt. Also all das, was ein objektiver Betrachter über das Erscheinungsbild von Worms sagen könnte.

Ich dagegen sehe nur, was ich als Kind gesehen habe: alte, ockerfarbene oder rötliche Steine, monumental aufeinandergetürmt oder einzeln und wunderlich verziert, mal glatt und gerundet, mal mit Efeu bewachsen, mal vermoost. Ich fühle den sonnengewärmten Rücken des Sandsteinlöwen auf dem Domplatz, auf dem ich gerne saß, an der seitlichen Mauer vor der Nikolauskapelle. Ein junger Fotograf der Wormser Zeitung hat mich damals auf seinen Streifzügen durch die Stadt auf diesem Löwen fotografiert. Jetzt steht das Bild auf meinem Klavier, es ist eine Brücke in die Vergangenheit, denn darin konzentriert sich alles, was ich empfinde, wenn ich an meine Kindheit denke. Ich will versuchen, etwas von ihrem Zauber zu erzählen.

Worms war ein guter Ort, um dort in den Fünfzigerjahren als jüngstes Kind ins Nest einer großen Familie gelegt zu werden. Ich hatte damit sogar ein ziemlich großes Los gezogen, verglichen mit meinen älteren Schwestern, die im Krieg zur Welt kamen und den Untergang Dresdens miterlebt hatten. Auch wenn die Schwestern noch klein waren – heute weiß man, wie tief sich traumatische Erlebnisse in Kinderseelen einprägen. Die ältere, damals viereinhalbjährige kann sich genau an die Nächte im Keller erinnern und an das Gefühl der Panik, wenn eine Bombe in der Nähe einschlug.

Auch Worms ist zerbombt worden, in zwei großen Angriffen, noch nach Dresden, wenige Monate vor Ende des Zweiten Weltkriegs. Die Wormser Innenstadt wurde weitgehend zerstört, ein Zeitzeuge erzählt in diesem Buch davon. Meine Eltern, die aus Mainz und eben Dresden stammten, kamen mit beiden kleinen Mädchen erst nach dem Krieg in die Stadt und begannen ihr neues Leben also in einer für sie fremden Trümmerlandschaft. Der Vorteil war, sie mussten dort auch um nichts trauern. Die Trauer um die eigene zerstörte Heimat wurde in eine kleine Kapsel gesteckt und weggepackt. Nun also der Neubeginn in Worms, das für die Eltern zunächst nichts Reizvolles besaß, außer dass es ein Versprechen auf die Zukunft war, verbunden mit der gewaltigen Aufgabe, für die wachsende Familie aus dem Nichts eine Existenz zu schaffen. Der Wiederaufbau nach dem Krieg war das große Projekt, das alle beflügelte: Man hatte überlebt, jetzt ging es weiter. Vorwärts schauen, hieß die Devise, nicht zurück.

So wurde ich in eine Stadt hineingeboren, die ihr neues Gesicht erst noch finden musste. Zwar gab es Ende der Fünfziger immer noch Ruinen hier und da, und es war aufregend, darin herumzuklettern, vor allem, weil es verboten war. Doch konnte ich auch dabei zuschauen, in welch rasender Geschwindigkeit die Stadt ihr Outfit änderte, wie sich Baggerzähne in Mauerreste gruben, die Brocken polternd auf Lastwagen ausspieen und wie an deren Stelle neue Wände aus Beton in die Höhe wuchsen.

Auch wir wohnten schon in solch einem Neubau in der Andreasstraße, nach und nach zogen viele Familien mit Kindern in meinem Alter ein. Gegenüber, am Lutherring, wichen Ruinen dem riesigen EWR. Den Bau im Zeitraffer konnte ich vom

Wohnzimmerfenster aus verfolgen, auch wie am Ende ein grüner Teppich außen herum ausgerollt wurde, der sich zu meinem Erstaunen als echter, lebendiger Rasen erwies. Zuerst dachten wir Kinder, wir könnten dort spielen, denn es lockte auch ein neuer großer Springbrunnen dort, doch ein Pförtner oder Hausmeister verjagte uns auf der Stelle. Wir wurden überhaupt viel verjagt damals, auch in den Anlagen an der Stadtmauer und auf dem Lutherplatz, jedenfalls überall da, wo Gras wuchs. Schutzpolizisten mit grüner Uniform und saurer Miene patrouillierten durch die Stadt und bewachten die Grünflächen und die Schilder darin, auf denen »Rasen betreten verboten« stand. Aber da wir schneller waren als die Schupos, rannten wir einfach weg, den drohend erhobenen Zeigefinger im Rücken.

Die Ästhetik der neuen Häuser war – so vermute ich jedenfalls – kein Kriterium, das man damals diskutierte. Ob der grau und weiß angestrichene Beton der neuen Mietshäuser zum rot- und ockerfarbenen Sandstein dessen passte, was stehen geblieben war und von der Geschichte der uralten Stadt erzählte, also zu Dom und Stadtmauer nebenan, interessierte zumindest die Bewohner der neuen Wohnblöcke weniger. Man war froh, dass es voranging und dass sich die Lücken schlossen, dass man ein Dach überm Kopf hatte und Zentralheizung in allen Zimmern und warmes Wasser zu jeder Tageszeit.

Doch weil alles so schnell ging und vielleicht auch gehen musste, gab man auch vieles auf, das sich mit mehr Zeit und Nachdenklichkeit vielleicht hätte erhalten oder restaurieren lassen, viele Mauern standen ja noch. Aber damals entschied man sich in Deutschland meist *gegen* das Erhalten oder Rekonstruieren und *für* das Abreißen und Neubauen. Und so kam es, dass noch lange nach dem Krieg weit mehr zerstört wurde als das, was zuvor die Bomben angerichtet hatten. Man wollte den Neubeginn. Tabula rasa. Einen Schlussstrich ziehen, auch architektonisch, also sichtbar für alle. Und mit den Neubauten sollte ein neuer Geist einziehen in die Städte, das war nicht nur in Worms so, sondern wohl überall. Auch in Köln und Mainz erzählen die Innenstädte davon, was man nach dem Krieg für modern und schön gehalten hat.

Doch so sehr Worms bis ins Mark getroffen worden war, so viel Glück hatte es zugleich: Die römische und mittelalterliche Stadtmauer war eben teilweise noch vorhanden, der romanische Dom stand nach tausend Jahren noch und war nur leicht beschädigt, der ebenso alte Judenfriedhof blieb wunderbarerweise unversehrt, was angesichts der NS-Geschichte *vor* dem Krieg tatsächlich an ein Wunder glauben lässt, und auch das Lutherdenkmal, das so prächtig und figurenreich vorstellt, was Luther und seine Reformation für Worms und die Welt bedeuten, hatte die Bomben überstanden. Das waren die historischen Fixpunkte, die diese Stadt – auch in den Augen meiner zugezogenen Eltern – zu mehr machten als zu einer x-beliebigen Kleinstadt am Rhein. Sie erzählten davon, was Worms einmal war und immer noch besaß: eine Geschichte, die für drei Städte reichen würde. Und wenn wir neben der Historie auch die Sagenwelt gelten lassen wollen und die Nibelungen hinzunehmen, die als mythisches Helden- und Königsgeschlecht in Worms ihre zentrale Wirkungsstätte besaßen, dann weiß ich nicht, wie man als WormserIn *nicht* stolz auf diese Stadt sein kann.

Auch für mich waren Dom, Judenfriedhof und Lutherdenkmal Anfang der Sechzigerjahre Fixpunkte – und sind es bis heute. Räumlich und ideell. Vor allem räumlich, denn genau in diesem Dreieck lebte ich. Zwei Minuten zu Fuß zum Dom, zwei zum jüdischen Friedhof und sechs zum Lutherdenkmal, schätzungsweise. Die Stadt war gerade so groß, dass wir uns als Kinder darin völlig selbstständig bewegen konnten, ohne dass es die Erwachsenen gekümmert hätte, wo wir uns gerade herumtrieben. Ich konnte alle Freunde zu Fuß erreichen, ebenso die Karmeliterschule und später das Altsprachliche Gymnasium unten am Rhein, das damals noch nicht nach Rudi Stephan benannt und in ein etwas seelenloses Bildungszentrum integriert war; mit seinem elegant geschwungenen steinernen Treppenhaus, den Säulen und dem Zwiebeltürmchen aus der vorigen Jahrhundertwende erinnerte es eher an Hogwarts, das Internat Harry Potters. Ich fühlte mich wohl darin und fand die Schule den alten Sprachen, die wir lernten, angemessen, auch wenn der Geist, der dort vor achtundsechzig herrschte, manchmal eher dem seiner Entstehungszeit als der

Gegenwart zu entsprechen schien. Aber das ist wieder eine andere Geschichte.

Bevor ich jedoch ins Gymnasium kam, war das Andreasviertel um den Dom herum mein eigentlicher Lebensraum, wir wohnten direkt an den Anlagen vor der alten Stadtmauer, da, wo Andreasstraße und Lutherring zusammentrafen. Allein in unserem Miethaus lebten außer mir noch zwei kleine Mädchen in den Wohnungen über und unter uns, mit denen ich jederzeit spielen konnte. Ein großer Hof mit sechs weiteren Kindern im selben Alter aus angrenzenden Nachbarhäusern schloss sich dahinter an, kurioserweise alles Mädchen. Das erklärt auch die Spiele im Hof, die den »Buben« sicher nicht gefallen hätten: »Hickelschers« zum Beispiel, wofür ich keine hochdeutsche Übersetzung kenne. Es ging jedenfalls darum, möglichst schnell auf einem Bein in bestimmte, mit Kreide aufgemalte Zahlenquadrate zu hüpfen, ohne auf die Linie zu kommen. Oder wir bauten eine Schule mit Tafel und Kisten als Sitzplätzen auf und stritten dann erst mal lange, wer Lehrerin sein durfte. Besonders besessen widmeten wir uns dem Gummitwist, als dessen Zeit kam. Oder wir donnerten auf Rollschuhen die schräg abfallende Einfahrt in den Hof hinein und plagten die älteren Anwohner damit aufs Blut.

Dessen ungeachtet warf uns die alte Mutter der Kinderärztin in unserem Haus manchmal eine Tüte Bonbons in den Hof und winkte uns gütig zu, ein greiser Engel mit weißen Haaren. Die Küchenfenster gingen alle auf diesen Hof hinaus, von unserem konnte man einen der westlichen Türme des Domes sehen, und wenn man nachts in die Küche trat, leuchtete er orange im Licht der Scheinwerfer, die ihn anstrahlten. Da stand manchmal eine meiner Schwestern im Dunkeln bei offenem Fenster und rauchte, und ich stellte mich dazu und sah mit ihr den Dom an.

Der Hof war der engste Kreis. Hundert Meter weiter aber in die Schlossgasse hinein eröffneten sich mit dem Dom und seinen Plätzen ringsum die wunderbarsten Spielplätze, die ein Kind nur haben kann: Da war zunächst der vom alten Kreuzgang übrig gebliebene kleine Platz mit Rosengeviert und »Brünnelsche« in der Mitte, der einer unserer Gärten war; steinerne Hinterlassenschaften aus vielen Jahrhunderten lagen oder standen wie vergessen an der angrenzenden Mauer und auf dem Domplatz herum: seltsame Skulpturen, deren Sinn oder Funktion mir auch heute noch, in der Erinnerung, verschlossen ist, Steinplatten mit bröckelnden Reliefs oder lateinischen Inschriften, Säulen in verschiedenen Höhen, Sarkophage, in denen wir Gerippe vermuteten.

Direkt dahinter einer der Westtürme des Domes. Schmale Öffnungen waren dort tief in meterdicke Mauern eingeschnitten. Einmal wollten wir wissen, was sich im Innern des Turms wohl befand. So stieg ich als Größte auf die Steigbügel-Hände eines anderen Mädchens und versuchte ins Dunkel hineinzulugen. Um den Untenstehenden etwas Besonderes zu bieten, erzählte ich, dass ich einen Glassarg gesehen hätte, mit einer schneewittchengleichen Schönheit darin, und je länger ich sie schilderte, desto glaubhafter erschien mir die Geschichte am Ende selbst.

Es gab ja tatsächlich viel Sagenhaftes um uns herum, da war es nicht leicht, Wirklichkeit, Geschichte und Geschichten auseinanderzuhalten. Nehmen wir nur den mannshohen, meterdicken Kalksteinfelsen, mitten auf dem Platz vor Westchor und Liobahaus, der uns vorzüglich als Thron diente: Königlich ließ sich von dort oben über zwergenhafte Untertanen herrschen! Aber darüber hinaus hatte es eben auch seine besondere Bewandtnis mit ihm: Siegfried schleuderte den gewaltigen Brocken einst über den Dom, im Zweikampf mit König Gunther – wie sonst hätte er an diese Stelle geraten können! Dass es dabei um zwei schöne und mächtige Frauen ging – Kriemhild und Brunhild – gefiel uns ebenso wie die Tatsache, dass alles mit Mord und Totschlag in allgemeinem Verderben endete, nicht nur weil viel Eifersucht im Spiel war, sondern auch ein sagenhafter Schatz. Der aber ruht, wie jeder weiß, bis zum heutigen Tage im Rhein, weil Hagen diesen Ort für den sichersten hielt, und zwar genau an der Stelle, wo sein steinernes Abbild steht, für immer festgefroren in dem Moment, da er die Kostbarkeiten in die Fluten schleudern will. Wir wunderten uns, dass noch niemand den Schatz geborgen hatte und nahmen uns fest vor, danach zu tauchen, wenn wir alt genug dafür wären. So beflügelten auch die Nibelungen unsere Fantasie, ohne dass wir sie bis dahin ernster als andere Geschichten genommen hätten.

Das änderte sich erst, als wir Uwe Beyer, Karin Dor und Siegfried Wischnewski als Siegfried, Brunhild und Hagen im Roxy-Kino am Neumarkt gesehen hatten. An die Schauspielerin der Kriemhild erinnere ich mich seltsamerweise nicht, obwohl sie doch eigentlich die stärkste Figur des Epos ist. Mit diesem Film aber trat die Geschichte aus dem Nebel der Sage in die Realität ein, unscharfe mythische Figuren nahmen plötzlich Gestalt an und standen uns leibhaftig vor Augen: Es kam uns vor, als hätte sich alles eben erst zugetragen. Ein Nibelungen-Fieber erfasste uns. Jetzt genügte es nicht mehr, den Zickenkrieg der Königinnen lediglich auf der Domtreppe nachzuspielen, wo ich als Brunhild mit Bettina-Kriemhild um den Vortritt zankte. Die frischen Kino-Bilder im Kopf, kam mir – lange vor Dieter Wedel – die Idee, Worms mit einem richtigen Theaterstück zu beglücken. Ich setzte mich an die alte Adler-Schreibmaschine zu Hause und schrieb in kürzester Zeit *Die Nibelungen* für die Bühne, ohne historische oder literarische Quelle, einfach so, wie ich Sage und Film in Erinnerung hatte. Dieses Werk beschlossen wir vor unseren Eltern aufzuführen.

Kulissen, Kostüme, Requisiten, Vorhang – alles fertigten wir selber und waren über Wochen beschäftigt. Besonderes Vergnügen machte das Zusammentragen des Nibelungenhortes aus den Modeschmuck-Schatullen der Schwestern und Mütter, ergänzt von Geschmeide, das aus Kaugummi-Automaten oder vom Backfischfest stammte. Die wichtigsten Rollen – Kriemhild, Siegfried, Brunhild und Gunther – waren mit meinen Freundinnen besetzt, ein etwas dickeres Kind musste grün angezogen und mit bemalter Pappschnauze zischend den Drachen mimen, den Kleineren, die unbedingt mitmachen wollten, überließ ich Diener-Rollen. Ich selbst gab Hagen von Tronje mit Augenklappe und Holzschwert, den ich als Schuft am interessantesten fand. Doch obwohl ich alle Bosheit und allen Ingrimm, über die ich zu verfügen glaubte, in ihn hineinlegte, fand meine Mutter die Hagen-Interpretation dennoch zu harmlos. Ein niederschmetterndes Urteil, das sich leider nicht überprüfen lässt, denn niemand war auf die Idee gekommen, unser Nibelungenstück zu filmen. Nur ein paar Fotos zeigen uns vor der Szene in recht hübscher Aufmachung. Ich versuchte mich auch später noch in Schule und Studium im Theaterspielen, aber die ganz große Leidenschaft, wie ich sie bei den Nibelungen empfunden hatte, stellte sich nicht mehr ein.

Ein ganz anderer Ort, der mich magisch anzog, war der uralte jüdische Friedhof, dessen Mauer vom Balkon unserer Wohnung an der Andreasstraße gerade noch zu sehen war. Man hatte ihn einst außerhalb der Stadtmauern angelegt, obwohl Worms mit Speyer und Mainz im Mittelalter zu den Städten mit den größten und einflussreichsten jüdischen Gemeinden gehörte, nach ihren hebräischen Anfangsbuchstaben für Schpira, Warmeisa und Magenza auch *Schum*-Städte genannt. Aber das wusste ich damals alles nicht. Vielleicht war der Friedhof auch so anziehend, weil er meist mit einem großen schwarzen Eisentor verschlossen war, das sich nur öffnete, wenn sich Gruppen zur Besichtigung angemeldet hatten. Dann schlüpften wir einfach mit hinein und verkrümelten uns zwischen den Grabsteinen. Auf vielen waren kleine Steine angehäuft, als hätten Kinder dort gespielt, und es erstaunte uns zu hören, dass Juden so ihrer Toten gedenken. Tief und schief und seltsam ungeordnet steckten die Grabsteine in der Erde, die unverständlichen, teils verwitterten Inschriften manchmal kaum noch zu sehen, was dem Friedhof etwas seltsam Entrücktes gab und intuitiv ein Gefühl der Ehrfurcht auslöste. Man hatte uns zwar gesagt, dass dies der älteste Judenfriedhof Europas war, aber was hieß das schon? Auch meine Großmutter war alt, und als ich sie einmal fragte, ob sie das Mittelalter noch erlebt habe, musste sie sich vor Lachen hinsetzen. Erst jetzt lese ich, dass der älteste Grabstein tatsächlich aus dem Jahr 1076 stammt.

Später, als ich zu fotografieren begann, entdeckte ich dort immer wieder neue Perspektiven und Motive. In irgendeinem alten Koffer, den ich unausgepackt von Umzug zu Umzug mitschleppe, müsste ich die alten schwarzweißen Negative noch haben. Meine Mutter aber malte dort, eins ihrer vielen Aquarelle vom Judenfriedhof hängt bei mir an der Wand. Noch immer gehe ich gerne hin, denn es ist ein besonderer Ort, der mir vertraut ist und etwas ausstrahlt, das mir nahegeht. Heute frage ich mich allerdings, warum wir uns damals nicht darüber gewundert haben, wo all die Juden geblieben sind, die einen so großen Anteil an der Geschichte von Worms haben. Ungefähr 1 000 haben vor dem Krieg in der Stadt gelebt, danach keine mehr. Von ihrem Schicksal erfuhren wir erst viel später.

Vom jüdischen Friedhof war es nur ein Sprung zum Museum in der alten Andreaskirche, das uns aber gar nicht interessierte. Wir strebten vielmehr zum romanischen Kreuzgang dort, der im Gegensatz zu dem am Dom wunderbar erhalten war. Damit besaßen wir ein weiteres Schloss mit herrlichen Gemächern, wieder samt Innengarten und Brünnlein. Die Steinreliefs an den Wänden waren unsere Gemälde, die Sarkophage, die auch hier praktischerweise herumstanden, dienten als Bänke, Truhen und Tische. Und wenn uns dieses Schloss zu klein wurde und die Hofhaltung es verlangte, zogen wir schon zum nächsten, noch prächtigeren Palast am Dom, dem Heylsschlösschen mit Park und Grotte – auch dies ein Ort, der uns Kindern das Gefühl verlieh, über ein unermesslich vielfältiges Reich zu verfügen.

Jeden Tag konnten wir aufs Neue entscheiden, wo wir gerade herrschen wollten, wo ein Kampf zu führen, eine Hochzeit zu feiern oder eine ganz andere, dramatische Geschichte stattzufinden hatte. Dabei besaß dieses Schloss den Vorzug, dass es ein echtes Schloss war, dem wir in unserer Fantasie ein glanzvolles Innenleben verpassten. Dennoch war der Park mit seinen alten Bäumen und den Springbrunnen wichtiger. Wenn es heiß war, stiegen wir mit gezückten Röcken hinein und wandelten darin umher. Besonders aber liebten wir die kleine Tuffstein-Grotte an der Innenseite der Stadtmauer, in der damals noch Wasser herunterplätscherte; mit Geschick konnte man seitlich an der Grotte sogar auf die Stadtmauer hinaufklettern, was natürlich streng verboten war. Wir taten es trotzdem und fühlten uns stark und mutig da oben beim Blick auf die andere Seite. Das waren die Kulissen für unsere Spiele, alt und würdig, sie schienen nur darauf zu warten, dass wir sie mit Leben füllten.

Manchmal steckte uns meine Großmutter, wenn sie zufällig da vorbeikam, wo wir uns gerade herumtrieben, zwanzig oder dreißig Pfennig zu, dann machten wir uns sofort auf und rannten über die Stephansgasse am Lutherdenkmal vorbei zu *Simoni* – auch dies ein Fixpunkt in meinem Leben. Ich spüre heute noch, wie sich die Groschen in meiner warmen, klebrigen Hand anfühlten und welche Euphorie die Aussicht, damit gleich an der Eistheke Erdbeer-Schoko verlangen zu können, in mir auslöste. Sicherheitshalber muss ich erklären, dass *Simoni* nicht bloß ein Eiscafé war, sondern eine Institution: Dort gab es nicht nur das beste Eis weit und breit, für Jugendliche war »bei *Simoni*« *der* Treffpunkt der Stadt. Samstags nach der Schule standen sie in dichten Trauben und allen Altersstufen vor der Eisdiele, während die ganz coolen Typen unweit auf der kleinen Mauer vor dem Lutherplatz fläzten, im Volksmund *Gammlerbänkchen* genannt, um die mit Minirock und fliegenden Haaren vorbeischlendernden Mädchen zu kommentieren. Aber das war erst später, Anfang der Siebziger, als ich mir das Geld für mein Mofa in den Ferien mit dem Servieren von Eisbechern verdiente. Für die Sechziger aber bleibt festzuhalten, dass auch das Eiscafé *Simoni* seinen Anteil daran hatte, dass meine Kindheit in Worms glücklich genannt werden muss.

Von wo aus immer ich heute zurück nach Worms komme – während der Studienzeit aus Konstanz, später aus Köln und München und heute aus Mainz –, immer sehe ich zuerst den Dom, und immer mache ich dann auch meinen Mann und die Kinder auf ihn aufmerksam, als wäre es das erste Mal und als wüssten sie nicht längst, was mir dieser Dom bedeutet. Für mich ist er der schönste geblieben, den ich kenne: schlicht und erhaben. Eine große Autorität geht von ihm aus, aber eine bloße, die keine Angst macht. Sicher hat er dazu beigetragen, dass ich ein sehr frommes Kind war. Jeden Sonntag ging ich zur Messe – allein und aus Trotz, denn meine Familie war teils vom katholischen Glauben abgefallen, teils protestantisch-ketzerisch. Und lächelte über mich und meinen Eifer. Schon machte ich mir Sorgen, dass deshalb vielleicht nur ich allein in den Himmel käme, während die Familie im Fegefeuer schmoren müsste, wie Mutter und Großmutter gleichmütig prognostizierten, also betete ich für die Unfrommen zu Hause mit. Auch beichten ging ich regelmäßig, und wenn ich es hinter mir hatte, fühlte ich mich leicht und rein und sprang beschwingt wie ein Lämmlein über den Domplatz nach Hause.

Indes: Mit der Frömmigkeit war es schon bald vorbei. Und auch mit dem Spielen. Doch meine Fixpunkte blieben und behielten ihre Schönheit, auch wenn ich sie als Jugendliche nur noch streifte, und andere Orte wichtig wurden. Der Dom aber löst, wenn ich ihn nur von Weitem sehe, immer wieder aufs Neue eine kleine Fanfare in mir aus: Hier ist das Zentrum des Reiches, das meine Kindheit war.

Petra Gerster, geboren 1955, präsentiert seit 1998 die *heute*-Nachrichten im ZDF. Zuvor war ihr Name viele Jahre untrennbar mit dem engagierten Frauenjournal ML – *Mona Lisa* verbunden, das die verschiedensten Themen aus der Perspektive von Frauen beleuchtet. Petra Gerster erhielt den Hanns-Joachim-Friedrichs-Preis für Fernsehjournalismus, den »Bambi«, die Goldene Kamera und den »Leser-Gong« für die beste Nachrichtenmoderation. 2007 erschien ihr Buch *Reifeprüfung – die Frau von fünfzig Jahren*. Zusammen mit ihrem Mann, dem Journalisten und Publizisten Christian Nürnberger, schrieb sie drei Bücher zum Thema Erziehung und Bildung; zuletzt erschien *Charakter – worauf es bei der Bildung wirklich ankommt*. Es ist allgemein bekannt, dass Petra Gerster in Worms aufgewachsen ist, wie sie aber ihre frühe Kindheit in dieser Stadt erlebt hat, das erzählt sie hier in ihrem Beitrag, der für dieses Buch geschrieben wurde.

HERMANN SCHLÖSSER

HEIMATSTÄDTISCHE BESONDERHEITEN

FÜNF ERKUNDUNGEN ZUM THEMA »HERKUNFT«

1.

Vor Kurzem ist mir ein Liedchen wieder eingefallen, das aus Worms stammt – genau wie ich selber. Ich habe jahrzehntelang nicht daran gedacht, und ich will nicht gerade behaupten, dass mir dadurch etwas gefehlt hätte. Plötzlich aber waren Text und Melodie wieder da und trugen zu meiner Erheiterung bei, denn das Lied ist ausgesprochen albern:

> Hoorisch
> hoorisch
> is de Katz ihrn Schwanz juchhee
> hoorisch
> hoorisch
> is de Katz ihrn Schwanz
> wann de Katz ihrn Schwanz nit wär
> wisst mer nit was hoorisch wär
> hoorisch
> hoorisch
> is de Katz ihrn Schwanz

Das haben wir als Gymnasiasten gegrölt, und zwar in der Oberstufe, als wir schon fast (aber noch nicht ganz) erwachsen waren. Irgendwann, vielleicht zwischen dem Mathematik- und Griechisch-Unterricht, oder nach aufgeregten politischen Debatten fing einer an und die anderen sangen mit: *hoorisch hoorisch...* Ich habe diese Katzenmusik immer sehr geliebt, und ich glaube, ich war nicht der einzige. Streng genommen, ist der Text ja von eher bescheidenem Humor, obwohl die Überlegung, die Existenz eines einzigen Schwanzes beweise die Haarigkeit an sich, nicht ohne denkerische Finesse ist. Aber aus philosophischen Gründen haben wir das damals nicht gesungen. Aus welchen Gründen aber dann? Das weiß ich nach mehr als vierzig Jahren nicht mehr genau, aber ich vermute, der Dialektgesang sollte uns und anderen beweisen, dass wir uns einerseits mit Latein, dem Existenzialismus und der Rockmusik beschäftigten, dass wir aber andererseits auch bleiben wollten, was wir von Haus aus waren: *Wormser Buwe.* Die *Wormser Määdcher*, die es im Altsprachlichen Gymnasium glücklicherweise auch gab, haben sich – zumindest in meiner Erinnerung – zurückgehalten, wenn wir den haarigen Katzenschwanz besungen haben. Das war wohl eher eine Männerangelegenheit. Aber wie auch immer das damals gewesen sein mag, heute ist das alte Liedchen für mich jedenfalls zweifach erfreulich. Es verschönert meinen Alltag und mobilisiert meine Erinnerungen an die Stadt, in der ich aufgewachsen bin.

2.

Es kann durchaus sein, dass ich in irgendeiner verborgenen Seelenecke ein Wormser Bub geblieben bin. Aber ein Wormser Mann bin ich nicht geworden. Ich habe die Stadt 1973 verlassen. Da war ich 20 Jahre alt und die Zukunft lag offen vor mir. Ich liebte damals einen Song von der berühmten Cat-Stevens-LP *Tea for the Tillerman*, und er gefällt mir auch heute noch, weil er das Lebensgefühl meiner Studentenjahre besser ausdrückt, als ich es selber könnte:

> Well I left my happy home
> to see what I could find out
> I left my folk and friends
> with the aim to clear my mind out

Das war die Stimmung, in der ich aufbrach. Ganz einfach war es für mich nicht, meinem *happy home* den Rücken zu kehren. Aber damals erschien es mir absolut zwingend, mit allem zu brechen, was ich in der Familie, der Schule und der Heimatstadt gelernt und erfahren hatte. Das Sehnsuchtsziel der Siebzigerjahre war die »Selbstfindung«, oder wie Cat Stevens in zeitgemäßen Englisch lehrte: *the aim to clear my mind out*. Und wie für viele, stand es auch für mich absolut fest, dass man diesem Ziel nur näher kommen konnte, wenn man die Prägungen der Heimat und der Herkunft ein für allemal überwand – und das unabhängig von der Frage, wie gut oder schlecht sie waren. Aufbrechen, abhauen, unterwegs sein, ein neuer Mensch werden – das waren die Botschaften, die von zahllosen Songs, Büchern und Road Movies verkündet wurden. Ich machte sie mir unbedingt zu eigen, was dazu führte, dass ich Worms auf meiner Fahrt zum Ich nur noch im Rückspiegel wahrnahm, in dem es immer kleiner zu werden schien.

Doch war das nur die halbe Wahrheit. Die andere Hälfte war weniger deutlich zu bemerken, aber doch vorhanden. Wenn ich damals aus meiner Universitätsstadt Marburg nach Worms fuhr, um Eltern, Geschwister, Verwandte und Bekannte zu besuchen, beklagte ich mich vorher aufwendig bei meinen Freunden und Freundinnen über diese Belästigung, und tatsächlich bin ich immer sehr missmutig losgefahren. Aber in Biblis verließ ich den Zug, mit dem ich aus Frankfurt südwärts gefahren war, und stieg in den kleinen Triebwagen um, der die letzten Kilometer bis Worms überbrückte. Und sobald sich dieser Bummelzug hinter Hofheim in einer weiten Rechtskurve auf den Rhein zu bewegte, begann mein Herz vor Freude zu klopfen – »jetzt komme ich heim«, spürte ich, obwohl ich es nicht in dieser Ausdrücklichkeit dachte. Wenn ich dann am Hauptbahnhof den Zug verließ, war dieser kurze, aber regelmäßig wiederkehrende Anfall von Heimatliebe meistens schon verflogen. Mag sein, dass ich mich damals für meine Sentimentalität sogar ein wenig geschämt habe, aber sie war ein erstes Indiz dafür, dass ich der Stadt Worms bei all meinen Aufbrüchen und Ablösungsversuchen doch nicht ganz abhanden kommen würde.

3.

Im studentenbewegten und zugleich altdeutsch behäbigen Marburg an der Lahn habe ich also studiert, aber auch zwei Semester lang im harten, nordenglischen Edelstahlzentrum Sheffield. Danach habe ich versucht, in Frankfurt am Main, dem hektischen Zentrum der Bundesrepublik, Fuß zu fassen. Es kam jedoch ein Jobangebot aus Italien dazwischen, und ich arbeitete drei Jahre lang als Deutschlehrer in der toskanischen Stadt Pisa mit dem schiefen Turm (in der ich deutliche Ähnlichkeiten zum traditionsbewussten, bürgerstolzen Worms zu entdecken glaubte). Schließlich bin ich in Wien gelandet. Die österreichische Metropole, die nicht eindeutig preisgibt, ob sie die westeuropäischste Großstadt des Ostens oder die osteuropäischste des Westens sei, ist nun schon bald dreißig Jahre lang mein Wohnsitz – so lange habe ich nirgendwo sonst gelebt. Wenn ich in Deutschland unterwegs bin, werde ich manchmal für einen Wiener gehalten, wegen meiner »weichen Aussprache«. In Wien selbst bin und bleibe ich allerdings ein Deutscher.

Sechs Städte und vier Länder also – Ortswechsel wie diese sind in unseren Zeiten keineswegs ungewöhnlich, man könnte fast sagen, sie entsprechen einer EU-Norm. Viele Menschen bleiben nicht dort, wo sie geboren und aufgewachsen sind, und es kommt häufig vor, dass im Lauf eines Berufslebens die Wohnorte viel öfter als sechsmal gewechselt werden. Diese unstete Lebensweise nennt man »Mobilität«, und es wird darüber in soziologischen, kulturwissenschaftlichen oder ökonomischen Begriffen nachgedacht. Ich nähere mich dem Thema hier auf dem Privatweg und versuche herauszufinden, wie es sich auf mein Lebensgefühl ausgewirkt hat, dass ich in mehr als einem Land und mehr als einer Stadt gelebt habe. Zugleich frage ich mich aber auch, welche besondere Rolle Worms bei all dem spielt. Die erste Antwort auf diese Frage liegt auf der Hand: Dort fing für mich alles an. Ich hätte theoretisch auch in einer anderen Stadt aufwachsen können, aber es *war* eben diese – und das kann (und soll) nicht ohne Bedeutung sein.

4.

Während ich nachdenke, fällt mir auf, dass mir Städte sympathischer sind als Staaten – lieber Wien als Österreich, lieber Pisa als Italien und so weiter. Ich bin zwar nach wie vor deutscher Staatsbürger, aber im Grund sehe ich die vier Länder, die ich bewohnt habe, als Teile jener übernationalen Einheit namens Europa an, der ich mich zugehörig fühle – unabhängig davon, wie sie gerade politisch organisiert ist. Das Thema »Staat« beschäftigt mich also im tiefsten Inneren gar nicht so sehr; die Städte sind mein artgerechter Lebensraum, und jeder Ort, den ich bewohnt habe, hat sich mir markant eingeprägt.

Die Grundlagen dieses Stadtbewusstseins haben sich schon in Worms gebildet. Da wir immer in der Innenstadt gewohnt haben, entwickelte sich bei mir früh das Zentrumsgefühl, das mich bis heute nicht verlassen hat. Mein Platz ist nicht in den Vororten. Das habe ich in Worms so gelernt, also war ich auch in jeder weiteren Stadt erst dann zufrieden, wenn ich eine Wohnung in einigermaßen zentraler Lage gefunden hatte.

Eine zweite Überlegung ist ein bisschen weiter hergeholt, aber nicht ohne Reiz. Ich halte es für möglich, dass auch mein Wunschbild von starken Städten und schwachen Staaten in einem vereinten Europa ein Erbteil der einstigen Freien Reichsstadt Worms ist, deren Bürger lange Zeit stolz darauf waren, keinen Landesfürsten über sich zu haben, sondern nur den Kaiser. Immerhin wurde uns das zu Hause und in der Schule nachdrücklich beigebracht. Wer weiß, ob derartige historische Tiefenschichten nicht das individuelle Bewusstsein in unterschiedlichen Formen beeinflussen? Ich möchte es nicht kategorisch behaupten, aber ausschließen noch weniger.

Jedenfalls: Worms war einmal *meine* Stadt, und zwar in einem Ausmaß, wie später keine mehr die meine geworden ist. Begeistert wanderte ich alleine durch die Straßen: Luginsland, Seminariumsgasse, Dechaneigasse, Andreasstraße, Wollstraße, Kaiser-Heinrich-Platz. Ich schaute mich um, stolz, als hätte ich alles selber gebaut – vom Dom über Carl Heyers Drogerie bis zur Jahnturnhalle.

Ich will nicht verschweigen, dass mir Worms heute kleiner vorkommt als früher. Trotzdem wiederhole ich gern meine Gänge von einst, wenn ich zu Besuch bin. Ich bin dabei nicht mehr so freudig-stolz wie als Zwölf- oder Vierzehnjähriger, aber ich werde noch immer getragen vom alten Einverständnis zwischen mir und der Stadt. So lange wohne ich schon anderswo, aber ich kenne mich noch aus und vor allem: Ich suche und finde nach wie vor meine Anknüpfungspunkte.

In der Unteren Kämmererstraße zum Beispiel. Da steht dieses große Gründerzeithaus, das einem mittelalterlichen Stadttor nachempfunden ist, Martinspforte heißt es. Ich komme von der Kaiserpassage her, wo zu meiner Zeit die Hauptpost war, sehe schon von Weitem den turmähnlichen Aufbau des Gebäudes im Wormser Nibelungenstil und da fällt mir ein, dass dort die alte Stadtapotheke war, und ebenso unvermittelt weiß ich wieder, dass an diesem Turm ein altdeutsch biederer Sinnspruch zu lesen stand, über den wir als Schüler einmal furchtbar lachen mussten.

Während ich so vor mich hindenke, habe ich die Martinspforte erreicht, und muss jetzt natürlich nachprüfen, wie der Sinnspruch genau heißt, den wir arroganten Gymnasiasten damals so lächerlich fanden. Das weiß ich nämlich nicht mehr. Also suche ich und finde:

> Den Alten zur Ehr
> Den Jungen zur Lehr

Das wäre ein gefundenes Fressen für die jugendliche Spottlust gewesen, aber es weckt keine Erinnerungen. Ich glaube, das war unser Spruch nicht. Also suche ich weiter und finde auf der anderen Seite des Turmes, friedrichstraßenseitig, einen weiteren Zweizeiler:

> Wer fest gegründt
> Fürcht keinen Wind.

Ja genau, das war's, was unsere Heiterkeit erregte. Und da fällt mir sogar eine Variante ein, die wir uns ausgedacht haben, um den Satz noch knorriger klingen zu lassen, als er ohnehin schon war: »Wer fest gegründt / nit anficht Wind«. Das fanden wir sehr geistreich. Wir, das waren übrigens der Berni und ich. Wir haben uns damals gar nicht mehr einkriegen können vor Spott über die Spießigkeit dieser Hausinschrift – was aber nichts daran ändert, dass ich mich heute darüber freue, dass sie noch immer da steht.

Mit sämtlichen Vornamen hieß der Berni übrigens: Bernhard Otto Walter Ludwig. Komisch, so vieles vergisst man, aber die Vornamen von einem Schulfreund, die weiß man noch, obwohl man ihn schon jahrelang nicht mehr gesehen hat – genau wie die vom anderen großen Freund aus Schulzeiten: Klaus Günther Alfred Peter Paul. Das vergisst man einfach nicht, und wenn man noch so viele Länder und Städte bewohnt und besucht hat.

Jetzt wird vielleicht jemand sagen: Na gut, das sind Jugendsentimentalitäten, die kann es in jeder Stadt geben. Das stimmt natürlich, einerseits. Andererseits sind mir aber doch Menschen aus anderen Städten bekannt, die weniger Interesse daran haben, die Schauplätze ihrer Vergangenheit aufzusuchen, um Reminiszenzen wie Hausinschriften oder *der Katz ihrn Schwanz* festzuhalten. Und zugleich weiß ich, dass ich selbst sehr dazu neige, genau wie fast alle meine Verwandten und eine Reihe von Menschen, die ich aus Worms kenne und kannte. Mithin gibt es Gründe für die Vermutung, die Lust an der Vergangenheit und der Erinnerung sei in Worms besonders stark ausgeprägt. (Womit aber nicht gesagt sein soll, dass es sie anderswo gar nicht gäbe.)

5.

Als Deutscher in Wien wird man gelegentlich gefragt: »Wer bist Du? Ein Wahl-Wiener, dem es hier besser gefällt als daheim? Bist du ein Deutscher geblieben, der im Ruhestand wieder in die Heimat zurückkehrt? Oder was sonst?« Fragen dieser Art stellen sich in mobilen Gesellschaften. Wo gehört jemand hin, der — sagen wir — eine dänische Mutter und einen iranischen Vater hat, aber in Wien auf dem Gymnasium war und Deutsch als Hauptsprache spricht? Da versagen die gewohnten Einteilungen, und es gilt, neue zu finden. Auch den Sesshaften, die dort leben, wo sie geboren sind, bleibt es nicht erspart, über ihre Entscheidung nachzudenken. In einer Welt, in der Mobilität eine Art Leitbild ist, müssen sie unter Umständen vor sich und anderen begründen, warum sie ihren Wohnort *nicht* gewechselt haben. Die Begründung ist wahrscheinlich nicht schwierig, aber dass sie überhaupt notwendig wird, zeigt, dass sich in unserer Zeit keine Zugehörigkeit und keine Lebensform mehr von selbst versteht. Alles wird immer neu verhandelt und muss immer neu gerechtfertigt werden.

Wer also bin ich? Als Antwort hat mir eine Zeit lang ein Gleichnis eingeleuchtet, das von der Psychologin Edith Foster stammt. Edith Foster, geborene Fink, ist 1914 in Wien geboren und auch dort aufgewachsen. Als Jüdin wurde sie nach dem »Anschluss« Österreichs an das nationalsozialistische Deutschland zur Emigration gezwungen, lebte dann in Schweden, Mexiko, Australien und den USA. Auch in ihren späten Jahren, als sie gelegentlich nach Wien zurückkehrte, blieb ihr Verhältnis zu ihrem Geburtsort, aus dem sie verjagt worden war, distanziert — und das, obwohl ihr Deutsch eine unüberhörbare Wiener Färbung hatte. Zu ihrer Identität befragt, erklärte die Wissenschaftlerin einmal sinngemäß: Bei Passau münden der Inn und die Ilz in die Donau. Unmittelbar nach dem Zusammenfluss lassen sich die Farben dieser drei Flüsse noch gut unterscheiden, aber schon in Linz, und erst recht in Budapest oder Belgrad haben sich die Wassermassen dermaßen vermischt, dass es unmöglich ist, herauszufinden, welcher Tropfen aus welchem der drei Flüsse stammt. Und was für Donau, Ilz und Inn gilt, stimmt auch für die Identität des mobilen Menschen: Sie ist ein Gemisch aus vielerlei Einflüssen, und je länger das Leben dauert, desto weniger ist es möglich oder nötig, den Ursprung der einzelnen Anteile zu bestimmen.

Das ist ein schönes, anschauliches Bild, von dem ich in meinen ersten Wiener Jahren öfter Gebrauch gemacht habe: »Ich bin kein Wiener und kein Wormser, kein Österreicher und kein Deutscher, sondern ein internationaler Mensch mit multipler Identität, in der Raum für alles ist.« So ungefähr habe ich mir das zurechtgelegt, inspiriert von einer interessanten österreichisch-amerikanischen Psychologin. Doch war auch das nur eine Station auf meiner *road to find out* (um noch einmal Cat Stevens herbeizuzitieren, der mittlerweile übrigens Muslim geworden ist und Jussuf Islam heißt). Ich bin von der Vorstellung der multiplen Identität etwas abgerückt, weil mir klar wurde, dass ich meinen Lebenslauf nicht mit dem der Edith Foster vergleichen sollte. Im Unterschied zu ihr und vielen anderen bin ich nicht mit Gewalt dazu gezwungen worden, meine Heimat zu verlassen. Ein komfortabel beweglicher Deutscher mit Aufenthaltsrecht in der gesamten EU ist kein Emigrant und sollte seine Lebensumstände nicht pathetisch mit denen der Exilierten und Vertriebenen gleichsetzen – was allerdings häufig geschieht. Gerade unter Intellektuellen ist die Vorstellung verbreitet, Künstler und Wissenschaftler lebten allenthalben in einer »Diaspora«, die mit der Mehrheitsgesellschaft wenig gemein hätte. Auch ich war eine Zeit lang anfällig für dieses diasporische Pathos, aber heute halte ich das für eine angemaßte Pose und deshalb will ich auch die kosmopolitische Deutungsmetapher der emigrierten Psychologin nicht mehr übernehmen, so inspirierend sie ist.

Stattdessen denke ich, dass das suggestive Bild von der unterschiedslosen Vermischung aller Lebensflüsse auf mich zum Teil passt, aber nicht ganz. Ich lege viel zu großen Wert darauf, einzelne Wassertropfen als Wormser Einflüsse zu kennzeichnen. Ich bin freiwillig weggegangen, die Stadt Worms hat an mir nichts verschuldet oder versäumt, es gibt für mich also keinen Grund, im Zorn oder im Leiden an sie zurückzudenken. Es hat eine Weile gedauert, bis ich das bemerkt habe, was wahrscheinlich mit der fatalen Vorstellung zu tun hatte, jeder, der von daheim weggehe, sei eine Art Emigrant. Seitdem ich mich nicht mehr so empfinde, erinnere ich mich gerne an Wormser Sachen und Sprüche. Die Leute in meiner Umgebung wissen, wo ich herstamme, denn ich komme oft genug darauf zu sprechen. Es kann passieren, dass ich irgendwann vielleicht sage: »Mir gehn zum Schmidt und nit zum Schmidsche, wie es in Worms heißt.« Und wenn ich dann die Antwort kriege: »Das sagt man in Wien genauso: Mir gehen zum Schmied und ned zum Schmiedl« – dann bin ich fast ein bisschen gekränkt. Dabei weiß ich doch, dass es sehr viel weniger Eigenheiten gibt, als die Lokalpatrioten glauben. Aber ich merke auch, dass mich diese Einsicht nicht daran hindert, auf einigen (nicht etwa auf allen!) Wormser Besonderheiten zu beharren. Mein Lokalstolz ist längst nicht so »fest gegründet« wie bei den Sesshaften, aber ein ganz und gar ungebundener Weltbürger bin ich auch nicht. Das liegt nicht nur an mir, sondern auch an Worms, der Stadt, die mir eine Herkunft mitgegeben hat, auch wenn es Zeiten gab, in der ich nichts davon wissen wollte. Was also bin ich? Vielleicht kann ich so sagen: Ich bin ein Europäer mit Wiener Wohnsitz und Wormser Erinnerungshintergrund. Mit dieser Formel kann ich zurzeit ganz gut leben.

VOLKER GALLÉ

FLIEHKRÄFTE UND BLÜTENTRÄUME

Den Wormser gibt es nicht, wird man vorschnell sagen, wenn man genauer hinschaut. Denn es gibt eben auch die Wormserin, das Wormser Kind, den Wormser Arbeiter und den Wormser Handwerker. Die Liste ließe sich leicht verlängern, aber es bleibt das Adjektiv, jedenfalls wenn man nicht von Worms als Kategorie der Beschreibung absieht. Es bleibt eine Färbung, eine Stimmung, eine Mischung, die zuerst Zugezogene spüren, weil ihre Eigenheit vom Anderen des Hiesigen überrascht wird. Und dieses Mentalitätsmuster verdichtet sich in Figuren, die eingenommen werden im Gespräch, ob im Brustton der Überzeugung und Begeisterung oder im Modus von Kritik und Selbstironie. Damit wären wir dann auch bei den Einheimischen, die zwar die Mentalität ausüben bis in kleinste Differenzierungen hinein, aber die sie oft nicht formulieren können, weil sie zu sehr drinnen sind, weil ihnen der Vergleich fehlt. Man muss sich entweder von außen nach innen vorarbeiten oder aber aus dem Innen herausfallen und zurückschauen, um die Sprache für das Typische einer Stadt zu finden.

So werde ich versuchen, auf unterschiedliche Stimmen zu lauschen, um ein Bild zu zeichnen vom Wormsischen. Dabei kann man auf Leute hören, die sich bereits der Mühe der Formulierung unterzogen haben, andere Schreiber eben, Schriftsteller oder Büttenredner. Man kann Personen beschreiben, die als typisch auffallen, wobei die oft am Rande stehen. Manchmal sind sie sogar regelrechte Spiegel- und Zerrbilder, die aber gerade dadurch etwas treffen, was in allen Anderen verborgen mitschwingt. Man kann auch Debatten beobachten, um die Motivationen aufzuspüren, die Weltbilder hinter den Standpunkten. Und man kann die historischen Erfahrungen heranziehen, die Erzählungen generiert haben und Strukturen. Ein Versuch ist es allemal wert.

DER RHEINADEL UND DAS NÄRRISCHE

Der Schriftsteller Georg K. Glaser (1910–1995) ist in Worms aufgewachsen, genauer gesagt in Neuhausen. Von seinen Sätzen über die Wormser sind mir vor allem zwei aufgefallen. Im autobiografisch gefärbten Roman *Geheimnis und Gewalt* beschreibt er eine fiktive Straßenschlacht zwischen Kommunisten und Nazis und sieht beide in einem Zusammenhang: »Die Arbeiter von Worms waren ein eigenartig grausames, dabei aber treuherziges und verspieltes Volk. Sie töteten und ließen töten, aber nur im Verlaufe eindrucksvoller Schaustellungen, die sie über alles liebten.« Gewalt als Theaterspiel, Politik als Jahrmarkt – das ist ein erster Hinweis. Ins Auge gefasst hat er dabei das Arbeitermilieu der Weimarer Republik vor Ort.

In seinem nachgelassenen Prosatext *Die Leute von Worms* beschreibt Glaser dann einen Vertreter des »Rheinadels, der sich unter den Linden neben der Rheinbrücke allabendlich bildet«: »Hannes braucht nicht viel zu reden. Er war niemals Soldat noch großer Parteikämpfer, im Gegenteil – seine Taten waren Ausdruck seines entschlossenen Willens, von der Weltgeschichte ungeschoren zu bleiben. Vor dem Ersten Weltkrieg wurde er zum Heeresdienst eingezogen. Sobald er einen Schemel und einen Feldwebel im günstigen Abstand voneinander und von sich fand, zerstörte er das Heeresgut am Vorgesetzten.«

Noch heute singt die »Wormser Narrhalla« am Ende jeder Sitzung ihr von Rudolf Heilgers (1868–1932) getextetes Traditionslied vom »Rheiadel«: »Im Wäldche er sich schlofe leet, / am Salzstää, uff de Borjerweed, / sei Wäschlavor, des is de Rhei, / sei Handtuch is de Sunneschei.« An der »Englischledderhos« zündet man »Schwewwelhelzcher« an, eine theatralische Geste. Aber von Gewalt keine Rede bei Heilgers. Arbeitsscheu sind sie alle, eher keine Arbeiter. Abweichendes Verhalten ist Trumpf. Der »Rheiadel« hat etwas von Eichendorffs »Taugenichts« oder von Hesses »Knulp«. Sesshafte Vagabunden könnte man sagen. Und Maulhelden, die sich gerne selbst inszenieren. Solche Figuren liebt auch das Wormser Fastnachtspublikum. Und die Fastnacht lebt ja gerade von der Narrheit, dem Körnchen Wahrheit in der Übertreibung. Hannes Eich hat mit solchen Figuren gespielt, Rolf-Dieter Mai und Katrin Schüttler als »Biggi von Worms«. Und wenn Worms in der Popwelt der Castingshow DSDS auftaucht, dann präsentiert sich mit Benny Kieckhäben ein Charakter, der Abweichung gerne inszeniert. Schließlich spielt auch der Schauspieler André Eisermann gern seine Herkunft aus einer Schaustellerfamilie auf der Bühne aus. Und selbst kleinbürgerlichere Rollen wie die der »Huwern« als Hauswirtin, die ebenfalls in der Fastnacht zum Vorbild für viele Wirtsfrauen mit einem Herzen auf dem rechten Fleck wurden, leben noch von ihrer Wortgewalt. »Sie is e Fraa vum Wormser Schnitt, / ihr Maulwerk is net ohne, / doch määnt se's nie so üwwel nit, / m'r kann schun bei ihr wohne«, heißt es bei Heilgers. Kein Wunder wohl auch, dass die Wormser Stammtische sich am liebsten im Weinhaus Weis treffen, wo im Fünfzigerjahre-Ambiente mit Mechthild Vogel die Frontfrau der Liederkranz-Sitzungen als Wirtin agiert. Alle Wormser Fastnachtsvereine spielen ihre Familienpossen häufig mit ähnlichen Charakteren.

DOMFANTASIEN

Das großbürgerliche Milieu der Stadt, das um 1900 das »neue Worms« ökonomisch, sozial und kulturell prägte und ihm verwandte Inhalte in der Stadt des hohen Mittelalters gespiegelt sah, ist seit dem Ende der Weimarer Republik deutlich geschrumpft. Aber auch schon um 1900 wurde die provinzielle Randlage der Stadt beklagt, in die sie durch das Wachstum der Territorialherrschaften und ihrer Residenzen seit dem späten Mittelalter geraten war. Man fühlte sich trotz wirtschaftlichen Aufschwungs im Schatten von Darmstadt und Mainz, von Heidelberg und Mannheim. Gleichzeitig pflegte man in diese Oberzentren hinein gute Kontakte, und das ist mit der Metropolregion Rhein-Neckar bis heute so. Von den eher konservativ getönten Intellektuellen dieses Milieus, die in Worms immer weniger institutionelle Anknüpfungspunkte fanden und finden, weil die Landeseinrichtungen der Kultur nur in den Oberzentren zu Hause waren und sind, hörte man seit Jahrzehnten immer wieder die Klage über eine gewisse Kulturfremdheit der Wormser. Gemeint ist damit, dass nur eine Minderheit die bürgerliche Kultur des 19. Jahrhunderts in Museen und Theatern zu schätzen wisse.

Einmal fiel vor einigen Jahren in einem Zeitungsessay das böse Wort von den »Fellachen am Dom«. Damit knüpfte der Autor an Oswald Spenglers kulturpessimistische Sicht in *Der Untergang des Abendlandes* von 1918 an. Beschrieben wird dort der Untergang von blühenden Zivlisationen als Entvölkerungsprozess einer »Pyramide des kulturfähigen Menschentums«, der von der Spitze her abgebaut wird. Dieser Prozess werde zwar aufgehalten durch Zuzug von Landbevölkerung, ende dann aber doch im Leerwerden der Städte: »Nur das primitive Blut bleibt zuletzt übrig, aber seiner starken und zukunftreichen Elemente beraubt. Es entsteht der Typus des Fellachen.« Das ist ein ägyptisches Bild von den Bauern – und nichts anderes sind Fellachen – im Schatten der verfallenden Pyramiden. Das Bild wird übertragen auf eine Gesellschaftspyramide, man könnte sagen: ein vom Großbürgertum um 1900 übernommenes feudales Kastensystem.

In Worms sollte damit der Zuzug der Lederarbeiter und die Abwendung des durch sie geprägten Mehrheitsmilieus hin zur Unterhaltungskultur der Moderne skizziert werden. Völlig übersehen wurde dabei, dass der Dom für die meisten Wormser, gleich welcher Religion, das Wahrzeichen der Stadt ist. Die aktuelle Frage heute scheint aber nicht, ob die Kathedrale wertgeschätzt wird, sondern vielmehr, ob der Dom und sein Umfeld sich verändern dürfen oder ob dieser Ort immer so bleiben muss, als wäre er immer so gewesen, um Sicherheit beim Beschauer zu gewährleisten. Daran schließt sich als zweite Frage an, wie denn der

Dom innen lebendig bleiben kann und durch welche Angebote er welche Besucher gewinnt: Als sakraler Ort, als Kulturort, als Touristenort?

Die Bürgerinitiative »Kein Haus am Dom« von 2013 demonstriert all dies deutlich. Es gibt einen starken Identitätsbezug zu dem spätromanischen Großbauwerk, allerdings weniger als Ort einer lebendigen religiösen Gemeinde, sondern mehr als ein Monument, das man von außen als Stadtmittelpunkt betrachtet, als eine Art Selbstvergewisserung, dass man daheim ist. Dabei richtet kaum jemand den Blick in die Geschichte. Der Dom und sein Umfeld waren immer bebaut, wurden immer wieder verändert. Schon die gotischen Kapellen sind angebaut, die Bilderbibel des Südportals erzählte den leseunkundigen Menschen die Narrative der Bibel, um sie ins Innere zum Gottesdienst einzuladen. Im Kapitelhaus an der Stelle, an der jetzt ein Gemeindehaus entstehen soll, versammelte sich das Domkapitel, also der Klerus, der früher rund um eine Bischofs-, Kloster- oder Stiftskirche angesiedelt war. Heute ist ein Haus der Domgemeinde, das sich darüber hinaus Besuchern öffnet, genau das passende Nachfolgeprojekt dafür.

Das ästhetische Bestaunen des Monumentalen war und ist nur eine Variante des Erlebens und es kommt mir ziemlich wilhelminisch vor, zitiert das Kaiserreich. Es muss aber ins Verhältnis gesetzt werden zum menschlichen Maß des Alltags, der Begegnung, der Gemeinde. Mir scheint beim Wormser Gefühl gegen ein neues Haus am Dom vielleicht so etwas mitzuschwingen, wie die Angst, ein gewohnter Blick könne zerstört werden und man werde damit seine Selbstvergewisserung verlieren, sein sicheres Heimatgefühl. Der Hintergrund dafür scheint mir zu sein, dass die Stadt in den Zeiten ihres Niedergangs immer wieder mit Zerstörungen leben lernen musste: 1689 nach dem Stadtbrand im Pfälzischen Erbfolgekrieg, nach 1792 mit den Profanierungen der französischen Revolution, 1945 nach den Bombenangriffen der Alliierten. Im Schutt der Innenstadt wuchs die Bedeutung dessen, was übrig blieb, andauerte, was man als Einzelnes wieder aufbaute und was dadurch als Großbauwerk eine Alleinstellung erhielt im Stadtbild. Der Gegenwartsblick verlangt Stillstand, Sicherheit, Ewigkeit.

VERGESSENE DEMOKRATEN

Dieses Sicherheitsbedürfnis verband und verbindet sich in Worms allerdings gern mit einer jakobinischen Grundstimmung gegen jegliche Obrigkeit. Dass man mitreden will, gehört werden will, ist sicher eine republikanische Tugend. Aber der Anspruch, Stimme des Volkes zu sein, ist zwiespältig. Zunächst einmal sind Unterschriften keine Mehrheiten in Abstimmungen, wie reale Volksabstimmungen immer wieder zeigen, zuletzt bei Stuttgart 21. Und im Namen des Volkes kann auch Unrecht gesprochen werden, von 1933 bis 1945 nannte man das völkisch. Demokratische Mehrheiten bedürfen einer Verfassung, eines öffentlichen Diskurses, bedürfen der Reflexion, brauchen einen Bildungsprozess, müssen in die Tiefe gehen.

Das Prinzip von »Brot und Spielen« ist nicht das der römischen Republik, sondern das der caesarischen Alleinherrscher Roms. Und man muss für Worms feststellen, dass die Geschichte leider zweimal, nämlich 1849 und 1933, die Begeisterung für die Republik zerstört hat. Vergessen sind weitgehend die Demokraten von 1848, die einmal die Mehrheit eines Aufbruchs repräsentierten wie Ferdinand von Loehr, Johann Philipp Bandel, Ludwig Blenker und Ferdinand Eberstadt – von Loehr und Blenker emigrierten nach der Niederlage nach Nordamerika, Eberstadt, der erste jüdische Bürgermeister, verzog nach Mannheim, nur Bandel blieb.

Die siegenden Preußen trieben den demokratischen Geist aus der Stadt oder doch zumindest in die Defensive. So ist es denn auch kein Wunder, dass um 1900 die konservative Seite der Nationalliberalen die Stadt politisch dominierte. Da zogen die Linksliberalen wie der jüdische Kaufmann Markus Edinger, Ideengeber für die Gründung der Volksbank, den Kürzeren. Erst in den Zwanziger Jahren des 20. Jahrhunderts wuchs neben dem liberalen Milieu, dem sich viele jüdische Bürger verbunden fühlten, eine sozialdemokratische Repräsentation in der Stadt. Die *Wormser Volkszeitung* war das Sprachrohr dieser Milieus und ihr bekanntester Vertreter der Journalist Richard Kirn, der nach seiner Verhaftung durch die Nazis 1934 nach Frankfurt übersiedelte. Er kehrte Worms bewusst den Rücken und ließ die Stadt am Main zu seiner zweiten Heimat werden. Es ist die Stimmung seiner Glossen, die mir heute oft schmerzlich fehlt: Belesen in der Literatur der Gegenwart, dem Menschen und seiner Heimat zugewandt, in gleichem Maß Fußballreporter wie lyrischer Beobachter, ein demokratischer Grundton – das ist die anregende Atmosphäre der Weimarer Republik, in der das Feuilleton keine Nischenveranstaltung, sondern populäre Erzählung des Zeitgeistes war.

Kirn schilderte 1964, wie er das Aufeinandertreffen des rechten und linken Milieus als Auszubildender in Worms im Jahr 1923 empfand: »Ich war Lehrling in einem kleinen Farbwerk, das am Fluss lag. Abends lief ich oft neben einem gewissen Hubert Flett her. Ich weiß nicht, welches Vergnügen es dem Betriebsleiter Flett bereitete, mit einem jungen Menschen stadtwärts zu tappen, der von Henri Barbusse und Upton Sinclair schwärmte und den Ewigen Frieden für möglich hielt. Herr Flett holte sich aus der Stadtbibliothek militärwissenschaftliche Werke. Ich starrte verlegen auf die blauen und roten Linien der Schlachtformationen von Lützen, Austerlitz und Kunersdorf. Herr Flett, ohne sich völlig zu identifizieren, erzählte mir von der neuen erstaunlichen Bewegung, die vor allem in München viele Anhänger hatte und deren Anführer Hitler hieß. Natürlich kannte ich den Namen schon, schließlich las ich die »Weltbühne« und das »Tagebuch« und die »Menschheit« Walter Hammers, aber hier war der erste Mensch, der leibhaftig auf den blutigen Narren Hitler schwor. Mir kam er vor wie ein Sektierer, etwa ein Anhänger jenes bärtigen Apostels Häusser, der damals durch die Lande zog und die freie Liebe predigte. Ich sollte noch belehrt werden, was es mit dieser Sekte auf sich hatte.«

Die Biografie Kirns weist auch darauf hin, welche Bedeutung Bildung und Kultur für die jungen Menschen aus dem Arbeitermilieu damals hatten. Das ist nach 1945 zunehmend verlorengegangen und selbst die Rebellion von 1968 hat letztlich einer Popkultur zum Durchbruch verholfen, die im Wesentlichen von quotierten Plattitüden lebt und eine Unterhaltung ohne Widerhaken produziert: in der Folge eher Suchtverhalten als Selbstbewusstsein. Das Bildungsinteresse dagegen ist gewandert zu den Migranten, deren Aufsteiger heute Ingenieurwesen und Herkunftskultur zu verbinden suchen. Absteigerängste der länger hier lebenden Einheimischen produzieren demgegenüber eher Ressentiments und Jammertiraden. Hier wären Aufbruchspotenziale zu suchen, sozial und kulturell. Kulturelle Bildung könnte das richtige Stichwort sein, ästhetische Zugänge zu sich selbst und zur Stadt, zum Stadtteil, eingebunden in eine kommunale Bildungslandschaft.

Mit Jugendtheater- und Jugendkunstschulprojekten wird das seit einigen Jahren auch versucht. Und ganz im Sinne Kirns gibt es zeitgemäße Beteiligungs- und Spielformen in der Kultur der Stadt. Der Mittelaltermarkt Spectaculum wird beispielsweise mit einem Netz von Gewandeten umgesetzt, die das Rollenspiel lieben und sich gern im mittelalterlichen Kostüm in anderen Dramaturgien als den alltäglichen und beruflichen versuchen. Projekte auf Zeit sind heute leichter umzusetzen als Projekte auf Dauer. Zu Letzteren gehören auch Großbauwerke, Sanierungen, große Inszenierungen, die über die Stadt hinaus wirken wie die Nibelungenfestspiele. Es ist nicht einfach, sich gemeinsam auf solche neuen Wahrzeichen zu einigen, die den privaten Horizont übersteigen. Da hält man lieber am Alten fest, statt sich der Welt zu öffnen und sie einzuladen an den gut gedeckten Tisch der Wormser Erzählungen.

WORTGEFECHTE

Neben der aktuellen Debatte um das Haus am Dom erzählen aber auch andere Debatten von Stimmungen in der Wormser Bevölkerung. So gibt es einen Trend, das Land mehr in die Stadt zu holen. Erstmals konnte ich das beobachten, als beim Weltkindertag vor Jahren ein Wunschzettel mit der Überschrift auftauchte »Mehr Tiere in der Stadt«. Auch der Trend zu »Urban Gardening« wird sicher demnächst in Worms ankommen, nachdem er von New York bereits nach Mainz diffundiert ist. Die ins Auge gefasste Landesgartenschau entlang der Bahngleise zum Rhein ist so ein Ansatz, der den bereits bestehenden grünen Parkgürtel entlang des früheren Stadtgrabens variiert. Und schließlich gehört auch die Bürgerinitiative gegen ein Gewerbegebiet »Am Hohen Stein« in dieses Feld. Dass der von den Landwirten vor Jahren noch gejagte Hamster hier Symbolcharakter erhalten hat, ist eine Kuriosität am Rande. Viel interessanter aber scheint mir die Frage, wie Naturschutz, Landwirtschaft, Naherholung und gewerbliches Arbeitsleben neu in Beziehung gesetzt werden könnten. Die alten Gartenstadtideen haben ja in den in Worms verbreiteten Siedlergemeinschaften Niederschlag gefunden, besonders herausragend in der Landhaussiedlung »Kiau-tschau« des neuen Worms, aber da lag die Industrie in der Nachbarschaft, war nicht ins Wohnen integriert.

Es kann ja nicht um ein St.-Florians-Prinzip gehen, das immer nur Nein aus jeweils privaten Interessen sagt, sondern es sollte um integrierte Konzepte gehen, die eine öffentliche Debatte und gemeinsame Denkanstrengungen verlangen, ganz ohne Telefonvoting, Castinggeschwätz und einer Skandalisierungslust beim immer anderen. Aber da schlägt offenbar an manchen Stammtischen eine altbekannte Wormser Verhaltensweise gern in moderner Form durch, das Räsonieren bei einem guten Glas Wein und Hausmacherwurst, die Wortgewalt, die das Handeln, die Entscheidung, die Verantwortung scheut. Wenn man liest, was – meist anonym – an Internetkommentaren unter Artikeln der *Wormser Zeitung* zu finden ist, kommt man sich eher wie in einer therapeutischen Stammtischrunde vor, in der jedermann rauslassen darf, was ihm so durch Kopf und Bauch geht, damit er es loswird und sich wieder den angenehmen Genüssen des Lebens zuwenden kann, gänzlich privat natürlich. Die Lust am Untergang lässt sich mancher Wormser einfach nicht nehmen, liebt die Beobachterrolle, spielt ein Katastrophenpublikum auf der Ledercouch.

Als 1849 die demokratische Revolution verteidigt werden musste, war es ähnlich und verschieden zugleich. Ähnlich war, dass einige Wormser Bürgerwehren gegen die Preußen auszogen, aber erstmal im Nachbarort eine Rast machten bei »Weck, Worscht unn Woi« und darüber das Kämpfen vergaßen und entweder gar nicht oder zu spät zur Schlacht eintrafen. Das ist ein durchaus sympathischer Zug, weil er zwar die Niederlage miteinkalkulieren muss und damit eine längere Zeit, bis Ideen sich schmerzhaft durchsetzen, aber andererseits das Leben höher achtet als die Macht. Historisch nachweislich haben sich ja aus Rebellen, die an die Macht kamen, oft die schlimmsten Staatsterroristen entwickelt. Andererseits hatten die Demokraten von 1848/49 aber konkrete politische Utopien zum Ziel wie beispielsweise Pressefreiheit, Versammlungsfreiheit oder Genossenschaftsgründungen. Wer vorwiegend die Lust am Untergang zelebriert und die Obrigkeit beschimpft, dem fehlt dieser Blick in die Zukunft, die Freude am Entwurf, der Antrieb zum Engagement für eine Sache. Zum Glück ist der digitale Stammtischclub nur eine Minderheit. Es bleibt zu hoffen, dass die anderen Wormser diesen Grundzug weniger kultivieren und mehr den Zug ins Abwägende, ins Anpackende finden. Oder man macht's wenigstens mit Selbstironie wie J-Rome & Ma$L auf ihrem Youtube-Video »Fussgangsterzone«, in dem sie sich in einem Rap über die Geschäftsaufgaben in der »KW« ebenso amüsieren wie über ihre eigenen Markensehnsüchte. Es gibt sie also auch unter Jugendlichen, die Narren, die sich selbst auf den Arm nehmen, streetworkend am Lutherdenkmal.

OFFENE ZUKUNFT

Auf jeden Fall stört mich die schon so lang andauernde Dominanz der Fliehkräfte. Das Jammern und Klagen findet außerhalb schon lange kein Gehör mehr. Und das sich dabei vielleicht einstellende innere Wohlgefühl im molltönigen Einklang von Klageliedern ist eine trügerische Falle. Denn in dieser Selbstzufriedenheit befindet sich nur scheinbar das Zentrum des Geschehens. Aufbruchsbegeisterung wäre eine schöne Alternative, und sei es nur der Abwechslung wegen. Die Stadt kann einen Frühling gut gebrauchen. Wer wagt es zu blühen? Seit der Aufklärung steht das Frühlingsbild immer wieder für politischen Aufbruch und genauso oft spricht man nach dem Scheitern dieser Aufbrüche von welkenden Blütenträumen. Die Wormser kennen den Niedergang über die Jahrhunderte, wiederholt und in ganz unterschiedlichen Weisen. Sie sind darüber pragmatisch geworden, schauen gern auf das Nützliche, haben ihren Biss ins Räsonieren verlegt, lachen über hochfliegende Pläne lieber vom sicheren Boden aus, bestellen noch ein Glas Wein und lassen darin die Seele fliegen. Das Rebellische können sie nicht ganz verbergen, aber sie betreiben die Rebellion dann doch lieber als Zuschauer, stehlen sich aus der Weltgeschichte, wie Glaser beobachtet hat. Das ist immerhin klug, aber eben auch handlungsarm. Wer die große Bühne nicht betritt, dem hört auch nur kleines Publikum zu. Ja, auch das, was am Wegrand wächst, ist einer stillen Meditation wert, aber das wäre dem Maulhelden dann wohl doch zu poetisch. Vielleicht könnte ja aus ihm ein brauchbarer Geschichtenerzähler werden. Schließlich sind viele Schätze im Schutt der Stadt versteckt, die erzählt werden wollen, damit die Augen des Erzählers ebenso funkeln wie die seiner Zuhörer. In seinem Prometheusgedicht von 1772/74 hat der Kulturoptimist Goethe gegen die Resignation angeschrieben: »Wähntest du etwa, ich sollte das Leben hassen, in Wüsten fliehn, weil nicht alle Knabenmorgen-Blütenträume reiften?« Alla Wormatia!

| Volker Gallé |, geboren 1955 in Alzey, ist ein vielseitiger Sachbuchautor, Lyriker und Mundartliedermacher. Er hat als Musiklehrer, Musiktherapeut und als Lokalredakteur beim *Wormser Wochenblatt* gearbeitet und war und ist in der Kleinkunst- und Kabarettszene aktiv. Von seinen vielen Veröffentlichungen seien hier nur sein *Kunstreiseführer Rheinhessen* (Köln 1992) und sein Gedichtband *rhein.hessen.blues – poetische texte* (Ingelheim 2007) genannt.
Seit 2004 ist Gallé Kulturkoordinator der Stadt Worms. Sein Verständnis des spezifisch Wormserischen im Wormser Kulturleben hat er in diesem Essay hier zusammengefasst, der eigens für dieses Lesebuch geschrieben wurde.

| Literatur | www.worms.de/de/kultur/literatur/autoren/volker-galle.php

ROR WOLF

EIN FALL GRÖSSERER ZUFRIEDENHEIT

In der Nacht zum Donnerstag öffnete ein Unbekannter die Eingangstür der Wirtschaft Kolb in Worms, trat an den Tresen, bestellte ein Bier und trank es in einem einzigen Zug, wobei er die Augen schloß und insgesamt einen tiefzufriedenen Eindruck machte, aus.

ROR WOLF , geboren 1932 in der thüringischen Stadt Saalfeld, hieß ursprünglich einmal Richard Wolf, nannte sich aber eine Zeit lang auch Raoul Tranchirer. Er lebt seit 1990 als Schriftsteller in Mainz. 2014 erhielt er den Georg-K.-Glaser-Preis des Landes Rheinland-Pfalz. Sein umfangreiches Werk umfasst Lyrik und Erzählungen, aber vor allem hat er sich immer wieder als »Meister der Kurz- und Kürzestprosa« (Michael Töteberg) gezeigt. Auch der hier zitierte Text zeigt die Besonderheit dieses originellen Autors: Was sich liest wie der Anfang einer Erzählung, ist zugleich mehr und weniger als das. Es ist nämlich schon die ganze Geschichte. Und mehr ist dazu eigentlich nicht zu sagen.

Text aus   Ror Wolf: Zwei oder drei Jahre später. Neunundvierzig Ausschweifungen. Frankfurt 2007, S. 22. © Schöffling & Co. Verlagsbuchhandlung GmbH.

Literatur   Michael Töteberg: Ror Wolf. 104. Nachlieferung KLG (Kritisches Lexikon zur deutschsprachigen Gegenwartsliteratur) 6/2013.

Anstelle eines Nachworts

RICHARD KIRN

❀

DIE SPUR AN DER HAUSWAND

In Worms kam ich an dem Haus vorbei, das meiner Großmutter gehört hatte, Mähgasse 1. Meine Großmutter war Hebamme. Der Klingelzug rechts neben der Haustür war nicht mehr da, nur noch der Haken, an dem er befestigt war, und so etwas wie eine Schattenlinie. Wie mancher kommende Vater mag einst aufgeregt am Messinggriff gezerrt haben, gezoppelt, wie man dort sagt. Es muss noch viele Leute geben, die meine Großmutter ans Licht des Lebens gebracht hat. Es gab ein Foto, da hat sie mich auf dem Schoß, bei der Taufe, aber das ist auch verbrannt. So gibt es eigentlich nichts mehr von ihr als die Schattenlinie des Klingelzugs auf der fahlweißen Hauswand.

| Text aus | Richard Kirn: Tagebuch. Von Mädchen und Männern, Blumen und Bäumen, Tätern und Träumen, Hunden und Katzen, Alltag und Abenteuern. Frankfurt 1971, S. 82. Abdruck mit freundlicher Genehmigung von Thomas Kirn, Frankfurt.

ZU DEN ABBILDUNGEN

LUDWIG LANGE (1808–1868) war ein international renommierter Architekt. Er stammte aus Darmstadt, arbeitete eine Zeit lang in Athen und schließlich in München. Zu den Bauwerken, die er entworfen hat, zählen das Archäologische Nationalmuseum in Athen, die Börse in der norwegischen Stadt Bergen, eine Kirche in Moskau und das Museum der bildenden Künste in Leipzig.

Lange war auch als Maler und Zeichner tätig. Sein künstlerisches Hauptwerk sind die „Originalansichten der historisch merkwürdigsten Städte in Deutschland, ihrer Dome, Kirchen und sonstigen Baudenkmale". Diese Sammlung von Stadtbildern hat Lange zusammen mit dem Kupferstecher Ernst Rauch zwischen 1832 und 1867 in sechs Bänden herausgegeben. Worms wurde von Lange mehrmals gezeichnet; neben dem Rheinblick (siehe S. 38), gibt es von ihm auch eine bekannte Zeichnung des Wormser Doms, von der Hagenstraße her gesehen.

Literatur   http://de.wikipedia.org/wiki/Ludwig_Lange_(Architekt)

KLAUS KRIER, in Worms 1940 geboren, 1954–1957 Ausbildung als Schriftenmaler, 1957–1960 Kunststudium an der Freien Akademie in Mannheim. Seit 1962 freischaffend, lebt und arbeitet in Worms, vertreten in öffentlichen privaten Sammlungen. © für die Abbildung: Klaus Krier.

GERHARD PALLASCH (1923–1995) wurde in Edigheim in der Pfalz geboren. Er verbrachte seine Studienjahre in Heidelberg, Stuttgart und Paris. 1954 heiratete er die Künstlerin Rosemarie Fluch und das Künstlerpaar lebte und arbeitete fortan in Worms. Pallasch war vielseitig tätig: als freischaffender Maler, Graphiker, Buchillustrator und Bühnenbildner. Seine meist zart surrealistischen Gemälde wurden auf nationalen und internationalen Ausstellungen gezeigt, und in Worms, aber auch in Frankenthal, Oppenheim, Kreuznach und anderswo gibt es zahlreiche Wandmalereien und -keramiken, die der Künstler (oft in Zusammenarbeit mit seiner Frau) geschaffen hat. © für die Abbildung: Rosemarie Pallasch.

Literatur   Rosemarie Pallasch (Hrsg.): Gerhard Pallasch. Ein Leben in Bildern. Worms 1998.

RICHARD STUMM (1900–1971) stammte aus Worms, wo er auch die längste Zeit seines Lebens wohnte. Nach Studienjahren in Frankfurt und München kehrte er in seine Heimatstadt zurück und arbeitete dort als Zeichner, Bildhauer, Gebrauchsgraphiker und Schriftkünstler. Seine Statuen und Wandbilder prägten lange Zeit das Stadtbild, einige seiner Arbeiten sind noch erhalten. Aber Stumm gestaltete nicht nur das Stadtbild mit, er zeichnete auch über fünf Jahrzehnte hinweg Wormser Ansichten, sodass sein graphisches Werk die wechselnden Gesichter der Stadt im 20. Jahrhundert spiegelt. Zu diesen Worms-Bildern gehört auch eine Serie von eindrucksvollen Darstellungen der Trümmerlandschaften, die nach den Luftangriffen von 1945 von der alten Stadt übrig geblieben sind. © für die Abbildung: Elisabeth Unselt, Worms.

Literatur   Richard Wisser: Richard Stumm (1900–1971). Perspektiven und Aspekte eines vielseitigen Wormser Künstlers im Blick auf drei ihm gewidmete Ausstellungen. In: Der Wormsgau, 21. Band, 2002, S. 103–153.

HERZLICHEN DANK

an Dr. Susanne Schlösser (Mannheim), Prof. Dr. Gerold Bönnen (Worms), Dr. Manuel Chemineau (Wien), Prof. Dr. Michael Rohrwasser (Wien), Klaus Krier (Worms) für Hinweise auf entlegene Texte, Hilfen beim Textverständnis und Ratschläge bei der Text- und Bildauswahl;

an Andrea Traxler (Wien) für das Lektorat des Bandes;

an den Worms Verlag, namentlich an Volker Gallé, der das Buchprojekt von Anfang an mit Sympathie aufgenommen hat; und an die Wormser Agentur Schäfer & Bonk, die für die graphische und typographische Gestaltung des Bandes verantwortlich zeichnet;

schließlich an alle Verlage und private Rechteinhaber, die ihre Einwilligung zum Abdruck der Texte und Bilder gegeben haben. Einige Copyrightinhaber konnten nicht ermittelt werden – wenn rechtmäßige Ansprüche geltend gemacht werden, werden wir sie entsprechend vergüten.

ZUM HERAUSGEBER

HERMANN SCHLÖSSER, 1953 in Worms geboren und dort aufgewachsen, Dr. phil., lebt in Wien und arbeitet als Redakteur der *Wiener Zeitung* und als Literaturwissenschaftler. Er befasst sich journalistisch und wissenschaftlich mit der Literatur des 20. und 21. Jahrhunderts und mit Städten und dem städtischen Leben. Mehrere Buchpublikation, u.a.: *Kasimir Edschmid. Expressionist. Reisender. Romancier* (2007), *Die Wiener in Berlin. Ein Künstlermilieu der 20er Jahre* (2011).